Reihe: Neue Philosophie

Band 7: Hans-Martin Schönherr-Mann: Fröhliches Philosophieren

edition fatal

FÜR IRMI

Hans-Martin Schönherr-Mann

Fröhliches Philosophieren

edition fatal

»edition fatal« Verlagsgesellschaft bR, München
Gesellschafter: Mario R. M. Beilhack, Anil K. Jain
www.edition-fatal.de, kontakt@edition-fatal.de

Reihe: Neue Philosophie, Band 7
Herausgeber: Mario Beilhack

Hans-Martin Schönherr-Mann: Fröhliches Philosophieren

Originalausgabe, München 2015

Titelfoto: Michael Ruoff (Bearbeitung: Anil Jain); Personen: v. l. Linda Sauer, Bernd Mayerhofer, Michael Löhr, Hans-Martin Schönherr-Mann (Saloniens des seit 2008 erst in München, dann in Bernau am Chiemsee zweimonatlich stattfindenden philosophischen Rau(s)chsalons); Ort der Aufnahme: Restaurant Paradiso im Münchner Lehel, in dem seit zwei Jahrzehnten nach dem Seminar ebenfalls fröhlich philosophiert wird.

Bibliografische Information der Deutschen Nationalbibliothek:

Die Deutsche Nationalbibliothek verzeichnet diese Publikation in der Deutschen Nationalbibliografie. Detaillierte bibliografische Daten sind im Internet über die Seite http://dnb.d-nb.de abrufbar.

ISBN 978-3-935147-34-7

Herstellung: Books on Demand GmbH

INHALTSVERZEICHNIS

Inhaltsverzeichnis

Vorwort

VORWORT

»Ich begriff sehr früh, dass das Leben nur Sinn hat, wenn man machen kann, was man will.«
(Cioran)

Das programmatische Werk der Postmoderne stammt nicht von Jean-Francois Lyotard, nicht von Nietzsche, Derrida oder Gianni Vattimo, sondern von Umberto Eco, jedenfalls wenn man Postmoderne nicht mit Tragik und Fatalismus verbindet, deren Vernunftgenealogie als Aufklärung und nicht als Gegenaufklärung versteht. Es handelt sich um seinen ersten Roman *Der Name der Rose* aus dem Jahr 1980, ein Jahr, nach dem Lyotard mit seinem Bericht *La condition postmoderne* der Debatte einen Namen gegeben hatte, über den sich heute immer noch viele aufregen, eine Aufregung, die ich nicht unbedingt abmildern möchte. Es geht im Roman um die Suche nach dem verlorenen zweiten Buch des Aristoteles über die Poetik, in dem dieser die Komödie behandelt haben soll. Gegen Schluss empfiehlt der Protagonist William von Baskerville, der William Ockham ähnelt, seinem Schüler Adson von Melk: »Jorge fürchtete jenes zweite Buch des Aristoteles, weil es vielleicht wirklich lehrte, das Antlitz jeder Wahrheit zu entstellen, damit wir nicht zu Sklaven unserer Einbildungen werden. Vielleicht gibt es am Ende nur eins zu tun, wenn man die Menschen liebt: sie über die Wahrheit zum Lachen bringen, die Wahrheit zum Lachen bringen, denn die einzige Wahrheit heißt: lernen, sich von der krankhaften Leidenschaft für die Wahrheit zu befreien.«[1]
Streng genommen ahnt davon schon Theodor Adorno, der 1949 schrieb »Kulturkritik findet sich der letzten Stufe der Dialektik von Kultur und Barbarei gegenüber: nach Auschwitz ein Gedicht zu schreiben, ist barbarisch, und das frisst auch die Erkenntnis an, die ausspricht, warum es unmöglich ward, heute Gedichte zu schreiben«[2] Wenn man nicht im Schrecken angesichts der Barbarei der Nazis zu erstarren bereit ist, will man sich nicht verhärten lassen, wie es Wolf Biermann dringend sang, um zu vermeiden, in eine Gesinnung oder Politik zu verfallen, die im Kampf gegen Barbarei selber vor Inhumanität nicht zurückschrecken, dann muss man auch das andere berühmte Wort Adornos aus der *Minima Moralia* hinter sich lassen: »Es gibt kein richtiges Leben im falschen.«[3] Woher soll man denn wissen, was das richtige Leben ist? Dem man dann tragisch hinterher rennen muss? Und selbst unter den Nazis gab es Spielräume, wie der Existentialismus Sartrescher und de Beauvoirscher Provenienz vorführt, den Adorno natürlich nicht schätzte.

Aber die Konsequenz der absoluten Tragik lautet dann, nichts, was man tut, mehr für sinnvoll zu halten. In den Siebzigern – Adorno war gerade gestorben – entstanden denn auch unzählige links-grün-alternative Projekte, die just im falschen Leben richtig leben wollten.

Aber Gedichte helfen doch nicht gegen die Nazis! Da war Hannah Arendt anderer Auffassung. Sie schreibt in ihrem Essay über *Bertolt Brecht*: »›Dass das weiche Wasser in Bewegung,/Mit der Zeit den mächtigen Stein besiegt./Du verstehst, das Harte unterliegt.‹ Das Gedicht (Legende von der Entstehung des Buches Taoteking auf dem Weg des Laotse in die Emigration) war noch nicht veröffentlicht, als zu Beginn des Krieges die französische Regierung die Hitlerflüchtlinge in die Konzentrationslager einsperrte, aber im Frühjahr 1939 hatte Walter Benjamin es von einem Besuch bei Brecht nach Paris mitgebracht. Wie ein Lauffeuer verbreitete sich das Gedicht in den Lagern, wurde von Mund zu Mund gereicht wie eine frohe Botschaft, die, weiß Gott, nirgends dringender benötigt wurde als auf diesen Strohsäcken der Hoffnungslosigkeit.«[4]

Roberto Benigni geht mit dem Thema der nationalsozialistischen Judenverfolgung in seinem Film *La vita è bella* (Italien 1997) sogar komödiantisch um. Er schließt trotz aller Tragik mit dem Satz: »Wir haben das Spiel gewonnen.« Je schrecklicher die Barbarei, umso weniger darf man sich von ihr beeindrucken lassen, umso mehr gilt Ecos o.a. Ratschlag. Möglichst gut zu leben, unter allen Umständen – eine andere Maxime scheint mir ergänzend zu Eco und wider Adorno nicht angebracht. Man kann aber nicht gut leben, wenn man jedwedem Schrecken etc. nur mit Leiden und nicht mit Gelassenheit, nur mit Hysterie und Depression anstatt mit Lust und Lachen begegnet. Es geht nicht um ein Seelenheil, sondern um den Spaß, den man auch noch angesichts des Terrors haben kann. Und sei dieser auch noch so klein, umso überlebenswichtiger wirkt er.

Die Philosophie gehört gemeinhin nicht zu den Disziplinen, die dieser Maxime folgen mögen. Denn Philosophen klinken sich ein in ein nicht erst heute weit verbreitetes Tragikbewusstsein, allen voran, aber längst nicht nur Adorno, darf man dabei auf Weber, Scheler, Strauss verweisen. Da ist eine aufgeklärte Welt plötzlich nur noch von Egoismus und Machtsucht durchherrscht, fehlen höhere ethische Orientierungen. Als wenn diese jemals etwas anderes als eine Illusion darstellten! Als wenn es Machiavellismus nicht lange vor Machiavelli im christlich geprägten Abendland gegeben hätte! Wahrscheinlich funktioniert auch in der Philosophie immer schon derselbe Mechanismus wie in den heutigen Medien: Gute Nachrichten gibt es nicht, nur schlechte. Man

umgibt sich unter dieser Devise mit dem Anschein, die Welt verbessern zu wollen, oder doch zumindest kritisch zu sein, sich betroffen zu fühlen, mitleidend ein ernster Mensch zu sein, also ehrenwert.
Nur möchte ich bezweifeln, ob das eine oder das andere aus der ernsten tiefsinnigen, christlich leidenden Haltung heraus erreichbar ist. Nietzsche ist daher auch kein gerade leuchtendes Vorbild, durchzieht sein Werk vielmehr eine Vielzahl von durchaus hassbeseelten und verachtungsschwangeren Ideosykrasien, hat er einerseits den selbstbewussten, kreativen Menschen entworfen, damit der partizipatorischen Demokratie den Weg geebnet,[5] und andererseits hätte er gerne einer grausamen Elite applaudiert, dem nordischen Adel, für den er zu früh kam, als er sich in der Form der Nazis inszenierte. Trotzdem hat Nietzsche mehr als nur den Titel meines Textes inspiriert mit *Die fröhliche Wissenschaft*, die allerdings wenig fröhlich ist. Ich weiß natürlich nicht, ob ich es besser gemacht habe, auch nicht in meinem Sinn, der ja nicht derjenige Nietzsches ist. Um mit Eco die Wahrheit zum Lachen zu bringen, setze ich mich mit den Grundfragen Immanuel Kants auseinander, die zusammen das Feld der Philosophie abstecken. Ich will hier auch nicht mehr als einige grobe Versuche unternehmen, in die Weiten der Philosophie hineinzublicken, um im Detail oder als Randgang oder als Blick in die Ferne jene Aspekte der Philosophie zu umkreisen, die das Lachen befördern könnten, aber mit dem erklärten Ziel weniger die Wahrheit, als vielmehr Sie, verehrte Leserin, zum Lachen zu animieren.
Damit will ich zur »Leichtigkeit des Seins« beitragen, und zwar im vollen Bewusstsein dass das für viele unerträglich ist. Aber wie Willard van Orman Quine schreibe ich nur für einen kleinen Kreis von Leuten, die sich für bestimmte Zugänge zur Wirklichkeit und zur Philosophie interessieren. Nicht für jene die sich am Fernsehen erfreuen, die Boulevardpresse oder Illustrierte lesen, den deutschen Schlager lieben, aufs Oktoberfest oder den Fußballplatz gehen, frömmeln oder der traditionellen Moral anhängen, nach Südtirol und ins Sudetenland in Urlaub fahren oder anderweitig deutschtümeln, vor allem nicht für jene, die gerne anderen vorschreiben möchten, wie sie zu leben hätten, und vieles mehr. Womöglich gibt es die gesuchte Leserin gar nicht. So bemühe ich mich, die traditionellen philosophischen Grundfragen lachend zu verändern, ähnlich wie Nietzsches Idee, neue Werte zu erfinden. Aber mir geht es darum, neue Fragen zu formulieren, die natürlich nicht neu sind, aber indem sie die traditionellen Grundfragen ersetzen einen kreativen Zug entfalten.
Speziell wenn ich im zweiten Teil traditionelle christliche oder philosophische Werte und Normen umwandle, dann sollten solche dabei herausgekommen

sein, die niemals kategorisch gelten können oder die so formuliert sind, dass sie verschiedene Optionen eröffnen. Gerade ethisch ist nichts einfältiger als den Leuten zu sagen, sie sollten ihr Leben ändern und ihnen dazu auch Vorschriften machen. Jeder muss sich seine eigenen Orientierungen suchen und sollte sich auf die Hilfe anderer nicht unbedingt verlassen.

Nein, der vorliegende Text will nicht helfen, er will erfreuen, gelegentlich zum Lachen anregen und vielleicht als meine große Hoffnung die Stimmung heben. Ich möchte zum Programm Ecos beitragen, nämlich »von der krankhaften Leidenschaft für die Wahrheit zu befreien«. Ich würde mich freuen, wenn er in diesem Sinn als postmodern verstanden werden kann, auch wenn er sich darum bemüht, verständlicher als Derridasche Texte zu sein.

Ich liebe auch die Schwierigkeit zu verstehen. Nur solche schwierigen Texte eignen sich zu einer gemeinsamen Lektüre, von der man viel lernt. Was der Schwierigkeit indes zumeist abgeht, ist die Fröhlichkeit, die Lust und das Lachen, die Dekonstruktionen doch schlicht erleichtern. Gerade wenn es nicht einfach ist, in einer medialen Welt zu leben, dann sollte die Philosophie diese Schwierigkeit nicht auch noch und allein dadurch verschärfen, dass man Lacan nicht verstehen kann. Das beflügelt nicht die Leichtigkeit des Seins, das trägt vielmehr nur dazu bei, deren Unerträglichkeit abzufedern. Daran möchte ich mich nicht beteiligen.

Lassen Sie mich, verehrte Leserin, mit dem kürzesten Tünnes-und-Schäl-Witz dieses Vorwort abschließen, den mir ein lebensfroher Kölner Kollege, natürlich ein Katholik erzählte und den ich nur zeitgemäß abwandle: »Sagt der eine zum anderen: ›du, dein eingetragener Lebenspartner betrügt uns.‹« Somit wäre der Witz für mich als Protestanten stimmig und zeitgemäß formuliert. Aber leider ist das kein Witz mehr: Dialektik der Aufklärung – ich weiß, Lachen ist doch mühsam – jedenfalls wenn das nicht banal, sondern selbstredend intellektuell sein soll. Sonst würde ich mich ja mit dem Fernsehen und dem Boulevard gemein machen. Ich hoffe trotzdem, liebe Leserin, Sie finden was zum Lachen.

Einleitung: Darf etwa gelacht werden?

1. ÜBERALL PERMANENTE WIEDERKUNFT DER GRAUSAMKEIT?

Ist die Welt nicht tief ernst, von Leiden, Grausamkeit, Terror und Gewalt gezeichnet! Die schrecklichen Ereignisse des 20. Jahrhunderts bis hin zum 11. September 2001 und längst darüber hinaus bestätigen eine solche Diagnose! Gibt es da irgendetwas zu lachen? Dann kann die Philosophie höchstens dazu beitragen, das Leiden zu ertragen. Das weist den Weg in einen philosophischen Glauben, wie ihn Karl Jaspers konzipiert, der sich um Wahrheit und um Kommunikation mit anderen Menschen bemüht und der sich dabei auch auf die Religion stützt. Ist folglich Ernst angesagt, der verhindern muss, das Leben zu leicht zu nehmen, noch dazu wenn überall ständig schwere Krisen ausbrechen? Ist es nicht unerträglich, das Leben als Spiel zu führen? Wird die »Leichtigkeit des Seins« nicht »unerträglich«? Behält Max Weber angesichts des Konflikts der Kulturen und der Wiederkehr der Religionskriege im beginnenden 20. Jahrhundert nicht Recht, wenn er in seinem berühmten Vortrag *Wissenschaft als Beruf* im Revolutionswinter 1918/19 warnt: »Die alten vielen Götter, entzaubert und daher in Gestalt unpersönlicher Mächte, entsteigen ihren Gräbern, streben nach Gewalt über unser Leben und beginnen untereinander wieder ihren ewigen Kampf. Das aber, was gerade dem modernen Menschen so schwer wird, und der jungen Generation am schwersten, ist: einem solchen *Alltag* gewachsen zu sein. Alles Jagen nach dem »Erlebnis« stammt aus dieser Schwäche. Denn Schwäche ist es: dem Schicksal der Zeit nicht in sein ernstes Antlitz blicken zu können.«[6] Man denke an den Islamischen Staat, manch anderen religiösen Fundamentalismus und an die Totalitarismen, die alle miteinander die Welt mit Gewalt und Terror überziehen. Auch wenn man als aufgeklärter Mensch um die Relativität seines eigenen Standpunktes weiß, muss man angesichts solcher mörderischen Bedrohungen nicht für seine Auffassungen engagiert kämpfen? Ebnen nicht der heute verbreitete Hedonismus, die sexuelle Libertinage, die notorische Partystimmung, Loveparade – man sah, wohin das führt – und Homosexuellenumzüge dem *Untergang des Abendlandes* den Weg, vor dem die Kritiker aller Emanzipationsbestrebungen und Untergangspropheten zurecht warnen? Befindet sich die Menschheit nicht auf dem Weg in die Klimakatastrophe, die Milliarden von Menschen direkt oder indirekt das Leben kosten könnte, wenn sie nicht einst sogar die Menschheit insgesamt vernichtet? Zerstört die moderne Zivilisation nicht die Natur systematisch und nachhaltig? Atomwaffen können nach wie vor alles Leben auf der Erde vernichten. Oder realisiert sich nicht zunehmend ein totalitärer großer Bruder, heißen diese heute auch Google, Gates, die Sozialversicherung oder NSA? Drohen nicht immer wieder hochgefährliche Seuchen? Hungert nicht ein Drittel der Menschheit? Oder allgemeiner: Ist die menschliche Existenz nicht ein einziges Jammertal? Darf dann etwa noch gelacht werden? Kann die Philosophie fröhlich sein?

2. DIE ERFINDUNG DER KRISE

Doch auch Max Webers Pathos und sein propagierter Ernst helfen nur wenig gegen das Drama der Zeit oder die Tragödie des Seins. Alle ernsten und pathetischen Bewegungen scheiterten notorisch an sich selbst: Pathos gründet in Vereinfachung, Ernst in Einseitigkeit d.h. in Schwarzweißmalerei. Der langjährige Nazi-Kanzler wollte wohl klüger als sein letzter Kaiser Butter und Kanonen, weil er Angst vor dem Volk hatte – seine Feinde und solche, die er dazu machte, ließ er gleich ermorden. Doch er dachte ziemlich verquert, die deutsche Militärmaschinerie sei groß genug, um die Butter fürs Volk überall zu stehlen. Gegen Ende wollte er die Gestapo-»Berichte aus dem Reich« über die Gestimmtheit der Menschen nicht mehr lesen, weil sie ihm zu negativ wurden, und ließ sie einstellen. Die hätte ich auch nicht mehr lesen wollen. Und noch absurder verhielten sich seine Mitstreiter, die vom Anfang bis zuletzt dieses Spiel mitspielten, um ein seltsames pseudopolitisches Konstrukt des 19. Jahrhundert zu verteidigen, nämlich ein sogenanntes Vaterland, aber im Grunde nur um die Butter zusammenzustehlen. Gott sei Dank, dass zwischenzeitlich Bruno Ganz die Autobahn baute. Schade, dass kein Marcello Mastroianni unter der Leitung von Federico Fellini die sardischen Sümpfe trocken legt.
Soll man Diktatoren etwa ernst nehmen? Sicher, wenn man auf die Opfer schaut. Davor wird indes die reine Philosophie auch nicht bewahren. Und Religionen helfen offenbar noch weniger. Weil philosophische Fortschrittsideen längst verblasst sind, vermag die Philosophie auf die Grausamkeit weder mit Hoffnung noch mit Verheißung zu antworten. Aber muss sie vor Mördern, Massenmedien, Wissenschaftlern, ökonomischen oder politischen Managern und deren apokalyptischen Szenarien in die Knie gehen und sich das eigene Denken verderben lassen? Schlechte Laune ist weder gut für das Bewusstsein, noch für das Gefühl und schon gar nicht für die Gesundheit. Kein Wunder, wenn alle Welt ständig zum Arzt rennt.
Vermutlich in den Wochen nach dem 11. September 2001 entdeckte man in der Bush-Administration ein altes politisches Heilmittel wieder: die Krise

… die schwere Krise mit einem existentiellen Bedrohungspotential. Aber gab es nicht trotzdem vorher jede Menge Krisen? Selbstverständlich, aber es waren seit Beginn des kalten Krieges bis auf wenige Ausnahmen – die Kuba-Krise – partielle, überschaubare Krisen. Die große Atomkriegsbedrohung musste geradezu grotesk minimiert und verharmlost werden, um die Menschen nicht in Panik zu stürzen – man denke an solche berühmten Ratschläge wie: »Mit der Aktentasche über dem Kopf kann man überleben.« Oder dass man bei Atomalarm unter den nächstbesten Tisch kriechen solle. Mit dem Ende des kalten Krieges war die ständige und notgedrungen verdrängte existentielle Dauerkrise beinahe über Nacht verschwunden und ein gutes Jahrzehnt lebte man mit den kleineren, partiellen Krisen auf dem Balkan, in Algerien, im südlichen Afrika. Und Deutschland hatte gewisse Schwierigkeiten mit den Kosten der Einheit, wollten die neuen Bundesländer einfach nicht so schnell erblühen. Ansonsten boomte in den Clinton-Jahren die Wirtschaft, so dass er dabei den Atom-Code mehrfach verlegen konnte, ohne dass die USA untergingen. Würde sich Putin heute eine solche Gelegenheit entgehen lassen? Auf Knopfdruck die absolute Nummer eins in der Welt sein?

2001 entdeckte die Politik die existentielle Krise wieder, die man als Flammenzeichen an die mediale Wand wirft, um mit ihr eine verloren gegangene politische Gestaltungsmacht bzw. eine gewisse Gefolgschaft wiederzugewinnen. George Bush lernte nicht nur von Machiavelli, der in seinem berühmten Buch *Der Fürst* diesem rät: »Da Liebe zu den Menschen von ihrer Willkür und die Furcht von dem Betragen des Fürsten abhängt, darf ein kluger Fürst sich nur auf das, was in seiner Macht und nicht in der der andern steht, verlassen. Er soll, wie gesagt, nur darauf hinarbeiten, den Hass zu vermeiden.«[7] Durch Terror kann der Fürst seine Untertanen aus eigener Kraft lenken. Die Liebe des Volkes zu gewinnen und zu behalten, macht ihn von den Launen seiner Untertanen abhängig. Auch Hobbes rät dem Souverän, die Untertanen durch die Furcht um ihr Leben zu lenken. Mit der Krisendrohung lässt sich dann auch im Stile von Carl Schmitts Ausnahmezustand an der Demokratie vorbeiregieren, was nach Giorgio Agamben seit dem ersten Weltkrieg ein gängiges Mittel der Gouvernementalität wurde und sich im 21. Jahrhundert nochmals intensivierte – z.B. bei der Banken- und der Euro-Rettung.

Die Medien spielen bei dieser Methode der Herrschaft begeistert mit. Denn gemeinhin erhöhen besonders schlechte, vor allem die Leser bedrohende Nachrichten die Auflagen oder Einschaltquoten. Gemeinsam stoßen Politik und Medien mit existentiell bedrohlichen Krisenszenarien dabei auf ein aufnahmebereites Publikum, dessen Mehrheit sich ja gerne sagen lässt, wo

es lang geht, zumindest wenn man die Richtung gut findet. Die Mehrheit quer durch alle Parteiungen und religiöse Vorstellungen fühlt sich längst auf einem trudelnden Himmelskörper in einem abseitigen Arm des Universums – Nietzsche lässt grüßen.
Seither häufen sich schier inflationär die existentiellen Krisen: Klimakatastrophe mit Wassermangel und Überschwemmungen, mit Jahrhunderthitzen und Waldbränden – vor allem im Sommerloch – weltweit solidarisierende Tsunamis, Erdbeben und Vulkanausbrüche, versteht sich man mace – irgendeine Theorie wird dafür schon Argumente versammeln – was auch noch ein schlechtes Gewissen erzeugt. Und dann der Höhepunkt aller Krisen nach dem 11. September: die Weltfinanzkrise, die größte Wirtschaftskrise seit 1929 – und diese führte bekanntlich zu Bruno Ganz, leider nicht zu Marcello; der verbleibt in Fellinis *La dolce vita*. Endlich bekamen die Politiker weltweit Unmengen Gelder in die Finger, mit denen sie sich als handlungsfähige Anführer präsentieren konnten, und nur wenige riefen ihnen das Wort »Verschwendung!« nach. Viel zu viele zitterten doch schon vor dem drohenden allgemeinen Zusammenbruch – was immer man sich anderes darunter vorstellen sollte, als dass die Geschäfte mal wieder schlechter gehen und viele leiden immer und überall.
Was danach kam, waren eigentlich nur noch peanuts, mal abgesehen davon, dass diese Finanzkrise beinahe so schnell verschwand, wie sie in den Medien auftauchte. »Sie wird wiederkommen!« rufen die Mahner und sie werden mit Sicherheit Recht behalten. Denn man machte aus peanuts existentielle Krisen: Griechenland; wie häufig haben die Länder sich schon gegenseitig aus der Patsche geholfen! Doch in Deutschland standen wichtige Wahlen bevor und die Unterstützung für Griechenland war vor allem bei den konservativen Wählern wenig populär. Also bediente man sich der Topoi *existentiell* und *alternativlos*, um die Hilfe seinen Wählern zu verkaufen, als man die Landtagswahlen nicht mehr abwarten konnte. So folgte selbstverschuldet auf die Griechenland- die Euro-Krise: Die »Generation D-Mark« stirbt zwar glücklicherweise langsam aus. Doch der Euro genießt kein besonderes Ansehen, so dass man wiederum die Folgen der Bedrohung als existentielle Flammenzeichen an die wirtschaftliche Wand malen musste. »Der Euro wird immer schwächer!« lamentierten die Lamentierer. Vorher war er zu stark. Bald werden sie wieder über die Stärke klagen. Aber Ökonomen können offenbar nichts anderes als entweder angeben oder klagen – man denke an jenen Herren, der meint, dass sich Deutschland abschaffe und Türken nur im Gemüsehandel produktiv seien. Wie produktiv sind eigentlich Banker?

In anderen Bereichen der Politik lernt man dabei fleißig mit: das Gesundheitswesen funktioniert ebenfalls nur noch über existentielle Krisen. Dann rennt man bei SARS mit Mundschutz durch den Flughafen. Rindfleisch darf man wieder essen – da war mal was mit Rinderwahn. Eine Zeitlang betrachtete man jede Ente als potentielle Mörderin, und zwar weltweit: Vogelgrippe hieß das. Dann ließen sich, Gott sei Dank, doch nicht so viele impfen: Schwein gehabt. Jedes neu entdeckte kleine Tierchen – da war eines namens EHEC – wird auf seine Epidemietauglichkeit hin berechnet, genauer auf seine möglicherweise existentielle Bedrohlichkeit: Dann genießt man mediale Aufmerksamkeit, die sich auf die eine oder andere Weise immer auszahlt. Natürlich ist Ebola eine schlimme Krankheit, aber diese bedroht nicht immer schon die ganze Welt und schon gar nicht muss sich alle Welt darum kümmern. Vorläufer war AIDS, das konservativ klerikale Kreise erst als Geißel für die Libertinage der 68er und später für Schwule begrüßten. Und weil sich alle gerne gruseln lassen, übersah man selbst in heterosexuellen Kreisen geflissentlich, dass sich AIDS in der nordatlantischen Welt fast ausschließlich unter Schwulen und Fixern ausbreitete. Man wollte doch so gerne selbst betroffen sein, konnte man sich denn da nicht nur solidarisieren, sondern diesmal auch selber aktiv werden, nämlich immer Kondome im Schlüsselbund dabei haben. Oder man konnte endlich aus wissenschaftlichen Gründen – nicht aus religiösen oder aus spießigen – die freie Liebe öffentlich aufgeben, war man damals ja als Postachtundsechziger trotzdem in die Jahre gekommen und heimlich längst monogam geworden.[8]

3. Lachen über die Krisen, Krisenpropheten und Kriegsteilnehmer

So haben die apokalytischen Szenarien seit 2001 dramatisch zugenommen – im Kino fanden sie immer schon ständig statt – hat man in Politik und Medien die Macht der existentiellen Krise erkannt, mit der man die Zeitgenossen in der Tat beeinflussen kann. Trotzdem ist man diesem ständigen Gerede auch als einzelner keineswegs hilflos ausgeliefert. Dagegen kann man etwas tun, beispielsweise dem Gerede aus dem Weg gehen, nämlich nicht hinhören – bei Sendungen des Gesundheitsfunk sofort das Radio ausmachen, den Fernseher abschaffen, das Taz-Abo auch, und statt B5 aktuell BR-Klassik im Radio programmieren. Wer sich im Internet informiert, dem ist sowieso nicht zu helfen. Ansonsten keinesfalls Aktien kaufen, damit man sich bei den

Börsennachrichten langweilen darf. Oder immer schon lernen, dass Apokalypsen nie eintreten; denn es handelt sich um schlichte Erzählungen, angebliche wissenschaftliche Szenarien, die den Zweck haben, das Verhalten der Menschen nach dem Gutdünken selbsternannter Prediger zu ändern. Wenn man sich aber nicht lenken lassen will, dann darf man sich vom Krisengeschrei nicht erschrecken lassen: Man bekommt nun mal nicht jede Krankheit, nicht jede schlechte Politik und nicht jede Bombe ab. Würde man nicht in den Medien davon hören, würden die meisten von den allermeisten sogenannten Krisen gar nichts bemerken.

Und um sich nicht vor den Krisen und dem Ernst des Lebens zu gruseln, gibt es eine banale Methode, nämlich darüber lachen, um sich einerseits von solchen dunklen Obsessionen zu befreien und um andererseits solche Apokalyptiker der Lächerlichkeit preiszugeben. Ob das den Politikern gleich den Boden unter den Füßen wegzieht bzw. ihnen das Argument »Krise« raubt, das ist sicherlich nicht gesagt. Aber zumindest könnte es sie etwas schwächen, so dass die Horrorszenarien weniger bedrängen. Wenn die Philosophie weder Hoffnung noch Trost bieten kann – daran hat sie sich schon zu lange vergeblich abgearbeitet –, dann soll sie wenigstens zum Lachen beitragen, um dadurch das Leben in der Zeit der sogenannten Krise zu erleichtern! Wäre nicht ihr Ziel, die schier *unerträgliche Leichtigkeit des Seins* (Kundera) zu befördern? Lieber eine solche Unerträglichkeit als die unerträgliche Schwere des Lebens! Dann mit dem Lachen die Ernsten erschrecken, um sich von deren Vorherrschaft zu befreien! Vielleicht müssen dann andere weniger zittern.

Auch der französische Querdenker André Glucksmann bemerkt über den Hass, der sich zuletzt besonders im Terrorismus und Fundamentalismus demonstriert: »Er entscheidet über das Alpha und das Omega der Schöpfung, er glaubt, ihm sei alles erlaubt, er quakt und hüpft wie ein Frosch, der sich für einen donnernden Jupiter hält.« Und Glucksmann empfiehlt daher, »über seine Lächerlichkeit zu lachen«.[9] Das bestätigte der norwegische Massenmörder vor Gericht, demonstrieren alle Hassprediger und Fundamentalisten jedweder Couleur. Nichts ist so dumm wie zu erklären, man werde auf den Gräbern seiner Feinde tanzen. Das prusten Terroristen gemeinhin kurz vor dem eigenen Untergang.

Ergo, es darf über Hassprediger gelacht werden – wozu *charlie hebdo* beiträgt, weshalb sich erstere vor letzterer besonders fürchten – und zwar lauthals über die weltpolitischen Figuren – Hegels weltpolitische Individuen gar, die da lauten Alexander, Caesar, Napoleon; diese alten sind nicht weniger lächerlich als die heutigen: also über Ahmadinedschad, Mullah Omar, Bin

Ladn, Mao, Stalin, den langjährigen Nazi-Kanzler, wiewohl es sich bei den ersten drei verglichen mit den letzten drei eher um kleine Fische und gar beim aller ersten um einen allzu kleinen handelt, den der Wächterrat der islamischen Republik eine Weile vorausschwimmen ließ. Sollte die Philosophie nicht von den französischen Karikaturisten lernen?
Sind die Taliban, Boko Haram, Islamischer Staat nicht einfach Truppen ungebildeter und einfältiger Burschen vom Lande, die besonders Mädchenschulen hassen, weil sie fürchten, ihre familiäre Macht über die Frauen zu verlieren, eine Macht, die sie selber noch nie hatten und die sie vermutlich auch nie bekommen werden, da man sie vorher verheizt, beispielsweise als Selbstmordattentäter! Ähnelt bin Ladn nicht einer Figur aus einem Karl May-Roman, dem nur äußerst selten mal ein Coup gelang, der daher mit seinen so notorischen wie wüsten Drohungen ständig onanierte? Bin Ladn hätte sich nach seinem größten Coup – 9-11 – besser wie der legendäre Posträuber Ronny Biggs nach Brasilien abgesetzt und mit einer Brasilianerin ein Kind gezeugt. Dann hätte ihn Brasilien an die USA nicht ausliefern dürfen. Aber Drohnen können wahrscheinlich auch nach Brasilien fliegen.
War Stalin nicht ein besonders albernes Väterchen – sicher nicht weniger albern als die Zaren? Hat Mao nicht wirklich das dümmste Zeug geschrieben, nämlich die Mao-Fibel mit den Sprüchen des großen Vorsitzenden? So wurde das tatsächlich verkauft: Sprüche und Größe. Aber dafür kann man ihn kaum verantwortlich machen, sondern Naivlinge, die es kauften – ich gebe zu, ich auch … 1969. Wir wollten das, was wir selbst nicht besaßen, Größe und Geist, und konnten deswegen nicht bemerken, was wir uns andrehen ließen. Oder haben wir damals zu viel *Love and Peace* gefrönt und behält folglich Nietzsche recht und zwar in seiner *Fröhlichen Wissenschaft*:

»Sie hat jetzt Geist – wie kam's, dass sie ihn fand?
Ein Mann verlor durch sie jüngst den Verstand,
Sein Kopf war reich vor diesem Zeitvertreibe:
Zum Teufel ging sein Kopf – nein! nein zum Weibe!«[10]

Aber hatten wir vor *Love and Peace* etwa Geist, den wir dabei an die Angebetete verlieren konnten? Die arme…

4. »DIE WAHRHEIT ZUM LACHEN BRINGEN« (ECO)

Sind indes nicht die Vordenker solcher Totalitaristen noch viel gefährlicher? Darf man über totalitäre Politiker lachen, aber doch nicht über deren Vordenker? Und es müssen nicht nur totalitäre Vordenker sein, gibt es doch genügend Philosophen, Theologen und Wissenschaftler, die von der Wahrheit ihrer Thesen und Theorien voll überzeugt sind. Muss man diese nicht fürchten, wie Umberto Eco seinen Protagonisten William von Baskerville dessen Eleven Adson von Melk in seinem Roman *Der Name der Rose* belehren lässt? »Fürchte die Wahrheitspropheten, Adson, und fürchte vor allem jene, die bereit sind, für die Wahrheit zu sterben: Gewöhnlich lassen sie viele andere mit sich sterben, oft bereits vor sich, manchmal für sich.« (a.a.O. 624)

Doch langsam! Warum soll man sich denn vor den Wahrheitspropheten fürchten? Wenn die Wahrheit einen Propheten braucht, dann ist es mit der Wahrheit nicht mehr weit her. Aber was bleibt dann dem Propheten? Der Prophet ohne Wahrheit hat nichts zu verkünden. Im Zeitalter der modernen Wissenschaften, die sich auf Erfahrung und Berechnung stützen, verlieren andere Wahrheiten ihre Brillanz: Karl Marx' umfassende Theorie von Wirtschaft und Geschichte inklusivem Blick in die Zukunft. Wenn sich ein Wissen nicht nachprüfen lässt, dann braucht es einen, dem man es glaubt. Wenn sich Wissen aber nachprüfen lassen muss, dann braucht man keinen mehr, dem man es glaubt: das Ende des Propheten. Nur leider leben Totgesagte gemeinhin länger. Selbst Fakten brauchen ihre Verkünder. Wir sind alle etwas naiv, jedenfalls gelegentlich und es fragt sich nur, auf welche von Wahrheitspropheten beschworene Wahrheit wir hereinfallen. Und, verehrte Leserin, haben Sie schon mal die Bewegungsgesetze des Galileo Galilei oder den Satz des Pythagoras nachgeprüft? Aber wer hat das schon. Also akzeptieren wir etwas als wahr oder zumindest wahrscheinlich, weil es Galilei, Einstein oder Schrödinger gleichfalls für wahr halten. Trotzdem muss man das nicht glauben, weiß man schließlich, dass man nur eine Wahrheit aus zweiter Hand übernimmt. Doch wer würde schon für die Relativitätstheorie sterben? Galilei war zu Ähnlichem auch nicht bereit.

Absolute oder auch nur halbabsolute, aber umgreifende Wahrheiten, für die es sich gar noch zu sterben lohne, muss man jedenfalls und immer noch *glauben*, weiß man also gerade nicht besonders gut – man denke nicht nur an zeitgenössische Selbstmordattentäter à la Mohammed A., sondern auch an die Weltkriegshelden oder die Freiwilligen der bundesdeutschen Terroristen der siebziger Jahre. Wahrscheinlich ist es auch besser so: Man stelle sich

vor, man stirbt für etwas, was man genau weiß! Dabei herrschte Null Romantik. Zumindest so lange es nicht soweit ist, möchte man doch romantisch sterben – der deutsche Besatzer Ernst Jünger mit Kirsche im sicherlich geraubten Champagnerglas in der Hand auf den Dächern von Paris aufrecht stehend während eines alliierten Luftangriffs, was er allemal überlebte.
Aber beschwören nicht auch selbstreflexive Intellektuelle oder aufgeklärte Wissenschaftler letztlich ihre Wahrheiten? Wenigstens sollten sie nicht behaupten, es lohne sich, für ihre Weisheiten zu sterben, beispielsweise für das Human Genomproject, die Stammzellenforschung, den AIDS-Impfstoff, die neueste philosophische Idee oder eine Neuinterpretation des Nibelungenliedes. Galilei war schlauer als Sokrates. Es lohnt sich auch nicht, für die Bundeskanzlerin, die Sozialversicherung oder die Pop-Kultur zu sterben! Eher für Kaiser und Reich? Oder nicht doch lieber für die Sozialversicherung? Für die Rente mit 67 oder 63 – so schnell ändern sich die Zahlen? Oder glücklicherweise doch nicht?
Also hören Sie, verehrte Leserin, dabei nicht unbedingt auf jeden Philosophen. Viele Philosophen haben es nämlich weitgehend verabsäumt, apokalyptische Warnungen zu hinterfragen, reihen sie sich vielmehr häufig bei ihnen ein. Gerne warnen sie vor dem Bösen, das sie häufig gar nicht groß genug malen können. Fleißig beschimpfen sie ihre Mitmenschen, die sie für dumm und unaufgeklärt halten, während sie sich selbst als Genie verstehen. Ja, viele haben sich sogar häufig an Kriegen bereitwillig bis begeistert beteiligt: Sokrates, Descartes, Scheler – Weber ließ man nicht; Nietzsche wurde glücklicherweise krank; Wittgenstein wurde dabei religiös; Sartre hatte Angst um seine Karriere – sehr vernünftig; Rawls diente brav seinem Vaterland – nicht besonders vernünftig.

5. Lachen über die Angst

Wenn man folglich über Diktatoren, über Wahrheitspropheten und ihre Wahrheiten lachen darf, so heißt das indes noch lange nicht, dass man über die großen Herausforderungen unserer Zeit lachen darf: über die Atomkriegsdrohung, Massenmord, die Klimakatastrophe, Umweltzerstörung, die Weltwirtschaftskrise, Fukushima, soziale Ungerechtigkeit, Diskriminierung, Krankheit, Armut, Hunger. Aber was bleibt dem einzelnen angesichts der Kriegsszenarios und der Krankheiten anderes, als die beruhigende Aussicht darauf, dass man irgendwann auf jeden Fall sterben wird und dass man keinesfalls für alle Kriege

verantwortlich zeichnet, nicht an jeder Grippe erkrankt und nicht jedes Atomkraftwerk vor der eigenen Haustür explodiert?
Über Manager darf man lachen. Für die Lösung aller sozialer Ungerechtigkeiten gibt es allemal kein Patentrezept, wie es radikale Marxisten behaupten. Über das Spektakel, das darüber auf allen Ebenen stattfindet, darf man sich amüsieren, besonders über Leistungsbereite, deren Arbeit sich nicht mehr lohnt. Und über Marxisten, die immer noch davon träumen, die Kapitalisten entschädigungslos zu enteignen und niemand könne das wieder rückgängig machen.
Aber über Naturzerstörung und die Klimakatastrophe, gar den bevorstehenden Untergang der Menschheit, darüber darf man doch nicht lachen! Dagegen muss man doch etwas tun, erzählen nicht nur grüne Politiker: fleischlose und überhaupt Bio-Kost, Radeln, mit spritsparenden Autos und natürlich nur mit Carsharing höchstens Tempo 80. Das weist auch noch den Weg in ein gesundes Leben mit Homöopathie, Vorsorgeuntersuchungen, Turnschuhen, weiten Klamotten in Naturfarben, vielen Kindern und daher bald grauen Haaren, selbstverständlich ungefärbt. Ist solche Natur nicht wunderschön, ob göttlich oder evolutionär gestiftet? Sind solcherart erworbene graue Haare nicht der Sinn des Lebens? Rettet man damit nicht gleichzeitig die kleinen Inseln in der Südsee? Wer fände das nicht erstrebenswert? Und nimmt man nicht lieber teil am Unternehmen »Klima- und Menschheitsrettung« als am Tanz auf der *Titanic*? Peter Sloterdijk jedenfalls fühlt sich auf der Titanic und empfahl dem Finanzminister 2009 auf dem Höhepunkt der Krise Eisbergkunde, statt Arbeitsplätze auf der *Titanic* zu retten. Wenn aber die Eisberge längst geschmolzen sind, gibt es von ihnen keine Kunde mehr. Ja, nicht nur das: Der Dampfer geht gar nicht unter, sondern dampft fröhlich schlingernd weiter – geradeaus wäre ja auch langweilig.[11]
Doch noch Hans Jonas empfiehlt in seinem berühmten Buch *Das Prinzip Verantwortung* aus dem Jahr 1979 folgendes Vorgehen. Die technische Entwicklung bedroht den Bestand der Menschheit und die Biosphäre. Beides zu bewahren, avanciert daher zum höchsten ethischen Imperativ, dem sich alles andere unterzuordnen hat – der gängige hegemoniale Anspruch fundamentaler Lehren. Jeder muss sein Leben ändern und seinen Verbrauch im Dienste künftiger Generationen einschränken. Dann sollte die Bundeskanzlerin in einen Container umziehen.
Wissend um die Widerstände und Schwächen der Aufforderung zur Umkehr entwickelt er ein ausdifferenziertes Konzept, wie man den diversen Einwänden begegnen muss. Gegenüber dem Argument, dass alle Prognosen zukünftiger

Katastrophen keine Sicherheit gewähren, dass sie also nicht nachhaltig zur Umkehr zwingen, fordert er, das Prognostizierte mit dem Status der Gewissheit zu versehen. »Es ist die Vorschrift, primitiv gesagt, dass der Unheilsprophezeiung mehr Gehör zu geben ist als der Heilsprophezeiung.«[12] Bzw. man muss an die Prognose glauben, während das Prinzip der modernen Wissenschaften doch heißt, etwas zu überprüfen. Aber im Dienst der Kindeskinder braucht man es mit der Wahrheit nicht so genau nehmen.

Hier gerät auch Jonas in die Nähe von Machiavelli und Hobbes, die ja beide dem Fürsten zugestehen, dass er sich der Furcht bedienen darf, um seine Untertanen zu lenken. Im Gegensatz zu diesen beiden unterstellt Jonas dem führenden Politiker indes gute Absichten, nicht nur die eigenen Interessen durchzusetzen, sondern verantwortlich für die Menschen zu handeln. »Das pure Sein als solches und dann das beste Sein dieser Wesen ist es, was elterliche Fürsorge in toto im Auge hat. Doch das ist genau, was Aristoteles von der ratio essendi auch des Staates sagte: dass er ins Dasein kam, damit menschliches Leben möglich ist, und im Dasein fortfährt, damit gutes Leben möglich ist. Und so ist dieses eben auch die Sorge des wahren Staatsmanns.« (ebd. 190) Die Erfahrungen der letzten Jahrhunderte mit den Politikern jedweder Couleur waren indes leider immer andere. Politiker werden wahre Staatsmänner frühestens als Pensionisten.

Jedenfalls schätzt Hans Jonas die ökologische Krise so dramatisch ein, dass man sich auf die Ethik allein nicht mehr verlassen darf, da sie an die Bürger nur appellieren und diese nicht zur Verhaltensänderung zwingen kann – der Einwand, mit dem man im 19. Jahrhundert die Ethik weitgehend beiseite legte. Daher ist die Politik aufgerufen, die notwendigen Maßnahmen durchzusetzen. Eine Politik der Zukunftssicherung darf sich, sollte sie auf den Widerstand der Bevölkerung stoßen, durchaus auch der Lüge bedienen. Hier gerät Jonas in die Nähe von Carl Schmitts Ausnahmezustand. Gibt es einen Politiker, der nicht ununterbrochen die Zukunft sichert? Und die Manager machen ihre Unternehmen zukunftsfest, was immer das heißen mag. Jonas schreibt: »Was darüber hinaus der Einwirkung noch offen steht, verlangt nach einer Politik rechtzeitiger Ablenkung der Kurve von der Katastrophenrichtung weg. Die Unheilsprophezeiung wird gemacht, um ihr Eintreffen zu verhüten; und es wäre die Höhe der Ungerechtigkeit, etwaige Alarmisten später damit zu verspotten, dass es doch gar nicht so schlimm gekommen sei: ihre Blamage mag ihr Verdienst sein.« (ebd. 218) Schlicht, die Apokalypse tritt nie ein. Sie ist nur Propaganda. Jonas gibt das auch noch zu. Das was ich hier schreibe, macht mich zum bösen Spötter, der in der Hölle schworen wird, wie mir

ein Prediger mal prophezeite: Welche Ehre! Da sich nach Thomas von Aquin die Heiligen im Himmel eine Ewigkeit lang an den Qualen der Verdammten in der Hölle ergötzen, werde ich dabei ständig ein johlendes Publikum haben, wie es sich Camus' *Fremder* für seine Hinrichtung wünscht.
Wenn die Krise etymologisch Zeit der Entscheidung bedeutet, dann darf man sich beruhigt zurücklehnen, wird es Zeit, das Wort ad acta zu legen. Denn sie wird vergehen, ohne dass irgendetwas entschieden wurde. Helmut Kohl hat seine Krisen und Skandale gemütlich ausgesessen, während jahrzehntelang Journalisten sich die Finger wund schrieben, um ihm ständig seinen Untergang zu prophezeien. So drehen sich Wahrheitspropheten mit ihren Wahrheiten notorisch im Kreise, können höchstens wie Jonas proklamieren, die Menschen würden solche Wahrheiten brauchen. Doch es gibt nun mal viel auf der Welt, was die Menschen brauchen, aber niemals bekommen. Der Bedarf provoziert vielleicht in der kapitalistischen Ökonomie das Produkt. Ansonsten ist er ein ziemlich schlechtes und schwaches Argument für die Existenz jeglicher Wahrheiten oder gar für diejenige Gottes. Abgesehen davon braucht mindestens einer keine absoluten Wahrheiten, und der bin ich, so dass der Satz schon nicht mehr stimmt: Die Menschen brauchen absolute Wahrheiten. Wenn Sie, verehrte Leserin, mit mir diese Auffassung teilen, sind wir schon zu zweit und machen uns damit auf den Weg zur absoluten Mehrheit.
Und schon hören wir von rechts, links, von oben und von unten, dass jeder eine Metaphysik nicht nur brauche, sondern immer voraussetze. Doch selbst wenn es so ist, es macht keine der damit verbundenen Prinzipien wahrer, nützlicher, hübscher. Wenn man das unterstellt, gibt man zu, dass es keine sicheren Wahrheiten und keine objektivierbaren Gründe gibt. Dann gibt man zu, dass man sich seine Welt konstruiert. Damit hat man jedenfalls keinen Grund mehr, andere zu seiner Metaphysik zu zwingen. Man kann auf seine eigene Metaphysik nicht stolz sein, erzeugt sie Schwäche und im schlimmsten Fall Borniertheit – in meinem Fall hoffe ich mal vorsichtig auf Gelächter.
Wie sagt doch Umberto Eco an derselben Stelle: »Vielleicht gibt es am Ende nur eins zu tun, wenn man die Menschen liebt: sie über die Wahrheit zum Lachen bringen, *die Wahrheit zum Lachen bringen*, denn die einzige Wahrheit heißt: lernen, sich von der krankhaften Leidenschaft für die Wahrheit zu befreien.« (a.a.O., 624) Ergo, fürchten wir uns nicht mehr vor den Wahrheitspropheten, wie es Eco zuvor noch empfiehlt, sondern lachen wir über sie! Über ihre Monster, über die wir uns entsetzen sollen! Eben vor allem über dieses »Prinzip Furcht«, mit dem längst nicht nur die Potentaten dieser Welt hausieren gehen.

6. DIE LEICHTIGKEIT DES SEINS OHNE FERNSEHEN

Und befindet man sich überraschenderweise wirklich auf der *Titanic* und die Eisberge sind noch nicht geschmolzen, dann sollte – wie vor langem mal der *Spiegel* erzählte – frau als Frau mindestens in der zweiten Klasse fahren oder man als Mann nur italienische Schiffe benutzen, wo zumindest zu Zeiten jenes Untergangs nicht diese brutorientierte Regel galt: »Frauen und Kinder zuerst« – so ein damaliger Seefahrtkritiker, der auf der *Titanic* mit unterging. Die Frauen der ersten und der zweiten Klasse wurden bei jenem berühmten Untergang samt und sonders gerettet. Und wenn man heute auch noch emanzipiert den Männern deren Jobs streitig machen kann, dann empfiehlt es sich allemal Frau zu sein.

Verehrte Herren, zucken Sie nicht hilflos mit den Schultern: Voilà es gibt die Geschlechtsumwandlung. Also, Sie können Frau werden, Sie müssen es nur wollen, nicht in der dritten Klasse fahren und schon gar nicht damals auf der *Titanic*. Oder noch einfacher: Beherzigen Sie die Regel, niemals zum falschen Zeitpunkt am falschen Ort zu sein, nie mit den falschen Copiloten mitfliegen und wider jenen Seefahrtkritiker gute eigene Prinzipien auch beherzigen! Das werden Sie doch hinkriegen. Nein, die Philosophie sagt nicht, wo der falsche Ort liegt und wann der falsche Zeitpunkt eintritt oder welche Prinzipien wirklich gut sind. Genauso wenig liefert sie eine Rettungskapsel, die einen dann von der *Titanic* bzw. aus dem eiskalten Atlantik schnurstracks in den Himmel fliegt. Da müssen Sie entweder einen Theologen oder einen von der NASA fragen.

Andererseits bietet die Philosophie doch einiges an reflexiver Kraft, mit der man den eigenen Ernst zu durchschauen vermag, um ihn abzubauen. Gerade angesichts von Klimakatastrophe, Schweinegrippe, Terror, schlechten Bankern, zu viel oder zu wenig Staat – und jedes Problem für sich kündigt den Untergang an, wenn nicht alle sich darauf konzentrieren – sollte philosophisches Denken den Zeitgenossen dabei zur Seite stehen, dergleichen Monster des Erschreckens und der Furcht zu hinterfragen. Denn das meiste von dem, was beunruhigt, verliert bei genauerem Hinsehen seinen überwältigenden Charakter und offenbart stattdessen die eigene Banalität und Kleinlichkeit. Das ist wie beim Zahnarzt: Die Angst vor dem Schmerz ist meistens schlimmer als der Schmerz. Sonst hat man einen schlechten Zahnarzt. Die Angst vor der Krise ist schlimmer als die Krise. Man befindet sich angeblich gerade in der Talsohle, wo es ja am schlimmsten sein muss, und man fragt sich, was los sein soll. Doch dann kommen die Apokalyptiker und Krisenpropheten und geben zwar zähneknirschend zu, dass das nun das Schlimmste gewesen sei, aber noch sehr, sehr Schlimmes, wenn nicht Schlimmeres bevorstehe. Sie können einfach nicht zugestehen, dass dem einzelnen nur sehr selten etwas wirklich Schlimmes passiert – also mit dem falschen Copiloten mitzufliegen –, so dass es eigentlich gar keinen Sinn macht, sich davor zu gruseln.

So halte man es besser mit Friedrich Nietzsche, der in einer Nachlassnotiz aus den Jahren 1886-87 schreibt: »Welche werden sich als die *Stärksten* dabei erweisen? Die Mäßigsten, die, welche keine extremen Glaubenssätze *nötig* haben, die, welche einen guten Teil Zufall, Unsinn nicht nur zugestehen, sondern lieben, die welche vom Menschen mit einer bedeutenden Ermäßigung seines Wertes denken können, ohne dadurch klein und schwach zu werden.«[13]

Man braucht den genauen Blick und möglichst viele verschiedene Perspektiven – so Nietzsche –, um sich nicht in vermeintlich objektive Interpretationen der Welt zu versteigen, die sich doch nur auf eine Perspektive beschränken. Man sollte die Welt gleichzeitig beispielsweise aus neoliberaler, sozialistischer, islamischer, rein rationaler und postmoderner Perspektive betrachten. Also denken Sie mal aus der Position Guido Westerwelles, Walter Ulbrichts, Mullah Omars, Betrand Russells und Michel Foucaults – die drei ersten werden Sie, verehrte Leserin, kaum kennen, die beiden letzten schon – darüber nach, ob die Attentate vom 11. September 2001 – das ist schon lange her – die Welt verändert haben oder nicht! Ja, wenn man so genau wüsste, wie sie vorher aussah …

Man kann daher auch nicht mit sich im reinen sein. Man darf sich also nicht besonders ernst nehmen, sondern genüsslich auf die Zufälle warten, auf das, was zufällt. Aber dergleichen erweist sich als keineswegs einfach. Gerade die professionellen Spieler versuchen den Zufall zu bannen – man denke an einen bedauernswerten Fußballverein namens FC Bayern oder so ähnlich, von dem man in München jedenfalls ständig nervend im Radio hört, der immer gewinnen muss und niemals absteigen darf. Wäre letzteres nicht die wahre Erlösung für alle, auch für dessen Gegner. Den Bankern, Eigentümern und Profifußballern mangelt es gemeinhin an der Leichtigkeit des Seins, die dazu verhilft, nichts auf der Welt besonders ernst zu nehmen, was sich früher der Frömmigkeit verdankte, die heute dazu nicht mehr nötig ist.

Und plötzlich entdeckt man sich selbst unversehens auf der Seite der Radikalen, einer kleinen Minderheit, die am Fußball rummäkelt, während die überwiegende Mehrheit – langsam auch der Frauen – sich immer häufiger von den Bildschirmen einfangen lässt. Wenn man das vermeidet, gehört man schon zu den Outsidern, die das Leben, wie es sich so vor der Sportschau

lebt, d.h. also wie es ist, ablehnen, es jedenfalls nicht bejahen. Muss man gar ein Fernsehgerät besitzen und viel hineinschauen, um das Leben zu bejahen? Findet das wahre Leben nicht überhaupt im Fernsehen und vor demselben statt? Auch das sollte man nicht zu tragisch nehmen.
Doch vor Griesgrämigkeit war auch Nietzsche nicht gefeit, der zwar Zufall und Unsinn liebte und sich doch ständig in ernsten Mahnungen und warnenden Analysen verliert. In seinem Gedicht *Sils-Maria* schreibt er 1881-82:

»Hier saß ich, wartend, wartend, – doch auf Nichts,
Jenseits von Gut und Böse, bald des Lichts
Genießend, bald des Schattens, ganz nur Spiel,
Ganz See, ganz Mittag, ganz Zeit ohne Ziel.

Da, plötzlich, Freundin! wurde Eins zu Zwei –
– Und Zarathustra ging an mir vorbei ...« (FW 649)

Die Leichtigkeit verdankt sich der Kontemplation im Angesicht der mächtigen Berge des Engadins. Doch selbst als das Denken durcheinander gerät und es nicht mehr genau rechnen kann, führt das nicht etwa zu einem selbstkritischen Grinsen, nähert sich vielmehr der Verkünder des Übermenschen. Ernster konnte es fast nicht mehr kommen. Es verwundert nicht, dass Nietzsche wenig bis gar keinen Erfolg bei Frauen hatte; denn just im Augenblick des wirren Ernstes ruft er eine Frau an. Wer würde sich darauf einlassen? Nicht mal jene, die, wenn sie an Männer denkt, sich erwartungsvoll zuerst die damit möglicherweise verbundenen, eigenen Kinder vorstellt, was ja Nietzsche wusste.
Daher lache man – anders als Nietzsche – am besten über sich selbst, über diesen schrägen Vogel, der eigentlich nie lächelt und nur selten lacht und der jetzt eine Philosophie des Lachens schreiben möchte, um der protestantischen Schwere des Lebens etwas Leichtigkeit, vielleicht ein Hauch Schwerelosigkeit einzutröpfeln.
Wenn man die Grundfragen des Lebens, die philosophischen Grundfragen durchdenkt, eröffnet sich keine Tragik, weil man weder wissenschaftlich, noch philosophisch zu erschöpfenden Antworten gelangt. Weil man vielmehr von einer Frage zur nächsten gelangt, weil sich die Grundfragen plötzlich wandeln und anders stellen, ironisiert sich das tragische Gewicht der einzelnen Fragen. Sie bleiben trotzdem spannend, nicht weil sie sich als tragisch, sondern weil sie sich als gewitzt und witzig erweisen, nicht weil sie das Leben trauriger

machen, sondern amüsanter, vergnüglicher, lebenswerter, weil sie am Ende zum Lachen reizen, mag das Gelächter auch nicht zu laut erschallen – ich sagte schon, ich habe einen protestantischen Migrationshintergrund –, dem einen oder anderen im Halse stecken oder die Pointe unklar bleiben. Aber die Welt ist nun mal nicht klar und durchsichtig – damit muss man sich philosophisch zufrieden geben, was das Leben nicht erschwert, sondern erleichtert. Wie schreibt doch Kierkegaard im ersten Band seines frühen Hauptwerkes *Entweder/Oder* aus dem Jahr 1843: »Rätselhaft soll man nicht bloß für andre sein, sondern auch für sich selbst. Ich studiere mich selbst; bin ich es müde, so rauch' ich zum Zeitvertreib eine Zigarre und denke: Weiß Gott, was der Herrgott sich eigentlich bei mir gedacht hat, oder was er aus mir noch machen will.«[14] Vermutlich bin ich ja nicht weniger rationalistisch als Sören Kierkegaard, nur weniger religiös und versuche hier seiner Ironie nachzueifern. Die geneigte Leserin und der geneigte Leser entscheiden, inwieweit mir das wenigstens ansatzweise gelungen ist. Es darf jetzt zwar gelacht werden: Aber womöglich habe ich erheblich weniger als Kierkegaard zum Lachen zu bieten. Und das wäre denn doch gar nicht zum Lachen. Oder doch? Das Gelächter darüber, dass die fröhliche Philosophie gar nicht zum Lachen animiert? Das wäre auch schon was.

Erste Frage: Was kann ich wissen? Oder: Was lässt die Sprache träumen?

7. MACHTVERGESSENE PHILOSOPHEN

Ist »Was kann ich wissen?« im Informationszeitalter noch eine sinnvolle Frage? Sind Informationen ein Wissen? Man könnte sich jedenfalls mit Informationen zufrieden geben. Zum Leben brauchen wir gemeinhin kaum mehr. Wo finde ich einen Baumarkt? Wer war George Santayana? Welche Axiome hat die Euklidische Geometrie? Wer ist Beineberg? Das sind doch wichtige Lebensfragen, die man wahrscheinlich weitgehend im Internet klären kann. (Verehrte Leserin, schauen Sie mal unter dem letzten Namen nach! Sie werden auf eine interessante Lektüre stoßen.) Weiß ich dann noch immer nicht genug? Das Internet bietet noch mehr und wem das nicht reicht, der kann beinahe archaisch noch die Bibliothek bemühen oder Freunde fragen.
Aber welche Information ist richtig? Manches lässt sich leicht überprüfen. Bei vielem muss man dem Urteil von Experten, zumeist Wissenschaftlern vertrauen, es sei denn, man gehört zu den hartgesottensten Kreationisten. Oder man ist selbst Atomkraftgegner und man bekommt es mit einem Atomphysiker zu tun, der die Kernenergie befürwortet. Dem traut man dann zumeist auch nicht, wiewohl man wahrscheinlich nicht bezweifelt, dass er weiß, wie eine derartige Fabrik funktioniert.
Doch selbst in der Physik gibt es Diskussionen und abweichende Meinungen. Wenn es sich gar um Geistes- oder Sozialwissenschaftler handelt, wird es schnell kunterbunt. Wem soll man sich anschließen? Zumeist jenem, der das eigene Weltbild bestätigt: eine Art hermeneutischer Zirkel. Das ist aber evidenter Weise ein besonders schlechtes Argument. Heißt das, dass man sich im Grunde immer falsch informiert? So was soll bis in die höchsten Kreise hineinreichen. Politiker lassen sich durchgängig von Wissenschaftlern beraten, die ihrer Politik nahe stehen. Das kann eigentlich nur schief gehen, klappt indes nicht selten, weil sich Wissen weniger einer Wahrheit als vielmehr der sprachlichen Performanz verdankt. Doch wenn die eigenen Argumente eigentlich nur die eigene Gefolgschaft überzeugen, bleibt dann diesen Politikern nichts anderes, als mit der Krise zu drohen?
Dabei hatte sich das Platon so schön vorgestellt: Die Philosophen, die über die weitreichendste Einsicht und das umfänglichste Wissen verfügen, ja über die Einsicht in die wahre Wirklichkeit, sollen den Staat leiten, also die Könige werden. Geklappt hat das jedenfalls nicht. Vielleicht waren ja die Philosophen zu schlechte Politiker, da Politiker skrupellos und machtbesessen sein sollen. Aber Philosophen sind mit Sicherheit genauso häufig machtbesessen und skrupellos wie Politiker. Daran kann es kaum gelegen haben. Vielleicht haben

die Philosophen aber gar kein so gutes Wissen, allemal kein letztes, absolutes, wirklich wahres, so dass sie gar nicht so wirkungsvoll operieren. Dann wäre es an der Zeit, sich um die Genealogie des Wissens zu bemühen. Dann stellt sich Kants Grundfrage und wird sich in andere Fragen transformieren.

8. DAS GÖTTLICH GARANTIERTE WISSEN

Was aber verbessert das Wissen? Was ergibt wahres oder richtiges Wissen? Platon geht davon aus, dass die Welt im Kern von ewigen und stabilen Ideen zusammengehalten wird. Denn von diesen Ideen sind die realen Dinge in der Welt immer nur bescheidene, wechselhafte, vergängliche Abbilder, da ja sich alles in der Welt ständig verändert. Die Pferde werden geboren und sterben, während das Urbild, die Idee des Pferdes gleich bleibt. Wenn man folglich diese Idee des Pferdes richtig erfasst, dann müsste man auch mit den realen Pferden gut zurechtkommen, d.h. das richtige Wissen von den Pferden haben.

Aristoteles war damit nicht zufrieden. Denn woher weiß ich denn, wann ich die Idee des Pferdes richtig erfasst habe? Wenn ich mit den vielen Pferden auf der Wiese zurechtkomme, wiewohl mir diese ständig wegsterben und ihre Nachkommen sich womöglich verändern. Trotzdem muss ich mich mit diesen Pferden auf der Wiese beschäftigen, denn nur diese kann ich konkret betrachten. Wenn ich daraus nun den Durchschnitt als Idee des Pferdes entwickeln will, so gelange ich trotzdem nicht zu einer festen Idee, da ja ständig neue Pferde hinzukommen, die immer etwas anders sind als der bisherige Durchschnitt als Idee, obwohl Aristoteles natürlich keine Vorstellung von Evolution hatte.

Man gelangt auf diese Weise höchstens zu einem Gattungsbegriff Pferd, der kein Urbild des Pferdes ist, sondern bestenfalls ein Durchschnittswissen beinhaltet, das nie das konkrete Pferd hinlänglich erfasst, insofern auch nicht als dessen Ideal bezeichnet werden kann. Der Gattungsbegriff Mensch erfasst doch niemals vollständig jenen Jesus von Nazareth. Dieser mag nun einen idealen Menschen verkörpern. Doch dieses Ideal hat wiederum weder etwas mit den realen Menschen zu tun – was man leicht einsieht – noch kann er dem Gattungsbegriff entsprechen, der sich gemeinhin aus gewissen in der Erfahrung gegebenen Merkmalen des Menschen zusammensetzt. Offenbar mangelt es dem Nazarener an gewissen signifikanten Merkmalen, beispielsweise der Sterblichkeit.

Was kann ich wissen? Die Idee lässt sich nicht durch die Erfahrung bestätigen. Der Gattungsbegriff stützt sich auf diese Erfahrung. Aber erfasst er damit seinen Gegenstand hinlänglich, wie dieser wirklich ist? Woher weiß ich denn, dass die Elemente, die ich zum Pferd zusammensetze, dieses Pferd auch hinlänglich und richtig erfassen? Weil andere das Pferd auch so sehen? Nein, das Wissen lässt sich zwar dadurch, dass ich andere frage, intersubjektiv überprüfen. Aber alle können sich täuschen, genauso gut die Mehrheit wie die Minderheit. Aristoteles richtet sich mit dieser Ungewissheit ein und sammelt Daten über Natur und Mensch. Platon hatte ja dieser Ungewissheit seinen Ideenhimmel entgegengestellt.

Beide beriefen sich dabei auch auf die Götter. Doch diese waren nicht so mächtig. Sie waren selbst Teil der Welt und mischten in ihr mit. Ein rechter Verlass war nicht auf sie. Da hatte der jüdische Monotheismus einen logischen Vorteil, den er höchst empirisch auflud. Sein Gott war nicht nur der Schöpfer der Erde und stand somit außerhalb des Weltenraums, also jenseits. Er war als einziger Gott in seiner Macht durch keine anderen Götter gehandicapt, so dass es ein Leichtes war, ihm aufgrund der Begegnung mit der ägyptischen Kultur auch die Insignien des Pharaos zu übertragen und ihn für allmächtig, allwissend und gegebenenfalls allgütig zu erklären – eine These, die Alfred North Whitehead vertritt.

Letzteres war sehr wichtig. Denn dann würde er mit den Menschen kein übles Spiel spielen, sie nicht belügen oder sie mit fehlerhaften Werkzeugen in den Kampf ums Dasein schicken – womöglich wie teilweise die antiken griechischen Götter zu Zwecken der eigenen Unterhaltung, so wie manche Menschen andere Menschen oder Tiere quälen. Nein, für Judentum und Christentum garantiert Gott, dass die Menschen die Welt richtig erkennen können. Denn Gott hat die Welt und den Menschen geschaffen und hat ihm als allgütiger Gott auch eine Vernunft und einen Wahrnehmungsapparat gegeben, mit denen er die Welt richtig erkennen kann. Damit war für ein Jahrtausend das Erkenntnisproblem gelöst, die Frage »Was kann ich wissen?« war beantwortet.

Vor allem galt das für die allgemeine Struktur, die damit nachhaltig geprägt wurde. Wissen von der Welt ist nicht relativ, womöglich nur Stückwerk, höchstens schrittweise möglich. Man durchforstet nicht die Welt und entdeckt derart langsam eine Pflanzen- oder Tierart nach der anderen und immer entdeckt man noch eine neue. Manche Erkenntnis widerspricht früheren, wird aber selber irgendwann widerlegt, so als wäre Erkenntnis ein diffuser, sich auch irgendwie im Kreis drehender Prozess. Nein, wenn Gott die Welt einheitlich geschaffen hat und den Menschen mit den Fähigkeiten ausgestattet, diese Welt zu erkennen, dann ist erstens eine umfassende Erkenntnis der Welt als Ganzes möglich, an der man auch immer schon partizipiert, die nicht vielleicht erst am Ende der Geschichte als Aggregation von Wissen erreicht wird.

Man hat ja das richtige Vernunft- und Erkenntnisvermögen. Es gibt also eine Einheit des Wissens, die das Ganze der Welt erfasst. Heute im Angesicht der Klimaveränderung ist die Rede von Ganzheitlichkeit populär, kritisiert man zeitgenössische Wissenschaften, sie würden ihren Blick immer nur auf Teile der Natur des Menschen richten und damit beiden nicht gerecht werden, beispielsweise betrachte die moderne Medizin nur die Leber, nur das Blut oder das Bein, vernachlässige vor allem Psyche oder Seele.

Das Einzelwissen muss sich dann in diese Gesamtordnung der Welt einfügen. Es darf ihr nicht widersprechen und es darf natürlich nicht in Widerspruch zu anderem Einzelwissen geraten. Denn die göttliche Ordnung entspricht ja den Gesetzen der Logik, die Gott gleichermaßen als Struktur der Vernunft dem Menschen eingegeben hat. Also kann es in der Natur auch keine Widersprüche geben. Dann ist eine Buche eine Buche und kann nicht gleichzeitig eine Eiche sein. Es geht nicht darum, dass der Löwe die Antilope frisst. Das ist kein Widerspruch, würde man heute von der Nahrungskette sprechen. Es stellten sich keine Fragen nach der wahren Wirklichkeit, nach richtigem Wissen, wie einige Jahrhunderte später, wenn die Menschen nach der Wirklichkeit fragen müssen, weil sie nicht so genau wissen, wo sie sind und wie spät es ist.

Doch diese harmonische Ordnung geriet schon in der christlichen Philosophie des Mittelalters unter Druck. Wenn Gott der Urgrund der Welt ist, dann muss man Gott suchen, will man etwas über die Welt erfahren. Man muss also Theologie studieren und danach kann man auch Naturstudien betreiben. Das war umständlich. Thomas von Aquin wird im 13. Jahrhundert diese Verflechtungen lösen. Da die Natur eine göttliche Schöpfung ist, darf man sie auch ohne Blick in die Bibel erforschen.

Aber wie betrachtet man die Natur? Geht man wandern oder legt man sich auf die Wiese? Oder züchtet man Pflanzen im klösterlichen Kräutergarten? Die mittelalterliche Naturkunde hatte ein umfängliches Detailwissen angesammelt, aber ohne eine einheitliche Ordnung, die ja die Bibel stellte, und ohne systematisches Vorgehen, so dass Wissen, das einer gewonnen hatte, ein anderer auch hätte überprüfen können. Thomas von Aquin greift dazu auf die Lehren des Aristoteles zurück, der im Abendland lange verpönt war und erst durch die Araber, die ihn mit Erfolg rezipierten, im Hochmittelalter nach Europa reimportiert wurde. Aristoteles hatte ja umfängliche Naturstudien betrieben und sich um Ordnungsstrukturen bemüht.

9. Die Identität von Mathematik und Natur

Trotzdem blieben die Probleme unübersehbar. Zwar hatte man um 1500 langsam einsehen müssen, dass die Erde keine Scheibe, sondern eine Kugel ist. Kolumbus entdeckte Amerika. Magellan umsegelte die Erde. Trotzdem blieb im geozentrischen Weltbild die Erde der Mittelpunkt des Universums, umkreist von der Sonne, den Planeten und den Gestirnen, die auch nachts dem Seefahrer den Weg weisen oder nächtliche Dunkelheit mildern, vorausgesetzt Wolken verhindern das nicht. Allerdings vollführten die Planeten sehr seltsame Bewegungen, wenn man von der Erde als zentralem Fixstern ausging. Kopernikus hatte da eine bessere Idee, die er allerdings noch nicht hinlänglich beweisen konnte und sie daher nur als Hypothese formulierte, nämlich bekannter Weise dass sich die Erde um die Sonne herum bewegt und dass auch die anderen Wandersterne um die Sonne kreisen. Dieses gesamte Modell wurde erheblich einfacher, etwas komplizierter indes als das, was die Menschen alltäglich erleben, dass die Sonne morgens auf- und abends untergeht, während die Erde doch offenbar unbeweglich verharrt. Die Kirche vertrat das geozentrische Weltbild und beanspruchte auch die Interpretationshoheit darüber. Galilei bekam das noch zu spüren, als er sich entschieden für das heliozentrische Weltbild einsetzte. Das Inquisitionstribunal zwang ihn zum Widerruf.

Wissenschaftsgeschichtlich betrachtet war der Kampf Galileis um das kopernikanische Weltbild nebensächlich. Viel wichtiger und wegweisender war seine Begründung der neuzeitlichen Naturwissenschaften. Trotzdem führt dieser Kampf vor, wie Glaube und Wissen miteinander in Konflikt geraten. Jahrhunderte lang erklärte der Glaube die Welt. Im ausgehenden Mittelalter jedoch entdeckte man immer mehr Dinge, die dem Glauben widersprachen und die der Glaube nicht mehr wie zuvor erklären konnte. Zunehmend befreiten sich Wissenschaftler, Philosophen und auch Theologen von der Bevormundung durch Rom bzw. den Papst. Giordano Bruno wurde noch 1600 von der Inquisition für seinen Anspruch auf Mündigkeit verurteilt und auf dem Campo dei Fiori in Rom auf dem Scheiterhaufen ermordet. Das lag noch nicht lange zurück, als sich Galilei diesem Schicksal klugerweise entzog.

Doch wenn man sich von der Bevormundung durch die Inquisition befreit, wenn man die Welt erkennen will, ohne Rücksicht auf vermeintliche Vorgaben der Bibel, worauf kann man sich als Fundament dann stützen? Das ist nicht so einfach und versteht sich keineswegs von selbst. Thomas von Aquin bemüht dazu Aristoteles mit seinen Naturerfahrungen und Studien. Für ein heliozentrisches Weltbild reicht es nicht mehr aus, wenn man bloß sammelt und kategorisiert. Die Renaissance-Philosophie greift daher auf Platon zurück. Einer Welt der offenen Horizonte, der Unendlichkeiten, in der die Sonne nie untergeht, erscheint Platons Himmel der Ideen unangemessen. Damit kann man vielleicht gute Gedichte schreiben. Die Welt beherrscht man damit nicht. Dazu braucht man Geräte und Techniken, um beispielsweise in einem Ozean zu navigieren.

Galilei gründet daher die neuzeitlichen Naturwissenschaften auf das Experiment. Er will die Welt nicht nur durch Ideen erhellen, sondern ihren Gesetzen nachspüren, um diese dann entsprechend technisch auszunützen, um die Natur also zu beherrschen. Wichtig dabei ist vor allem, dass solche Experimente von anderen wiederholt werden können, dass sie also allgemeine Aussagen über beobachtbare Naturprozesse zulassen. Dazu muss man solche wiederholbaren Bedingungen schaffen, d.h. man muss einen Zusammenhang in der Natur soweit isolieren, dass er von anderen ihn störenden Prozessen frei ist. Man muss also die Natur in gewisser Hinsicht zerlegen, die gesuchten Prozesse isolieren, so dass man sie beliebig häufig und überall wiederholen kann.

Nun kann man zwar fleißig experimentieren – das machen um diese Zeit vor allem die Alchimisten und längst nicht nur auf der Suche nach Gold – aber wie fasst man denn nun die sich dabei ergebenden Beobachtungen zusammen und wie lassen sich dadurch auswertbare Techniken gewinnen, mit denen man die Natur beherrschen kann. Dieses Problem konnte man vor Galilei in der Tat noch nicht lösen. Doch Galilei hat dazu eine geniale Idee. Diese Prozesse entwickeln Größenverhältnisse, Quantitäten, die sich mathematisch berechnen lassen. Also erscheint die Natur berechenbar.

Ist sie doch auch? Trotzdem kommt Galilei dabei nicht ganz ohne einen Gott aus, zumindest indirekt. Er greift nämlich erstens auf einen pythagoreischen Mythos zurück, nachdem die Zahlen und die Natur bedeutungsvoll miteinander zusammenhängen. Die Zahl Fünf beispielsweise ist demnach nicht nur eine Position auf dem Zahlenstrahl und gibt damit eine bestimmte Quantität an. Sie steht auch für Vollkommenheit, Ganzheit und Einheit der Natur und insofern besteht zwischen ihr und der Natur eine mystische Identität, d.h. man kann darüber nichts Weiteres aussagen, als dass die Natur die Zahlen richtiggehend beherbergt. Zahl und Natur gehören zusammen.

Das klingt ziemlich absurd, wird Galilei einer solchen Einheit nur in einer bestimmten Hinsicht folgen. Dazu sagt Galilei nämlich seinen berühmten Satz: »Die Natur [...] ist in mathematischer Sprache geschrieben.« Also, Natur und Zahl gehören wirklich zusammen, allerdings nicht im pythagoreischen oder esoterischen Sinn, dass Natur in den Zahlen etwas bedeutet, sondern ausschließlich im quantitativen Sinn. Das Universum besteht eigentlich nur aus Teilchenmengen, die manchmal locker verteilt und manchmal dichter gedrängt sind (vom schwarzen Loch, das Galilei natürlich noch nicht kannte, bis hin zum leeren Raum) oder die sich langsamer oder schneller bewegen (Eis, Wasser, Dampf). Alles das, was wir als Qualitäten erleben, hat seine Ursache in solchen unterschiedlichen Quantitäten, woraus sich umgekehrt folgern lässt, dass sich alle Qualitäten auf Quantitäten zurückführen und damit nicht nur darstellen, sondern auch berechnen lassen: Alles in der Natur, damit die Quintessenz oder der Kern der Natur besteht aus berechenbaren Größen, die sich als Naturgesetze formulieren lassen.

Ergo, alles in der Natur lässt sich nicht nur berechnen. Man erfährt damit auch nicht nur gewisse, nicht besonders bedeutungsvolle Größenverhältnisse. Man könnte ja auch meinen, Quantitäten sind allemal weniger wichtig als Qualitäten. Doch man erfasst mit diesen Größenverhältnissen, die Natur, wie sie wirklich ist, ihr Wesen. Und man wird dadurch mittels experimentgestützter und mathematisierter Naturwissenschaften langfristig alle Probleme der Menschheit lösen können. Was sich heute noch nicht lösen lässt, das wird in Zukunft irgendwann lösbar sein, präsentiert sich die Natur als ein großer Mechanismus.

Aber sind die wichtigen lebensweltlichen Probleme der Menschen gerade nicht quantitativer, sondern qualitativer Art, vornehmlich Liebe und Hass? Nun, auch Gefühle wird man irgendwann quantitativ so erfassen können, dass man in sie einzugreifen vermag – man denke an die Neurologie, die bei der Beschreibung und Beeinflussung von Gehirnprozessen doch erstaunliche Fortschritte gemacht hat.

Damit verschafft Galilei der neuen Naturwissenschaft ein Fundament, das an die Stelle Gottes bzw. der Theologie tritt, die beide damit für die Gewinnung von Erkenntnissen über Natur und Mensch keine Rolle mehr spielen. Das revolutioniert das kosmische Verständnis und wird mit Darwin auch noch den religiösen Schöpfungsmythen jeden objektiven Boden entziehen. Jetzt kann man endlich die Natur erfassen und vor allem beherrschen. Von ihr bleibt kein Geheimnis, nichts was sich nicht entbergen ließe, nichts was sich dem naturwissenschaftlichen Blick in der Erfahrungswelt zu entziehen vermag.

10. Die Relativität des Unheils

Das Programm Galileis war ungeheuer erfolgreich und trotzdem ist es gescheitert. »Seit je hat Aufklärung im umfassenden Sinn fortschreitenden Denkens das Ziel verfolgt, von den Menschen die Furcht zu nehmen und sie als Herren einzusetzen. Aber die vollends aufgeklärte Erde strahlt im Zeichen triumphalen Unheils.«[15] Das schreiben Max Horkheimer und Theodor Adorno in ihrer berühmten *Dialektik der Aufklärung* im Mai 1944.
Galileis Programm sollte primär die Furcht vor Dämonen und dunklen Mächten nehmen, indem man die Natur immer weiter durchschaut. Es sollte durch Naturbeherrschung neue Horizonte eröffnen und den Menschen von den Naturgewalten befreien. Beides ist zwar gelungen, jedoch nicht in der nachhaltigen Weise, wie es sich Galilei erhoffte. Der zunehmende Einblick in die den Menschen umgebenden Prozesse eröffnet ständig neue Risiken. Fürchtet man sich nicht mehr vor der Blinddarmentzündung, fürchtet man sich stattdessen vor medizinischen Kunstfehlern. Fürchtet man sich in festen Häusern nicht mehr vor Schnee und Eis, bricht unter solchen Witterungsbedingungen jedoch leicht der Verkehr zusammen.
Ein anderer Grund für das Scheitern von Galileis Programm liegt in René Descartes' Entdeckung des Subjekts, das man seither so ständig wie vergeblich versuchte wieder loszuwerden. Descartes sucht angesichts der wissenschaftlichen Umbrüche und Verunsicherungen seiner Zeit – das scholastische Weltbild ist fragwürdig geworden, doch das Fundament eines anderen Denkens erscheint noch nicht gesichert – nach dem, was wirklich gewiss ist, worauf sich die neuen Wissenschaften gründen könnten.
Dazu bezweifelt er methodisch alle Formen der Wahrnehmung und der Erkenntnis. Es lässt sich nicht definitiv beweisen, dass sich der Schreibtisch vor mir nicht bloß meiner Einbildung verdankt bzw. Element eines Traumes ist, den mir vielleicht ein böser Dämon vorgaukelt. Die Welt könnte nur einem Wahn entspringen, der mich traumatisch beherrscht, so dass nichts an ihr real ist. Man kann einen solchen Zweifel nicht wiederlegen. Das einzige, das dabei allerdings gewiss ist und aus dem Wahnsinn heraustreten lässt, ist, dass ich feststellen kann, dass ich zweifle. Der Zweifel ist eine Variante

des Denkens: da denkt etwas und insofern ist es etwas Denkendes, das mein Ich darstellt. Descartes formuliert in diesem Sinne den vielleicht berühmtesten Satz der Philosophiegeschichte: »ich denke, also bin ich,« bzw. sein Cogito, mit dem er das Subjekt entdeckt: »Cogito, ergo sum.«[16]
Es ist eigentlich klar, dass der Mensch nur erkennen kann, was er wahrzunehmen und dann weiter gedanklich zu bearbeiten vermag. Was sein Wahrnehmungs- und Denkapparat nicht erfasst, das existiert für den Menschen nicht, also beispielsweise Feen und Elfen, von denen nur erzählt werden kann. Fledermäuse orientieren sich mit Ultraschall, weil sie keine Augen haben. Was wäre das für ein Leben, besäße der Mensch eine solche Gabe? Im Grunde versteht sich diese subjektive Bedingung aller Erkenntnis von selbst. Deswegen möchte ich auch von Entdeckung und nicht von Erfindung sprechen. Nur konnte man sie zuvor übersehen, weil man einen Gott voraussetzte, mit dem man die subjektive Erkenntnis zur adäquaten erklärte. Die Theologie hat auch häufig noch ein Problem mit dem Subjekt. Wenn man das Subjekt voraussetzt, verliert Gott seine fundierende Position, da das Subjekt natürlich auch nur einen solchen Gott erfassen kann, für den es ein entsprechendes Sensorium besitzt. Aber in einer Welt ohne Gott fehlt ein orientierendes und fundierendes Zentrum, wird der Mensch automatisch Subjekt, geht sein Erkenntnisvermögen seiner Erkenntnis immer voraus. Kant wird dann dementsprechend einen Apparat des Verstandes als nicht aus der Erfahrung ableitbar beschreiben. Beispielsweise gehört dazu auch die Fähigkeit zur Größenbestimmung. In der Tat, die Mathematik hat zwar eine Entstehungsgeschichte. Aber es handelt sich um ein System, das nicht nur ohne Erfahrungstatsachen auskommt, das vielmehr als solches allein in sich stimmig ist, von jeder Erfahrung unabhängig.
Die Geometrie entstand in den antiken ägyptischen Hochkulturen, die im Nil ihre Lebensader hatten. Der Nil neigte aber zu großen Überschwemmungen, was es nötig machte, dass man nach dem Abfluss der Wassermassen die Felder wieder richtig bestimmen, d.h. ausmessen konnte. Derart entspringt die ägyptische Feldmesskunst einem konkreten lebensweltlichen Bedürfnis. Sie gilt als Vorläufer der Geometrie, die Euklid ausarbeitete, ein Grieche, der um 300 v. Chr. in Alexandria lehrte. Diese lernen wir noch weitgehend in der Schule, arbeitet sie mit den besagten Punkten, geraden und krummen Linien, beispielsweise mit Kreisen, Flächen, Körpern etc. Doch dabei handelt es sich nicht um Gegenstände, die man in der Natur vorfindet.
Punkte sind so klein, dass man sie höchstens berechnen kann. Genauer, sie haben nicht mal eine Kleinheit oder Größe, also Ausdehnung. Eine

Zeichnung – und mag sie noch so exakt ausgeführt sein – zwei sich schneidende Linien, die dort, wo sie sich kreuzen, einen Punkt bestimmen, kann man höchstens als eine metaphorische Darstellung dessen bezeichnen, was da berechnet werden kann. Wie kritisiert doch Nietzsche in *Die fröhliche Wissenschaft* den Idealismus der Geometrie: »Wir operieren mit lauter Dingen, die es nicht gibt, mit Linien, Flächen, Körpern, Atomen, teilbaren Zeiten, teilbaren Räumen – [...] Es ist genug die Wissenschaft als möglichst getreue Anmenschlichung der Dinge zu betrachten, wir lernen immer genauer uns selber beschreiben, indem wir die Dinge und ihr Nacheinander beschreiben.« (a.a.O., 112) Im Grunde beginnt mit Descartes eine Krisengeschichte der modernen wissenschaftlichen Wahrheit, die bis heute andauert, über die die einen weinen, während die anderen darüber lachen.
Man könnte Nietzsche entgegnen, dass die Geometrie zwar mit idealen Begriffen operiert, diese aber an die zu messenden Gegenstände annähert und zu einem gewissen Grade ist das auch so, was die Praxis angeht. Wenn man die Größe eines Zimmers mit einigen Winkeln und Ecken bestimmen möchte, dann muss man Winkel eigens berechnen und am Ende die einzelnen gemessenen Teilflächen addieren. Man kann das auch grob abschätzen und wird damit die Größe in etwa treffen.
Ansonsten aber neigen wir fleißig dazu, die Natur an ideale geometrische Größen anzupassen. Wir reden von der Erde als einer Kugel, die sie zweifellos nicht ist. Wir legen die Küstenlinien wirklich fest, in dem wir einen Normalwasserstand definieren und kleinere Abweichungen begradigen. Doch hat England wirklich längere Küsten als Helgoland? Je weiter man ist Detail hinein messen würde und jede Verzweigung mitrechnen, umso mehr würden sich beide Größen einander annähern.
Albert Einstein bestätigt mit seiner Relativitätstheorie, dass man mit Geometrie und Arithmetik die Natur nicht so erfasst, wie sie wirklich ist, sondern so, wie der Mensch sie mit seinen Mitteln überhaupt erfassen kann. Als zentrales Problem erweist sich das Mittel, mit dem man geometrisch Entfernungen messen kann. Die Euklidsche Geometrie macht sich darüber noch keine Gedanken. Man beobachtet die Bewegung des fallenden Apfels und geht davon aus, dass man das schon richtig sehen würde. Doch dass das Licht zwischen Apfel und Beobachter Zeit braucht, das beachtet man nicht, fällt dergleichen auf der Erde auch weniger auf als in kosmischen Dimensionen, wenn wir heute wissen, dass das Licht der fernen Galaxien Hunderttausende bis Millionen Jahre unterwegs war, um just hier und jetzt am Nachthimmel gesehen werden zu können.

So wie die euklidsche Geometrie ihren Raum darstellt, so lässt er sich in der Wirklichkeit gar nicht erfassen, da schlicht dergleichen Mittel und Methoden fehlen, den Raum ohne Rücksicht auf die Zeit auszumessen, das Licht, mit dem man als Forscher Prozesse beobachtet, eben nicht unendlich schnell ist. Daher führt Einstein in seiner speziellen Relativitätstheorie die Lichtgeschwindigkeit als allgemeinen Maßstab ein. Seither darf man im Grunde nicht mehr von der Geschwindigkeit eines Autos sprechen, sondern nur noch in Abhängigkeit von jenem, der das Auto beobachtet und dessen Geschwindigkeit misst.

Will man die realen Dinge in der Welt möglichst ihnen angemessen erfassen und nicht bloß an ein ideales Schema anpassen, dann müssen sich die Begriffe der Geometrie auf reale Gegenstände stützen, also auf das Licht mit seiner Geschwindigkeit und seinen Ablenkungen, auf Uhren bzw. die jeweilig nötigen Instrumente. Einstein betrachtet diese Bedingung in seiner allgemeinen Relativitätstheorie. Die Natur soll durch Mittel der Natur erkannt werden, nicht durch ideale Begriffe. Damit werden auch die Ergebnisse von Experimenten abhängig von den Instrumenten, wird der Beobachter selbst Teil des Experiments, das er unter Bedingungen der klassischen Physik nur von außen zu betrachten schien. Von nun an sind die physikalischen Ergebnisse schon vom Anspruch her keine Aussagen mehr über beobachtete Natur. Die Identität der Natur lässt sich nicht mehr von außen eindeutig bestimmen, sondern hängt von Instrumenten und Maßstäben ab, die selbst den Naturbedingungen unterliegen.

Aus entgegengesetzter Perspektive lassen sich aus der Quantentheorie Werner Heisenbergs ähnliche Schlüsse ziehen wie aus der Relativitätstheorie Einsteins. Die Quantentheorie hält nicht die objektive Erkenntnis, sondern nur eine mögliche Erkenntnis von Elementarteilchen fest. Dabei kann man Ort und Zeit von Elementarteilchen nicht gleichzeitig bestimmen. Entweder nimmt man einen Zeitpunkt, dann lässt sich der Ort nicht genau bestimmen. Oder man geht von einem bestimmten Punkt im Raum aus, dann lässt sich die Zeit nicht exakt festlegen, wann das Teilchen diesen Punkt erreicht. Die Erkenntnis vom elementaren Teilchen wird dadurch unscharf. Allerdings darf man betonen, dass sich diese Unschärfe natürlich der Bemühung um Genauigkeit verdankt. Je schärfer man hinschaut, umso unschärfer wird das Bild.

Wer vom Baum der Erkenntnis isst, der verlässt das Paradies. Und irgendwann dämmert ihm, dass er dorthin niemals zurückkehren wird. Vor allem an dieser verbauten Rückkehr waren Einstein und Heisenberg beteiligt: das Wissen

wird nämlich trotz aller Vermehrung nicht absoluter, sicherer, wahrer, sondern relativer und veränderlicher und wir können nicht mehr sagen, wohin es uns führen wird – in welche Katastrophen oder welche Paradiese.
Der US-Physiker Hans Christian von Baeyer schildert 2003 in seinem Buch *Das informative Universum* den Übergang vom atomaren Denken Einsteins zum informationsorientierten Denken im 21. Jahrhundert. Über das Atom geben uns Experimente gewisse Informationen, die wiederum abhängig sind von den verwendeten Instrumenten und den Bedingungen, unter denen sie stattfanden. Nicht, dass damit das Wissen kleiner geworden wäre, im Gegenteil. Aber es bleiben Informationen, die letztlich über das Atom an sich, wie es wirklich ist, eigentlich nichts aussagen, sondern eher über das Verhältnis des Menschen zur Natur. Nicht, dass von Baeyer damit Einsteins Theorien auflassen möchte. Sie schufen aber die Voraussetzung dafür, dass sich eine handfeste atomare Materialität letztlich nicht mehr finden lässt. Jetzt haben die Physiker nur noch Informationen von der Welt, nicht mehr die Welt, wie sie wirklich ist. Die Frage Kants »Was kann ich wissen?« transformiert sich langsam in eine andere Frage, nämlich: Wie gelange ich zu Informationen?
Durch die Entwicklungen der modernen Physik gewinnt man zwar eine ungeheure Menge an Informationen. Aber man verbleibt gegenüber der Welt in der Distanz von Subjekt zu Objekt. Und dieses Objekt ist nur subjektiv erfassbar. Man hat kein Wissen, dass der Natur, dem Kosmos oder der Welt adäquat entspricht, die Welt erfassen würde, wie sie an sich oder wirklich ist. Man hat eine ungeheure Menge an objektivem Wissen. Doch es ist ein ständiger Irrtum in unserer Alltagssprache, mit Objektivität zu meinen, man hätte einen Gegenstand an sich oder wie er wirklich ist. Genauso versteht man unter einer subjektiven eine individuelle Perspektive. Doch der philosophische Begriff des Subjekts bezieht sich nicht auf individuelle Besonderheiten, sondern auf allgemeine Erkenntnisstrukturen, die für jedermann gelten, so dass der Blick von allen gleichermaßen beschränkt ist.
Im Anschluss an Nietzsche zieht Max Weber Anfang des 20. Jahrhunderts daraus die Konsequenzen für die wissenschaftliche Begriffsbildung in den Sozialwissenschaften. Vorgeprägt durch die kulturellen Gegebenheiten steht der Mensch vor der Welt und bestimmt dementsprechend die Gegenstände. Diese Objekte liegen also nicht einfach vor und werden vom Menschen erfasst, wie sie sind. Sie werden vielmehr sogar ein Stück weit erfunden, konstruiert, zusammengebastelt, wie es der Mensch gewohnt ist und wie er sie gebrauchen

kann. Max Weber erkennt, dass zwischen Sprache und Welt eine Differenz besteht und daraus folgend zwischen der Information und dem Gegenstand, über den die Information informieren soll.

Für Weber folgt daraus die Notwendigkeit, dass die wissenschaftliche Begriffsbildung diese Schwierigkeiten der Sprache berücksichtigt. Doch für Weber besteht keine Möglichkeit, dass wissenschaftliche Begriffe ihre Gegenstände vollständig erfassen oder irgendwie widerspiegeln. Nein, wissenschaftliche Begriffe muss man konstruieren und sie verharren zu ihren Gegenständen in deutlicher Differenz. Die verschiedenen Weltbilder deuten dieselben Zusammenhänge völlig unterschiedlich. In dieser Unübersichtlichkeit versucht sich der wissenschaftliche Begriff ein möglichst objektives Bild zu machen, das zwar von individuellen Vorurteilen oder Ideologien nie ganz frei ist, aber sich doch wenigstens einer Art Objektivität annähern soll. Dazu konstruiert er ein quasi ideales Schema eines Gegenstandes, wie er sich diesen in Reinform vorstellt, wie er aber natürlich in der Realität nie vorliegt.

Die protestantische Ethik beispielsweise kennt viele Spielarten und Vermischungen mit anderen Ethikverständnissen in der Realität. Ihre zentralen Aspekte indes erfasst Weber in der gleichnamigen Studie, die in den ersten Jahrzehnten des 20. Jahrhunderts entsteht, folgendermaßen: »Verpönt ist die kreaturvergötternde Erotik – gottgewollter Beruf ›eine nüchterne Kindererzeugung‹ (wie die Puritaner es ausdrücken) innerhalb der Ehe. Verpönt ist Gewalt des Einzelnen gegen Menschen, aus Leidenschaft oder Rachsucht, überhaupt aus persönlichen Motiven, – gottgewollt aber die rationale Niederhaltung und Züchtigung der Sünde und Widerspenstigkeit im zweckvoll geordneten Staate. Verpönt ist persönlicher weltlicher Machtgenuss als Kreaturvergötterung, – gottgewollt die Herrschaft der rationalen Ordnung des Gesetzes.«[17] Derart skizziert Weber den von ihm sogenannten Idealtypus als Begriff der »protestantischen Ethik«.

Will Wissenschaft am Anspruch der Objektivität in einer Welt festhalten, in der das Wissen grundsätzlich beschränkt bzw. subjektiv ist, dann kann sie sich nicht mehr einbilden, die Welt einfach erfassen zu können, wie sie ist. Vielmehr muss sie sich bescheiden und mit beschränkten Mitteln und Reichweiten zufrieden geben. Allerdings betrifft diese Art der Begriffsbildung und der Objektivität bei Weber die Sozial- und Geisteswissenschaften, wo man den Anspruch, die Welt zu erfassen, wie sie ist, leichter widerlegen kann, wo er aber mit demselben Anspruch und mit noch weitreichenderen Konsequenzen erhoben wird, man denke an die revolutionären Hoffnungen der Marxisten.

Webers Objektivitätsbegriff richtet sich dabei nicht gegen Marx' ökonomische Theorien, die er mit seinen Protestantismus-Studien eher ergänzen möchte: zwei Seiten der Entstehung des Kapitalismus. Weber tritt vielmehr den Ansprüchen entgegen, die weitere gesellschaftliche Entwicklung in der Zukunft voraussagen zu können. Denn dazu wiederum beruft sich Marx auf die Geschichtswissenschaften, die ihm eine solche Prognose angeblich ermöglichen. Um solche Gesetze in der Geschichte zu erkennen, die umfassende Zukunftsvoraussagen ermöglichen, reicht die Subjektivität des Wissens einfach nicht hin. Die Quintessenz des Wissens über den Kapitalismus gipfelt nicht in dessen Untergangsprophezeiung, sondern in folgender idealtypischer Bestimmung Webers: »Schrankenlose Erwerbsgier ist nicht im mindesten gleich Kapitalismus, noch weniger gleich dessen ›Geist‹. Kapitalismus *kann* geradezu identisch sein mit *Bändigung*, mindestens mit rationaler Temperierung, dieses irrationalen Triebes. Allerdings ist Kapitalismus identisch mit dem Streben nach *Gewinn*: im kontinuierlichen, rationalen, kapitalistischen Betrieb; nach immer *erneutem* Gewinn: nach ›*Rentabilität*‹.« (ebd., 12) Na ja, ob er damit angesichts der Finanzkrise 2008 recht behalten hat? Oder sind die Banken gar keine Kapitalisten, sondern Piraten, vor denen die Staaten schützen sollten? Eines ist dabei sicher: Wir leben nicht in einem Kapitalismus, der seinem idealtypischen Begriff entspricht.

11. Die Einheit von Katholizismus, Marxismus und Positivismus

Andererseits gehört Marx zusammen mit Hegel zu jenen, die die Subjektivität und Beschränktheit der Erkenntnis bzw. der wissenschaftlichen Begriffe in Frage stellen. Marx geht materialistisch davon aus, dass sich der Mensch, wie es die Bibel sagt, die Natur durch Arbeit und Technik untertan macht. Da der Mensch sich die Natur immer weiter unterwirft, bestätigt das auch die Wahrheit bzw. Adäquatheit seines Denkens, das die Welt durchaus richtig in der Lage ist, zu erkennen. Der Geist ist nur eine Funktion der Materie, von dieser nicht durch Denkstrukturen oder Wahrnehmungsweisen getrennt. Vielmehr entspringen diese der Natur sowie der mit dieser sich auseinandersetzenden technischen und sozialen Praxis. Der Mensch lernt, wie der soziale und technische Fortschritt doch vorführt, Natur und sich selbst immer besser kennen und beherrschen. Wenn er Subjekt ist, dann in dem Sinne, dass er seine Geschichte und seine Welt selber gestaltet. Die Arbeiterklasse avanciert gar zum historischen Subjekt, das den Weg in die Lichte Zukunft ebnen wird.

Letztlich denkt der Katholizismus das gar nicht anders. Nur dass Gott diese Praxis garantiert, eine Garantie auf die Marx verzichtet. Marx sucht die Bestätigung der Erkenntnis durch die erfolgreiche Praxis. Der Katholizismus bekräftigt die Richtigkeit der Erkenntnis theologisch. Dabei handelt es sich ja nicht gerade um befreundete Weltanschauungen. Die dritten im Bunde wären diverse neopositivistische Strömungen im 20. Jahrhundert, die explizit auf die Erschütterungen der Wahrheit und der Gewissheit von Erkenntnis durch den Subjektivismus und Relativismus reagieren. Bertrand Russel, erklärter Atheist, der 1927 seinen Aufsatz »Warum ich kein Christ bin« schreibt, und Begründer der sprachanalytischen Philosophie, insistiert gleichermaßen auf der gesicherten Erkenntnis, die ihm seinerseits die Gewissheit der Nichtexistenz Gottes bekräftigt, was ihm die längste Zeit seines 97 Jahre langen Lebens Schwierigkeiten bereiten wird.

Als er 1940, also im Alter von 68 Jahren, eine Gastprofessur am New Yorker City College annehmen wollte, erhob sich ein religiöser Proteststurm dagegen. Eine Dame verklagte die Stadt New York, sie dürfe Russel nicht anstellen, denn durch seine Lehren könnte ihre Tochter womöglich Schaden erleiden, hatte er zudem 1929 in der Schrift *Marriage and Morals* die christliche Familienmoral kritisiert. Der katholische Richter sah das ähnlich. Eine Berufung gegen das Urteil wurde trickreich verhindert, wäre auch nicht besonders ergiebig gewesen, hatte doch die Stadt New York die dafür nötigen Gelder aus dem Haushalt bereits gestrichen. Dabei waren an dem Institut, an dem Russel lehren sollte, Frauen gar nicht zugelassen.

Trotzdem muss Russel mit seiner These über Gott Recht haben; denn 1957 stürzte sein Flugzeug bei der Landung in das Hafenbecken von Trondheim. Russell schwamm im Alter von 85 Jahren durch eiskaltes Wasser. Dass so einen der Gott retten würde, ist noch unwahrscheinlicher, da Russel nur überlebte, weil er im »Raucher« saß, während alle Passagiere des Nichtraucherteils bei diesem Absturz umkamen. Gott kann gemäß dieser Geschichte nur existieren, wenn er selber Atheist und Raucher ist. Im anderen Fall hätte er sich diese zweite Gelegenheit schwerlich entgehen lassen. Bei einem Besuch in China 1921 erkrankte Russel schwer und fälschlicherweise wurde sein Tod gemeldet. Das führte zu zahlreichen Nachrufen in Zeitungen. Ein Missionsblatt beschränkte sich dabei auf den folgenden Satz: »Missionaren mag vergeben werden, wenn sie bei der Nachricht vom Tode Bertrand Russells erleichtert aufseufzen.« [18]

Für Russel beruht die Gewissheit der Erkenntnis auf der exakten Beschreibbarkeit physikalischer Vorgänge. Dabei gibt es keine nachhaltige Differenz zwischen Sprache und Welt, wenn man die Sprache von den Mehrdeutigkeiten der Alltagssprache reinigt. Natürlich braucht man dazu eine künstliche Sprache, wie sie sich in der Logik, der Mathematik und der Physik ja auch entwickelt. Eine solche logisch fundierte Idealsprache kann die Welt bis ins kleinste Detail exakt beschreiben, wobei subjektive Relativismen bloße Randerscheinungen bleiben. Der Tisch steht schließlich vor uns. Keiner wird das sinnvoller Weise dementieren. Das stellt jedenfalls eine einfachere Erklärung dar als jene, es könnte sich dabei nur um einen Traum handeln. Wir kennen den Tisch und wir können ihn auch genau beschreiben. Leider sind indes Einfachheit und Evidenz nicht immer ein gute Kriterien. Sonst würde sich die Sonne noch um die Erde drehen.

Noch genauer geben die physikalischen Versuchsanordnungen – so der logische Atomismus von Russel – die faktischen Zusammenhänge der Natur wieder. Wenn man von Wahrheit sprechen will, dann braucht man dazu ein Kriterium in der Umwelt, einen Bezug zu einem Gegentand. Sonst handelt es sich letztlich um leeres Gerede. Aussagen müssen sich durch reale Dinge und Sachverhalte in der Welt überprüfen lassen.

Davon geht auch der junge Ludwig Wittgenstein aus, der in Cambridge bei Russel und beim anderen Begründer der analytischen Philosophie George Edward Moore studierte. Wittgensteins Werk muss man in zwei Phasen einteilen, die seine beiden Hauptwerke markieren: Erstens, eine starke positivistische Ausrichtung des jungen Wittgenstein an der Logik und den Naturwissenschaften in seinem einzigen von ihm selbst publizierten philosophischen Buch, das 1921 unter dem Titel *Tractatus logico-philosophicus* erscheint. Zweitens, eine gegenüber der naturwissenschaftlichen und logischen Methodologie skeptische Phase, in der er sich auf die Alltagssprache besinnt. Die wichtigsten Thesen dieser Zeit – vor allem ein sehr differenziertes Sprachverständnis – versammelt er in seinem zweiten Hauptwerk *Philosophische Untersuchungen*, an dem er bis zu seinem Tod arbeitet.

Im *Tractatus* stößt man in der Einleitung auf folgenden Satz: »Was sich überhaupt sagen lässt, lässt sich klar sagen; und wovon man nicht reden kann, darüber muss man schweigen.«[19] An sich, wenn man sie richtig verwenden würde, eignet der Sprache eine logische Struktur, die nur häufig verzerrt wird. Wenn man die Logik der Sprache beachtet, erfasst man die Welt richtig, d.h. die Tatsachen und Sachverhalte, aus denen sich die Welt zusammensetzt. Die einzelnen Dinge kommen in der Welt nicht für sich alleine vor, sondern hängen in Sachverhalten immer mit anderen Dingen zusammen, eben wie sich die einzelnen Sachen zueinander verhalten. Sachverhalte gehorchen der Logik und lassen sich durch Bilder wiedergeben. Auf der Fotografie eines Zimmers sieht man den Schreibtisch vor dem Fenster und auf dem Schreibtisch den PC stehen. Man kann dieses Foto mit der Realität vergleichen. Auch hier befindet sich der PC auf dem Schreibtisch und beide zusammen stehen vor dem Fenster.

Sollte auf dem Bild der PC unter dem Schreibtisch stehen, sieht man im Zimmer den PC aber auf dem Schreibtisch, würde man wahrscheinlich sagen, dass dieses Foto einen anderen, vielleicht einen früheren Sachverhalt wiedergibt. Wenn aber das Fenster ebenfalls irgendwie unter dem Schreibtisch zu sehen wäre, in der Realität aber offenbar nicht, dann würde man wohl an eine Fotomontage glauben. Ein solches Bild gibt den Sachverhalt offenbar nicht wieder. Das Bild entspricht dann nicht der Logik der Realität: »Was jedes Bild, welcher Form immer, mit der Wirklichkeit gemein haben muss, um sie überhaupt – richtig oder falsch – abbilden zu können, ist die logische Form, das ist die Form der Wirklichkeit.« (Ebd., Nr. 2.18)

Mir wird sofort klar, in welchem Verhältnis sich die beiden Gegenstände zu einander befinden, wenn ich den Satz höre: »Der PC steht auf dem Tisch.« Dazu muss ich weder ein Bild noch den realen Sachverhalt sehen. Die Sprache repräsentiert also die Gegenstände – Tisch und PC – durch die Worte – »Tisch« und »PC« – einerseits. Andererseits enthält der Satz auch die Beziehung, die Tisch und PC zu einander haben. Er besitzt dieselbe Struktur wie die Sachlage: Er sagt nämlich, dass sich der PC *auf* dem Tisch befindet. Die logische Struktur des Satzes entspricht der logischen Struktur des Sachverhalts.

Einerseits repräsentieren die Elemente des Satzes die Gegenstände des Sachverhalts: das Wort »Tisch« bedeutet dieser reale Tisch dort im Sachverhalt. Das Wort »Tisch« vertritt im Satz den realen Tisch. Denn das Wort »Tisch« ist in keinem Fall dasselbe wie der reale Tisch, der die Bedeutung des Tisches ausmacht. Andererseits vertritt der Satz die logischen Verhältnisse der Realität nicht in gleicher Weise. Der Satz besitzt vielmehr dieselbe logische Struktur. Die Logik, die in der Realität herrscht, entfaltet sich gleichzeitig in der Sprache. Der Satz kann die Wirklichkeit deshalb abbilden, weil er mit denselben logischen Strukturen arbeitet: Ergo: die Logik der Sprache entspricht der Logik der Welt. In dieser gilt überall dieselbe Logik, ob in der Sprache oder in den Sachverhalten. Gerade deswegen ist die Sprache in der Lage, die Welt richtig, d.h. logisch adäquat wiederzugeben.

Dabei unterstellt Wittgenstein die Übereinstimmung einer bestimmten Sprache mit der Welt, nämlich der naturwissenschaftlichen Sprache, die sich von Unklarheiten, Doppeldeutigkeiten oder Widersprüchen logisch gereinigt hat.

Doch dass die Logik der Sprache der Logik der Welt entspricht, dass die Logik in beiden Fällen *dieselbe* ist, dafür – das gesteht Wittgenstein – gibt es keine weiteren Gründe. Das sieht man einfach. Das ist daher eine mystische Einheit, eine letzte Einheit, die er unterstellt und allem zugrunde legt. Aber dass die Natur mit der Logik übereinstimmt, dafür kann man bestenfalls wie Marx eine erfolgreiche technische Praxis ins Feld führen, mehr nicht.

Doch Technik bestätigt keine Wahrheit. Was ist an einem Auto wahr, wenn es über die Straße rollt. Ungeheure Gewalten toben da im Motor. Elektrizität jagt durch diverse Drähte. Dann wälzt sich das Auto durch den Schnee. Man könnte sagen, der Hase kann das geschickter und selbst der könnte irgendwann aussterben. Stimmt er mit seiner Umwelt überein? Immerhin überlebt er darin schon eine ganze Weile. Ergo, weder Marx, noch Wittgenstein können gute Gründe dafür angeben, dass die Logik der Welt entspricht. Gott ist auch kein besseres Argument als Wittgensteins mystische Identität. Damit beendet man auch nur die Diskussion. Nichtsdestotrotz könnten sich Marxisten und Positivisten locker unter das Dach der katholischen Kirche begeben, wie es Benedikt XVI. in seiner Regensburger Rede 2006 auch vorgeschlagen hat. Wenn sie nicht beten wollen, dann beichten sie das gelegentlich und kommen trotzdem in den Himmel.

Wittgensteins *Tractatus* wird in den zwanziger Jahren von einer der großen wissenschaftstheoretischen Schulen des 20. Jahrhunderts, dem Wiener Kreis, mit großer Zustimmung aufgenommen. Doch Wittgenstein lässt sich nicht eingemeinden, zieht sich sogar eher zurück, was sicher auch mit seiner weiteren Entwicklung zu tun hatte. Otto Neurath, neben Hans Reichenbach, Hans Hahn, Rudolf Carnap, einer der Begründer, verfasste zusammen mit den beiden letztgenannten 1929 eine Art Manifest des Wiener Kreises unter dem Titel *Wissenschaftliche Weltauffassung*, das den logischen Empirismus als Lehre des Kreises konzipiert. Denn die beiden Fundamente seines Denkens sind Erfahrung und Logik.

Kants Frage »Was kann ich wissen?« also die Frage nach der Erkenntnis kann nur auf der Grundlage der Erfahrung und von Erfahrungstatsachen beantwortet werden. Diese Frage lässt sich gerade nicht philosophisch beantworten, sondern allein dadurch, dass Aussagen durch Erfahrung überprüft werden können, ob sie wahr oder falsch sind. Sätze, die man derart nicht beweisen kann, sind sinnlos, beziehen sich ja auf keine Gegenstände, so dass derart formulierte Probleme *Scheinprobleme in der Philosophie* sind, wie es Carnap 1928 formuliert, die man tunlichst nicht mehr beachten sollte, wenn sie sich nicht auf Erfahrung zurückführen lassen.

Daher lehnt der Wiener Kreis ca. 90% der Philosophie als metaphysisch bzw. unnütz ab, die auch nicht mehr gelesen zu werden braucht – man darf fragen, wie lange solche Schriften von Bibliotheken noch aufgehoben werden. Verschenken sollte man diese Literatur auch nicht, denn sie bringen manche Zeitgenossen womöglich auf dumme Gedanken. Daher muss man sich eine andere Form der Entsorgung ausdenken, ist die Bücherverbrennung schließlich verpönt.

Realität, so die Unterstellung, muss sich immer auf Erfahrungstatsachen zurückführen lassen. Dabei erwies es sich aber als gar nicht so einfach, die sinnvollen Sätze zu bestimmen. Zwar folgt der Wiener Kreis nicht Wittgensteins Abbildtheorie. Doch er betont besonders die logische Struktur der Sprache, die ihr Vorbild natürlich in der Arithmetik besitzt. Wo bleibt da die Erfahrung? Nun, die einzelnen Wissenschaften sollten eine Sprache entwickeln, die einerseits aus logischen Strukturen besteht. Andererseits müssen sich alle Worte, die nicht in der Logik gründen, auf Erfahrungstatsachen zurückführen lassen oder sie müssen auf andere Worte zurückgeführt werden können, die ihrerseits in der Erfahrung ihren Gehalt nachweisen.

Derart hofft der Wiener Kreis alle Wissenschaft auf eine einheitliche Sprache zu verpflichten, um die Einheit der Wissenschaften zu gewährleisten, die angesichts der zunehmenden Spezialisierung der Wissenschaften verloren zu gehen droht. Damit will man die Unterscheidung von Natur- und Geisteswissenschaften überwinden, aber natürlich zu Lasten jener Geisteswissenschaften, die sich nicht in ähnlicher Weise auf Erfahrungszusammenhänge zurückführen lassen. An der Wahrheit der Erfahrungstatsachen zweifelt man selbstverständlich nicht.

12. FALSIFIZIERENDER FORTSCHRITT UND PARADIGMATISCHER RÜCKSCHRITT

Dadurch dass man empirische Aussagen auf konkrete Sachverhalte zurückführen kann, lässt sich die Wirklichkeit auch richtig erfassen. Aber was heißt das? Die moderne Physik will ja die Natur nicht einfach beschreiben, wie sie ist. Sie will vor allem Gesetze ermitteln, mit denen sich Voraussagen über zukünftige Abläufe machen lassen. Dabei geht es nicht nur um Naturgesetze, sondern auch um regelmäßige Zusammenhänge, die man beispielsweise technisch ausnützen kann, um Natur zu beherrschen. Solche Zusammenhänge, die Prozesse erklären und dadurch verwertbar werden, nennt man Theorien.

Marx hat das beispielsweise mit seinen historischen Gesetzen etwas übertrieben. Dem wird Karl Popper vehement widersprechen. Sein kritischer Rationalismus wendet sich zunächst gegen überzogene Theorien über geschichtliche Entwicklungen. Das einzige historische Gesetz, das Popper akzeptiert, ist, dass eine große Armee bei gleicher Ausgangslage eine kleine Armee besiegen wird, wo man wohl zustimmen darf.
Poppers kritischer Rationalismus will aber auch die Grenzen dieses Rationalismus selbst bestimmen. Dass man aus empirisch überprüfbaren Sätzen überschaubare Theorien ableiten kann, dem widerspricht er nicht. Aber auch solche empirisch fundierten Theorien kann man nicht verifizieren. Beispielsweise lässt sich die generelle Feststellung, dass alle Menschen sterben, solange nicht positiv bewahrheiten, solange noch ein Mensch lebt, könnte dieser ja ununterbrochen weiterleben. Aber man könnte diese Prognose widerlegen, wenn man einen Menschen fände, dessen Alter alle Vorstellungen von Sterblichkeit sprengen würde. Zudem arbeitet die Medizin fleißig an der Verlängerung des Lebens. Theoretisch betrachtet lässt sich nicht ausschließen, dass sie dabei irgendwann in der Lage sein wird, die Menschen relativ unsterblich zu machen, d.h. dass sie nicht mehr durch Krankheit und Alter sterben, sondern höchstens noch durch Unfälle. Wird sich dann niemand mehr auf den Mount Everest trauen, weil das unsterbliche Leben so kostbar ist? Oder werden die Staus am Hillary-Step dramatisch zunehmen, weil die des Lebens Überdrüssigen jede Chance suchen, das selbige wie umständlich auch immer irgendwann mal loszuwerden.
Trotzdem, wenn wir einen Menschen finden, der überdurchschnittlich lange lebt, dann werden wir die Sterblichkeit der Menschen im Allgemeinen noch nicht als falsifiziert betrachten. Für Popper können Einzelfälle Theorien nicht widerlegen. Auch wenn zahlreiche Fälle auftreten – immer mehr Leute sterben nicht – wird man an der Sterblichkeit der Menschen im Allgemeinen noch nicht zweifeln. Erst wenn man einen Grund dafür angeben kann, einen Mechanismus, beispielsweise die Erfindung einer Gen-Wäsche, und wenn Menschen, die sich dieser unterziehen, signifikant länger leben, dann kann man davon sprechen, dass die Sterblichkeit der Menschen falsifiziert ist. Theorien haben für Popper nur einen Sinn, wenn man sie falsifizieren kann, d.h. wenn man dafür Bedingungen angeben kann.
Nicht nur Theorien, auch einfache Aussagen über Erfahrungszusammenhänge dürfen sich nicht nur widersprechen, sondern müssen auch falsifizierbar sein. Also, der Satz »das ist eine Buche und ist keine Buche« ist keine vernünftige Aussage, während der Satz »das ist eine Buche« durch Anschauen des Baumes

falsifiziert werden kann. Vernünftige empirische Theorien stützen sich auf solche Basissätze, die falsifizierbar sein müssen. Für eine solche Theorie muss es eine Reihe von Sätzen geben, die ihr widersprechen und die sie daher für falsch erklärt bzw. verbietet, und eine Reihe von Sätzen, die sie erlaubt. Aber Popper widerspricht mit seinem Prinzip der Falsifizierbarkeit in seinem Buch *Logik der Forschung* nicht nur dem Marxismus, sondern bereits 1934 auch dem Positivismus, der weitgehend annimmt, dass man Theorien eben nicht nur falsifizieren, sondern auch verifizieren kann. Nach Popper lässt sich nicht mehr sagen, wie die Welt wirklich ist. Darüber weiß man nicht so genau Bescheid, da alle allgemeinen Aussagen auf Einzelaussagen rückführbar sein müssen und die Sammlung der Einzelaussagen niemals vollständig sein kann. Es können immer noch neue dazu kommen, die die allgemeine Aussage widerlegen. Aber nach Popper sind alle allgemeinen Aussagen, die vorgeben die wahre Welt darzustellen, grundsätzlich falsifizierbar. Wir wissen nicht, wie die Welt ist. Aber wir wissen gelegentlich, wie sie nicht ist. Damit avanciert Popper zu einem der ersten Kritiker des Neopositivismus und der Wissenschaftstheorien des 20. Jahrhunderts, die dem Relativismus und Skeptizismus des 19. zu entgehen versuchen.

Der Wissenschaftstheoretiker Thomas S. Kuhn wird bereits 1961 mit seinem Buch *Die Struktur wissenschaftlicher Revolutionen* weitere Gewissheiten erschüttern. Der Positivismus geht von einem kontinuierlichen Fortschritt aus. Die Erkenntnisse über Natur und Mensch werden immer weiter ausgeweitet, Irrtümer sukzessive korrigiert. Dadurch wird im Lauf der Geschichte eine immer perfektere Herrschaft über Natur möglich, wie sie die wissenschaftlich technische Zivilisation heute vorführt und die sich daher immer weiter beschleunigt. Bereits Francis Bacon um 1600 verlängert diesen sich andeutenden wissenschaftlich technischen Fortschritt in den sozialen hinein, der in Zukunft eine humanere Gesellschaft verheißt. Mit diesen Vorstellungen von Fortschritt und Kontinuität richtet sich der Positivismus gegen den Marxismus, der den Fortschritt über Brüche, genauer Revolutionen laufen lässt, die ihn besonders beschleunigen.

Kuhn versucht nicht nur diese Vorstellung eines kontinuierlichen Fortschritts zu erschüttern. Dabei entwickelt er zudem nachhaltige Zweifel an der Wahrheit als Übereinstimmung von wissenschaftlichen Erkenntnissen und ihren natürlichen oder kulturellen Gegenständen. Denn die wissenschaftliche Entwicklung erfährt immer wieder Brüche, man denke an Galileis Kampf um das kopernikanische Weltensystem. Kuhn zweifelt dabei an der Bereitschaft etablierter Wissenschaftler, neue Ideen zu akzeptieren. Diese vertreten jeweils das, was wissenschaftlich anerkannt wird, was als normal gilt. Solche normalen Wissenschaften entwickeln sich durchaus weiter. Doch sie konzentrieren sich regelmäßig auf Probleme, die man im Rahmen ihrer Prinzipien, Methoden und Perspektiven – Kuhn führt dazu das Wort Paradigma ein – mit einigem Fleiß und ohne neue Ideen lösen kann. Anhand ihres Paradigmas bestimmen die normalen Wissenschaften jene Tatsachen, die für sie bedeutsam sind, schließlich muss man sich immer auf das Wesentliche konzentrieren. Sie passen dabei diese Fakten an ihre Theorien an – ein Akt der keineswegs die Fakten unberührt lässt, sie vielmehr aufbereitet und somit für die Theorien zugänglich macht, sie dabei aber auch verändert. Drittens beschäftigt sich die normale Wissenschaft mit der Artikulierung ihrer Theorien.

Doch diese normalen Wissenschaften stoßen immer an Grenzen, verwickeln sich in Widersprüche, die sie nicht zu lösen vermögen, die sie zumeist auch verdrängen. Wissenschaftler, die sich damit beschäftigen, werden regelmäßig bekämpft. Doch wenn es diesen gelingt, ein neues Paradigma zu entwickeln, das diese Widersprüche und Grenzen sich zu überwinden anschickt, haben sie die Chance sich durchzusetzen. Dabei muss das neue Paradigma keinesfalls alle Probleme des alten bewältigen. Ab einem gewissen Punkt setzt sich das neue Paradigma trotzdem durch. Das aber demonstriert, dass der wissenschaftlich technische Fortschritt keine Kontinuität besitzt, ja dass er sich nicht mal auf ein zunehmend verbessertes Konzept der Übereinstimmung von Aussagen und Sachverhalten stützt, dass es also letztlich dabei gar nicht um die Wahrheit geht. Man solle indes nicht glauben, die Normalwissenschaftler würden das neue Paradigma langsam anerkennen. Nein, sie werden auf ihrem alten Paradigma verharren, aber keine jungen Normalwissenschaftler mehr nachwachsen, und daher – so Kuhn – schlicht aussterben.

Ein letztes Kriterium, dass neue Paradigmen den Fortschritt zur Wahrheit befördern, kann es auch unter dieser Perspektive nicht mehr geben. An die Stelle des kontinuierlichen Fortschritts tritt schlicht der Paradigmawechsel in den Wissenschaften – das Wort, mit dem Kuhn berühmt wurde. So wird die Vorstellung vom Fortschritt zur Wahrheit, von der immer perfekteren Einsicht in Natur und Kultur um ein weiteres Mal im 20. Jahrhundert erschüttert.

13. SPRACHE DER WEISEN UND LEBENSFORM DER KÄUZE

Diese Bemühungen, wieder zu einem stabilen Fundament der Erkenntnis zu gelangen, die die wahre Welt zu erfassen vermag, erschüttert vor allem und besonders nachhaltig der späte Ludwig Wittgenstein seit den dreißiger Jahren. Statt sich weiter mit der Frage der Logik in der Sprache zu beschäftigen, konzentriert sich sein Blick zunehmend auf das Problem der Bedeutung von Worten. Sie ergibt sich nicht mehr selbstverständlich vermittels einer logischen Analyse oder durch schlichte Übereinstimmung von Aussage und Sachverhalt. In seinem zweiten Hauptwerk, den *Philosophischen Untersuchungen*, widerspricht er den Bemühungen, ideale Wissenschaftssprachen zu entwickeln, in denen die Bedeutung von Worten exakt und fest geregelt ist. Dergleichen Sprachen kann man zwar konstruieren. Doch sie kommen weder der wahren Bedeutung eines Wortes näher als die Alltagssprache, noch sind sie überhaupt ideale Sprachen, bestenfalls Konstrukte, die für gewisse Zusammenhänge taugen. So haben viele Wissenschaften ihre eigenen Terminologien. Doch eine logische Sprache erweist sich nicht als besser – nicht idealer – als andere Sprachen. Vielmehr entdeckt Wittgenstein die Alltagssprache, die nicht nur als genauso gut betrachtet werden muss. Auf sie rekurrieren letztlich doch alle Wissenschaftssprachen, während die logischen Philosophien die Alltagssprache regelmäßig vernachlässigen. Daher distanziert sich Wittgenstein von jeder Form der Theorie. Es kann bezüglich der Sprache keinen übergeordneten Standpunkt geben, von dem aus man die Sprache überblicken und beurteilen könnte.
Denn Wittgenstein fragt jetzt nicht mehr nach der exakten Bedeutung eines Wortes oder möchte diese klären, bzw. das Wort von vermeintlich falschen Bedeutungen reinigen. Die Bedeutung erschöpft sich auch nicht im Bezug des Wortes zu einem Gegenstand. Im *Tractatus* vertritt Wittgenstein noch eine solche gegenstandsbezogene Theorie der Bedeutung. Damit will sich Wittgenstein nicht zufrieden geben. Schließlich ist Sprache nicht nur ins Denken und das Denken in die Sprache eingebunden, sondern beide zusammen in das Handeln. Gerade daran nimmt die Sprache auch aktiv teil, d.h. Sprechen ist häufig sogar unmittelbar ein Handeln: man denke an Ausdrücke wie »Wasser! Fort! Au! Hilfe! Schön! Nicht!«[20] Wenn man um Hilfe ruft, dann stellt das eine Handlung dar. Die Bedeutung dieses Rufes, fordert andere Menschen zu Handlungen auf. Insofern kann man von einer Theorie der Bedeutung sprechen, die die Bedeutung von Sprache in den Handlungszusammenhängen entstehen lässt, in denen Sprechen stattfindet. Wittgenstein will dagegen überhaupt keine Theorie der Sprache entwerfen,

sondern schlicht ihrem Funktionieren nachspüren: »Man kann für eine *große* Klasse von Fällen der Benützung des Wortes ›Bedeutung‹ – wenn auch nicht für *alle* Fälle seiner Benützung – dieses Wort so erklären: Die Bedeutung eines Wortes ist sein Gebrauch in der Sprache. Und die *Bedeutung* eines Namens erklärt man manchmal dadurch, dass man auf seinen *Träger* zeigt.« (Ebd., Nr. 43)

Wittgenstein zentraler Gedanke in den *Philosophischen Untersuchungen* lautet, dass die Bedeutung eines Wortes oder eines Satzes im Gebrauch liegt. Insofern lässt sich Sprache gerade nicht in einer sterilen und künstlichen Laborsituation erforschen. Wenn man eine logische Sprache konstruiert, geht man ebenfalls darüber hinweg, dass Sprache immer in Lebenszusammenhänge eingebunden bleibt. Ja, nicht nur das. Sprache drückt überhaupt Lebenszusammenhänge aus. Jeder spricht die Sprache seiner jeweiligen Umgebung, sei es beruflich, sei die der sozialen Herkunft, sei es der Dialekt. So gelangt Wittgenstein zu seiner berühmten Formulierung: »Und eine Sprache vorstellen heißt, sich eine Lebensform vorstellen.« (ebd., Nr. 19) Damit transformiert sich Kants Frage »Was kann ich wissen?« in die Frage »Was macht die Sprache?«

Damit ist die Sprache natürlich auch dem permanenten Wandel ausgeliefert, so dass der positivistische Anspruch auf Exaktheit ziemlich absurd erscheint, höchstens jenseits der Erfahrung in der Mathematik zu realisieren ist. Will man der Sprache gerecht werden und nicht bloß ein Konstrukt schaffen, das man den vorherrschenden Grammatiken und Lexika entnimmt, so darf man sie nicht gemäß solcher künstlicher grammatischer Regeln erfassen wollen. Vielmehr braucht man ein Konzept, das der Vielfalt der Sprache gerecht wird, das also deren vielfältige Formen zu demonstrieren vermag. Mit dieser Intention führt Wittgenstein den Begriff des Sprachspiels ein: »Es gibt *unzählige* solcher Arten: unzählige verschieden Arten der Verwendung alles dessen, was wir ›Zeichen‹, ›Worte‹, ›Sätze‹ nennen. Und diese Mannigfaltigkeit ist nichts Festes, ein für allemal gegebenes; sondern neue Typen der Sprache, neue Sprachspiele, wie wir sagen können, entstehen und andre veralten und werden vergessen.« (Ebd., Nr. 23)

Sprachspiele können dabei zumeist nicht den Anspruch auf Exaktheit erheben. Denn die einzelnen Aspekte der Sprache lassen sich häufig nur ungenau gegeneinander abgrenzen. So heißt es dezidiert gegen den Logiker Gottlob Frege gerichtet, der Logik und Wissenschaftstheorie des 20. Jahrhunderts nachhaltig beeinflusste: »Man kann sagen, der Begriff ›Spiel‹ ist ein Begriff mit verschwommenen Rändern. – ›Aber ist ein verschwommener Begriff überhaupt ein Begriff?‹ – Ist eine unscharfe Photographie überhaupt ein Bild eines Menschen? Ja, kann man ein unscharfes Bild immer mit Vorteil durch ein scharfes ersetzen? Ist das unscharfe nicht oft gerade das, was wir brauchen?« (Ebd., Nr. 71)

Zur Sprache gehört aber auch das Ganze der Sprache, das sich auch nicht anders denn als Sprachspiel formulieren lässt, eben als ungefähre und vage verschwommene Vorstellung von der Sprache. Doch dieses Ganze der Sprache erweist sich als relativ unübersichtlich. Anstelle einer bestimmten Struktur, die ihr zugrunde liegen könnte, präsentiert sich die Sprache dem Menschen vielmehr als Labyrinth: »Die Sprache ist ein Labyrinth von Wegen. Du kommst von einer Seite und kennst dich aus; du kommst von einer anderen zur selben Stelle, und kennst dich nicht mehr aus.« (ebd., Nr. 203)

Im knossischen Labyrinth, in dessen Zentrum ein Ungeheuer saß, konnte man sich mit Hilfe des Fadens der Ariadne orientieren, also mit Hilfe der Vernunft, die mir die Struktur des Labyrinths enthüllt und mir den Weg hinaus weist. Dem entsprechen noch die Vorstellungen von Marx, Russel oder des Katholizismus: Vernunft und Glauben bewahren vor Unwahrheit und dem Antichrist und führen aus dem chaotischen Dunkel in die helle Klarheit. Deswegen sollte man auch weder Wein trinken, noch Haschisch oder Tabak rauchen und schon gar nicht Kokain nehmen. Von Russel habe ich schon anderes berichtet und der Katholizismus nimmt das gemeinhin auch nicht so streng, wenn man es nicht an die große Glocke hängt.

In Wittgensteins Labyrinth der Sprache gibt es dagegen weder ein Ungeheuer noch eine umfassende Struktur, an der ich mich orientieren könnte. Trotzdem bin ich nicht völlig orientierungslos. Denn aus Gewohnheit, weil ich mich ja auch immer schon in der Sprache bewege, kenne ich mich in manchen Teilen ganz gut und in manchen Teilen schlecht aus. Aber wenn ich nicht aufpasse, kann ich mich auch in den Bereichen der Sprache verirren, wo ich Zuhause bin. Wenn ich träume oder betrunken bin, beherrsche ich meine Rede nicht besonders gut. Wiewohl sich Wittgenstein in der Sprache wie kein zweiter auskannte, trank er vermutlich zu wenig Rotwein und rauchte vermutlich auch keinen Joint, wollte sich vielmehr ständig selber umbringen. Der Frage nachzugehen, was die Sprache macht, aus dem sich Wissen ergibt, tut offenbar nicht immer gut.

Diese Einsichten des späten Wittgenstein bringen auch die analytische Philosophie und die Wissenschaftstheorie teilweise ins Grübeln. Der schlichte Abbildcharakter der Sprache zeigt sich als Illusion. Aber auch der generelle Bezug zwischen Wort und Gegenstand erweist sich als schwieriger denn angenommen. Ideale Sprachen lösen nicht ein, was sie behaupten, während umgekehrt die Alltagssprache nicht einfach hinter sich gelassen werden kann. Das führt zur Entstehung der *Ordinary Language Philosophy*. Einer ihrer Hauptvertreter John Langshaw Austin möchte auf die traditionelle philosophische Terminologie weitgehend verzichten, genauso wie er die ideale Sprache des logischen Empirismus kritisiert. Sprache – das konnte man bei Wittgenstein lernen – ist mehr als nur ein System zur Bezeichnung von Gegenständen. Wenn man »Halt!« ruft und jemand vor dem Abgrund stehen bleibt, dann hat man ihm das Leben gerettet. Wo aber wäre der Gegenstand des Wortes »Halt!« Vielleicht dass er stehenblieb? Aber wenn er weitergelaufen und in den Abgrund gestürzt wäre, bedeutet das nicht, dass der Ruf »Halt!« keine Bedeutung hatte. Er könnte ihn ob des Meeresrauschens nicht gehört haben. Er könnte ihn gehört haben, aber sich nicht angesprochen gefühlt haben, oder ihn nicht ernst genommen, weil er mich als übervorsichtigen Menschen kennt.

Nicht nur dass die Bedeutung dieses Wortes ziemlich ausufert. Vor allem aber beinhaltet dieser Ruf nicht nur eine Bedeutung. Entscheidend kommt es auf den Gebrauch an und im aktiven Sprechen wird die Welt nicht nur beschrieben, sondern dabei wird unmittelbar gehandelt. So schreibt Austin in seinem 1962 posthum erschienen Buch *Zur Theorie der Sprechakte* mit dem hübschen englischen Titel *How to do Things with Words:* »Wenn ich vor dem Standesbeamten oder am Altar sage ›Ja‹, dann berichte ich nicht, dass ich die Ehe schließe; ich schließe sie. Wie sollen wir Sätze oder Äußerungen dieser Art nennen? Ich schlage als Namen ›performativer Satz‹ oder ›performative Äußerung‹ vor [...] Der Name stammt natürlich von ›to perform‹, ›vollziehen‹: man ›vollzieht‹ Handlungen. Er soll andeuten, dass jemand, der eine solche Äußerung tut, damit eine Handlung vollzieht – man fasst die Äußerung gewöhnlich nicht einfach als bloßes Sagen auf.«[21] Nebenbei gesagt ist das wirklich so: Wer vor dem Standesbeamten »Ja« gesagt hat, kann es sich nicht mehr anders überlegen. Sollte er das probieren und die Unterschrift verweigern, ist er trotzdem verheiratet, vorausgesetzt sein Ehepartner hat auch »Ja« gesagt. Wozu gibt es Trauzeugen!

Es geht der Sprechakttheorie nicht nur um die Bedeutung, sondern um die Wirkung von Sprache, um deren Performanz, ähnlich wie Wittgenstein von Gebrauch spricht, so dass Sätze nicht nur wahr oder falsch sein können, sondern glücken oder misslingen. Das ist aber wie vor dem Abgrund nicht immer so eindeutig. »›Karl Otto, spring' nicht an die Lampe!‹ Klirr!« Geglückt ist der performative Akt sicherlich nicht. Aber vielleicht hat ihn Karl-Otto gar nicht gehört, weil er die Kopfhörer seines iPhones auf dem Kopf hatte. Vielleicht hat ihn Karl Otto gehört und nicht verstanden, weil er eine der Mutter unbekannte Hörschwäche hat. Vielleicht hat Karl Otto den Satz gehört, ihn auch verstanden und ist schlicht trotzdem gesprungen. Dann hat der performative Akt funktioniert im Sinne, sie hat versucht ihn mit dem Satz abzuhalten; nur glückte er letztlich doch nicht.

Willard van Orman Quine, einer der innovativen Vertreter der analytischen Philosophie, ist durchaus bereit diesen Sachverhalt anzuerkennen. Ein Forscher stößt im Urwald auf Menschen einer unberührten und daher völlig fremden Kultur, deren Sprache keine Ähnlichkeit mit der des Forschers hat. Auch die Verhaltensweisen erscheinen sehr fremd, so dass der Forscher kaum versteht, was der fremde Mensch ihm mit dem Wort »Gavigai« sagt. Doch der Forscher glaubte, es bezöge sich auf ein gerade vorbeilaufendes Kaninchen. Heißt »Gavigai« folglich Kaninchen? Dann könnte das Wort – so Quine 1960 in seinem Buch *Word and Object* – folgenden Sinn besitzen: »Dies ist ein Kaninchen.« Der Satz beschreibt einen bestimmten Sachverhalt, den man sehen kann, handelt es sich hierbei um einen Elementarsatz, wie ihn vielleicht Russel oder Carnap akzeptieren würden.

Doch »Gavigai« könnte auch folgendes heißen: »Dies ist ein unabgetrenntes Kaninchenteil.« Man stelle sich vor, die fremden Menschen reden von Kaninchen nicht als einzelne, sondern immer in einer Art Allgemeinheit, so wie man das Wort Wasser verwendet. Wenn man sagt »Das Wasser läuft aus dem Hahn«, so betrachtet man das laufende Wasser als Teil, der zur Gesamtheit des Wassers gehört. Vielleicht reden die fremden Menschen nie vom einzelnen Kaninchen, sondern immer von einer Gesamtheit Kaninchen, etwa so wie man im Restaurant Kaninchen bestellt und nicht *das* Kaninchen, das gestern noch beim Ruf Schnucki daherhoppelte. Dann würden wir ja auch bestellen: »Wir hätten gerne die Schenkel vom Schnucki.« Der Ausdruck »Gavigai« könnte aber auch bedeuten: »Dies ist eine inkarnierte Kaninchengottheit.«[22] Vielleicht halten diese Fremden Kaninchen für Götter und schützen sie wie in Indien die Kühe. Oder essen sie erst recht. Wer hätte nicht gerne ein göttliches Mahl.

Nach Betrand Russel kann man das Universum ausgehend vom kleinsten Detail physikalisch immer weiter objektiv aufbauen. Wenn Quine dagegen mit seinem Kaninchen nachweist, dass der Zusammenhang zwischen Satz und Sachverhalt längst nicht eindeutig ist, dann widerspricht er folglich einer zentralen These, auf die nicht nur die analytische Schule aufbaut, sondern auch weite Teile der an den Naturwissenschaften orientierten Philosophie im 20. Jahrhundert. Doch er geht noch einen Schritt weiter, wenn er bemerkt: »Die Gesamtheit unseres sogenannten Wissens oder Glaubens, angefangen bei den alltäglichsten Fragen der Geographie oder Geschichte bis hin zu den grundlegendsten Gesetzen der Atomphysik oder sogar der reinen Mathematik und Logik, ist ein von Menschen geflochtenes Netz, das nur an seinen Rändern mit der Erfahrung in Berührung steht.«[23]

Wenn man die Sprache jenes fremden Menschen im Urwald verstehen möchte, wenn man wissen will, ob überhaupt und wenn ja wie er von Kaninchen spricht, dann muss man die dortigen kulturellen Zusammenhänge kennen lernen. Ein Satz für sich alleine bedeutet nichts. Er lässt sich erst richtig auf einen Sachverhalt beziehen, wenn einem insgesamt seine Sprache geläufig und seine Welt bekannt ist. Trotzdem, wenn man diese Aspekte berücksichtigt, lassen sich auch fremde Sprachen durch Beobachtung und logische Analyse verstehen. Denn die Sprache bleibt in der Beobachtung verwurzelt, wiewohl sie dadurch nicht allein formbar und verstehbar ist. Auch weiterhin müssen sich wahre Sätze auf Beobachtung zurückführen lassen und spiegeln die Welt, wie sie ist. Und physikalische Eigenschaften sind immer vielen Menschen gleichermaßen zugänglich. So schreibt Quine 1990 in *Unterwegs zur Wahrheit*: »Beobachtungssätze sind ja schlechterdings das Verbindungsmittel jedweder Sprache, sei es der wissenschaftlichen, sei es der übrigen, mit der realen Welt, um die es unserer Sprache zu tun ist.«[24]

Quines Texte mögen manchen teilweise abgehoben, teilweise sehr subtil erscheinen. Ihre Bedeutung erschließt sich häufig erst aus ihren Anschlüssen und aus ihren Wirkungen. Wen das trotzdem nicht interessiert, dem gibt Quine 1981 in *Theories and Things* den guten Rat: »Nicht alles, was philosophisch wichtig ist, braucht für den Laien von Interesse zu sein, selbst wenn es klar dargelegt und in Reih und Glied vorgetragen wird [...] und ich sehe auch nicht ein, weshalb vieles von dem, was mich in der Philosophie beschäftigt, den Laien bekümmern sollte.«[25]

Dass sich indes hinter solcher Bescheidenheit ein elitäres Bewusstsein verbirgt, zeigt sich am missionarischen Ehrgeiz, den Quine mit vielen Vertretern der analytischen Philosophie teilt. Sicherlich demonstrieren auch Marxisten gerne ein religiös angehauchtes Sendungsbewusstsein. Doch gerade die Vertreter der analytischen Philosophie sind ob ihres Fundamentes in Logik, Mathematik und Naturwissenschaften nicht nur von der Überlegenheit ihrer Wahrheiten gegenüber anderen philosophischen Richtungen zutiefst überzeugt. Sie betrachten die Konkurrenz auch mit abfälligem Blick. Quine schreibt: »Im Gegensatz zu den strengen Wissenschaften krankt die Philosophie schon seit langem an schwankendem Konsensus mit Bezug auf Fragen der beruflichen Kompetenz. Himmelsforscher lassen sich ebenso leicht in Astronomen und Astrologen einteilen wie die kleineren domestizierten Wiederkäuer in Schafe und Ziegen, doch die Einteilung der Philosophen in Weise und Käuze scheint in höherem Maße vom jeweiligen Bezugsrahmen abzuhängen. Dies ist vielleicht ganz richtig so angesichts des unreglementierten und spekulativen Charakters des Faches.« (ebd., 232)

Vielleicht ist es überinterpretiert, aber in diesen Worten klingt doch ein Bedauern an, dass die analytische Philosophie das Fach noch nicht intensiv genug unter ihre Kontrolle gebracht hat. Dann könnte man es nicht nur seines spekulativen Charakters entheben. Man könnte nicht nur noch intensiver gewisse Kollegen – die Käuze – von Stellen fernhalten, was ja schon seit Jahrzehnten fleißig geschieht. Man könnte auch unter den Studenten noch besser sieben, soll es dort doch gelegentlich immer noch welche geben, die sich für Nietzsche, Heidegger oder die Postmoderne interessieren, gar es wagen, die Philosophie im Sinne Sartres nach der Struktur der menschlichen Existenz zu befragen. Wer sich nicht für Kaninchen und Beobachtungssätze interessiert, dem gibt Quine den Rat: »Wer Philosophie in erster Linie wegen des geistigen Trostes studiert, ist irregeleitet und wahrscheinlich sowieso kein sonderlich guter Student, denn es ist nicht die geistige Neugierde, die ihn bewegt.« (ebd., 233)

Letzterem kann man durchaus zustimmen. Den *Trost der Philosophie* zu suchen wie Anfang des 6. Jahrhunderts der vornehme römische Philosoph und Politiker Boethius im Kerker vor seiner Hinrichtung, die Theoderich der Große veranlasste, dazu ist die heutige Philosophie schwerlich in der Lage, kann sie doch die Welt einfach nicht mehr so ernst nehmen, auch wenn sich manche Philosophen immer noch darum bemühen. Jedenfalls kann sie die richtige Hoffnung auf ein besseres Leben kaum noch anbieten. Das erreicht sie höchstens dann, wenn sie sich vom verblassenden Ernst nicht bedrücken, sondern erfreuen lässt. So transformiert sich die Frage »Was kann ich wissen?« in die Frage »Wie erzeugt die Sprache Wissen?«

14. Völker, höret die Signale aus Erlangen

Der letzte, große Versuch, diesen Erschütterungen und Verunsicherungen der objektiven Erkenntnis entgegen zu treten, geht in den sechziger Jahren von der Erlanger Schule aus, zu deren Hauptvertretern der Mathematiker

Paul Lorenzen als Oberhaupt der Schule, seine Frau Käthe, der alte Mitstreiter Wilhelm Kamlah, der ehemalige Assistent Oswald Schwemmer sowie die späteren Großordinarien Jürgen Mittelstraß und Friedrich Kambartel zählten. Es kursierte in Erlangen in den siebziger Jahren, als ich dort studierte, das Gerücht, dass Käthe über die Assistenten befindet, die schließlich auch in den Ferien Blumen gießen müssten, saß Käthe schließlich zumeist in Pauls Vorlesungen.

Lorenzen jedenfalls berichtete in seiner Vorlesung von jenem traumatischen Erlebnis, das ihm wohl in den sechziger Jahren zugestoßen sein muss, als er in einer Buchhandlung nach einem Buch über die Aufklärung verlangte und ihm ein Buch über Sexualaufklärung angeboten worden sei. Das war wahrscheinlich noch vor Oswald Kolles Aufklärungsfilmen mit den hübschen Titeln *Dein Mann/Deine Frau, das unbekannte Wesen*. Gegen solcherart Sittenverfall – katholische Organisationen, genauer ein gewisser Volkswartbund kämpfte seit Kaisers Zeiten gegen Schmutz und Schund, der sich in der Bundesrepublik am Ende siegreich durchsetzte, wie wir alle noch heute erleben dürfen – musste selbstverständlich dringend etwas getan werden, noch dazu vor dem Hintergrund, dass die Bemühungen um eine ideale Sprache praktisch gescheitert waren, also von den Wissenschaften, Logik, Mathematik zunächst gar keine Hilfe mehr erwartet werden konnte.

So publizierten Kamlah und Lorenzen 1967 ihr Buch *Logische Propädeutik – Vorschule des vernünftigen Redens*, das für knapp zehn Jahre zur Erlanger Bibel avancierte, zumindest in den Kreisen der Anhänger und Fans, die aber zahlreich waren und sich vornehmlich im linken Lager tummelten. Nun ja, Marx' Prophezeiungen waren offenbar gescheitert, so dass doch der dringende Bedarf an einem neuen Fundament für den Fortschritt bestand, das so unverständliche Denker wie Hegel und Adorno zu begründen nicht in der Lage waren. Vor allem wollte letzterer das gar nicht mehr. So richtete sich die Intention der Erlanger Schule trotzdem auch gegen die wütend protestierenden Studenten, die »unter den Talaren den Muff von tausend Jahren« anprangerten, also den Wissenschaften bürgerliche Ideologien unterstellten. Lorenzen lieferte demgegenüber ein Angebot, das einerseits endlich ein ideologiefreies wissenschaftliches Fundament verkündete – das wollte ja auch Marx – das außerdem Praxisnähe verhieß anstatt Goethe und Schiller, und trotzdem die protestierenden Studenten mit den Wissenschaften versöhnte.

Dazu braucht man eine glasklare Sprache, an der die wissenschaftstheoretische Diskussion zuvor gescheitert war. Dazu erschien es unabdingbar, dass man die Worte dieser neuen Sprache explizit und genau bestimmte. Aber wie macht man das? Wir sprechen immer schon, wenn man anfängt, sich Gedanken über die Sprache zu machen. Insofern geht der Erlanger Konstruktivismus – nicht zu verwechseln mit dem gleichnamigen radikalen, der sich längst in vielen Wissenschaften ausbreitet – von der Umgangssprache aus, bemüht sich jedoch darum, eine Situation zu kreieren, in der man methodisch und zirkelfrei die Grundworte der neuen Wissenschaftssprache einführt. So bekam ein Wort in den Seminaren von Lorenzen und seinen Schülern quasi Kultstatus, denn die folgende Story konnte man auch gelegentlich erzählt bekommen, wenn Kamlah und Lorenzen in der *Logischen Propädeutik* schreiben: »Wir beginnen nun mit einer einfachen sprachlichen Handlung, indem wir z.B. sagen: ›Dies ist ein Fagott.‹ Genauer, wir denken uns eine Situation, in der ein Musikschüler über die Holzblasinstrumente aufgeklärt wird: Der Lehrer nimmt ein Fagott in die Hand und sagt, den angeführten Satz. Der Satz stellt eine sprachliche Handlung dar, die in diesem Falle verbunden ist mit einer Handlung des Hinweisens. Diese ›deiktische‹ Handlung, wie wir sagen wollen, wird zugleich von der zeigenden oder greifenden Hand und dem Wörtchen ›dies‹ ausgeführt [...] Wir vermeiden also Beispielssätze von der Art jenes Lehrbuchsatzes ›die Rose ist rot‹, für den man sich eine Situation nicht ausgedacht hat.«[26]

Also ausgehend von unserer kulturellen Situation – die Blasinstrumente stehen für die abendländische Welt – konstruiert man eine konkrete Situation, in der man handelnd die ersten Worte einer Basissprache einführt, wie das Lorenzen nannte. Diese Worte werden vornehmlich durch diese »deiktische« Zeigehandlung eingeführt, indem man dadurch direkt Wort und Gegenstand verknüpft. Auf diese Weise kann man nicht nur Worte für Gegenstände, sondern auch Tätigkeiten oder Eigenschaften einführen. So unterscheidet Lorenzen denn auch nicht zwischen Substantiven, Verben und Adjektiven, sondern nennt das alles Prädikatoren, die man auf der Ebene der Basissprache durch deiktische Zeigehandlung – also durch eine Tätigkeit, somit handelnd – einführen kann: »Dies ist sägen«.

Außer Prädikatoren kennt der Konstruktivismus noch Namen und Operatoren wie »und«, »oder«, »alle«, »einige«, »nicht« etc. Der wichtigste Operator ist sicherlich das Wörtchen »sein«, das als Copula ausschließlich Gegenstände, Personen, Prädikatoren und Namen verknüpft, mehr nicht. Damit reagieren die Erlanger Konstruktivisten auf die Erschütterungen idealer Wissenschaftssprachen, indem sie die Lehren des späten Wittgensteins von der Bedeutung als Gebrauch und der Sprechakttheorie wie auch Quines indirekt berücksichtigen, wie sie die immer schon gegebene kulturelle Situation von Sprache

als auch deren Eingebundenheit in konkrete Handlungszusammenhänge ausnützen, um die Hürde der Zirkularität zu überwinden.
Über Worte wie Holz, Tisch, sägen, hämmern gelangt man dann zum Wort »Schreiner«, das sich nicht mehr via deiktischer Zeigehandlung methodisch zirkelfrei einführen lässt, das aber dann vollständig durch Worte der Basissprache bestimmt wird, deren Bedeutung man ständig auch rekapitulieren und empragmatisch – wie man es nannte – kontrollieren kann. Damit sind wir auf der Ebene der Orthosprache, deren Begriffe auf diese Weise rekonstruiert werden können. Während die Prädikatoren der Basissprache im Rahmen der Umgangssprache und durch Angabe einer bestimmten Situation relativ leicht eingeführt werden können, erweist sich das für Prädikatoren der Orthosprache doch als erheblich schwieriger. Genau diese Hürde muss man überwinden, wenn man zu einer glasklaren wissenschaftlichen Sprache gelangen will, mit der man die Welt dann endlich objektiv wissenschaftlich erfassen kann. Was tun? Noch dazu angesichts von Worten wie Gesellschaft, die ungleich komplexer als das Wort Schreiner erscheinen. Es bleibt gar nichts anderes, als sich an die Arbeit zu machen und die Worte der Orthosprache eins nach dem anderen methodisch zirkelfrei einzuführen. Und so ging man denn froh ans Werk.
Natürlich hatte das auch Auswirkungen auf die Situation in den Seminaren. So ging es darum, die akademisch übliche Bildungssprache – auch weite Teile der wissenschaftlichen Terminologie waren ja keineswegs methodisch zirkelfrei eingeführt – durch eine exakte Terminologie zu ersetzen. Wenn dann ein Vertreter der orthodox kommunistischen Liga gegen den Imperialismus – man erinnere sich daran: wir befinden uns gerade in den siebziger Jahren – den Satz im Seminar äußerte »die gesellschaftliche Situation in der BRD ist von den Interessen des US-Imperialismus geprägt« wurde er verständnislos angeschaut. Der Dozent und viele konstruktivismusgläubige Studenten erklärten, sie wüssten nicht, wovon er rede, verstehen unter anderem das Wort Gesellschaft nicht, das nicht methodisch zirkelfrei eingeführt sei, sowenig wie »Situation«, »Interessen« und »Imperialismus«. Vielleicht hätten sie mit »BRD« oder »USA« noch etwas anfangen können: Aber was das genau heißt? Also müssten die Kommunisten diese Worte erst mal orthosprachlich bzw. epipragmatisch einführen. Und was das heißt, ist ja klar! Und wer hier richtig spricht und wer falsch auch! Wer reden kann und wer nicht reden kann! Wer daher am Diskurs teilnehmen darf und wer nicht!
Der geäußerte Satz hat zumindest im Laufe der Jahrzehnte an sachlicher Qualität und Verständlichkeit gelitten, so dass man im Nachhinein den

Konstruktivisten Recht geben könnte. Aber natürlich traf das Urteil auch ca. 90% der philosophischen Literatur, die die Konstruktivisten wie die Neopositivisten schlicht auf den Müllhaufen der Geschichte werfen wollten. Ein paar Bücher mochten sie schon behalten. Aber wie soll man beispielsweise Kant verstehen, wenn dieser seine Worte nicht methodisch zirkelfrei, vornehmlich epipragmatisch eingeführt hat? Hätte er mal besser Lorenzen gelesen. Das ist ja im Grunde alles nicht wirklich zu verstehen, ist alles zirkulär, was dieser Kant da so schreibt! Nun ja, um doch eine kleine Tradition zu erhalten, setzte Lorenzen den einen oder anderen fähigen Doktoranden daran, einige berühmte Text ins Konstruktivistische zu übersetzen, beispielsweise Kants *Kritik der praktischen Vernunft*. Endlich, endlich lässt sich dieses Buch verstehen. Man muss nur vorher konstruktivistisch – genauer die epipragmatische Rede, somit die Orthosprache – gelernt haben, was bis zu einer gewissen Perfektion mindestens 10 Semester dauert.

Über die Erschütterungen der logischen und empiristischen Wissenschaftstheorien, auf die Lorenzen zweifellos mit seinen Theorien reagierte, wurden wir nicht aufgeklärt. Der späte Wittgenstein wurde nicht gelesen. Davon hatte man als junger Student auch noch keine Ahnung, redete alles um einen herum das konstruktivistische Seminardeutsch, das zumeist auch noch versuchte, den singenden und langgezogenen Ton des Meisters Lorenzen zu imitieren. Interessanterweise beherrschten denn auch seine Assistenten diesen Tonfall am besten. Wahrscheinlich entschied über deren Anstellung gar nicht Käthe, sondern ihre jeweiligen sprechsängerischen und somit mimetischen Qualitäten – man erinnere sich an den Sprechgesang in der Kirche.

So verbreitete sich Mitte der siebziger Jahre unter den Konstruktivisten und ihren Fans eine richtige Aufbrauchstimmung. Man würde von Erlangen ausgehend die glasklare Sprache entwickeln, mit der sich endlich die großen wissenschaftlichen Fragen und darüber hinaus soziale und politische Probleme würden lösen lassen – irgendwie wurde der Traum Galileis und derjenige Marx' nochmals geträumt. Und so führten die Granden, aber vermutlich eher die Hiwis einen Begriff nach dem anderen in die Orthosprache mit dem Ziel ein, ein umfassendes Ortho-Lexikon zu schaffen. Denn sie konnten ja selber noch nicht richtig sprechen.

Dass dabei nicht nur 90% der philosophischen Literatur auf der Strecke bleiben sollte, auch Teile der Wissenschaften, das war durchaus gewünscht. Können die Hölderlin-Interpreten ihre Begriffe im Rahmen der Orthosprache einführen? Schwerlich. Nun, dann sollte man beispielsweise die Literaturwissenschaften, soweit sie den konstruktivistischen Anforderungen nicht zu entsprechen vermögen – und dazu wären vermutlich nur ein paar Worte zählende Empiriker in der Lage gewesen – auch staatlich nicht mehr fördern, sondern von der Universität und öffentlichen Schulen verbannen. Denn wenn der Wissenschaftler seine Worte nicht methodisch zirkelfrei orthosprachlich in epipragmatischer Rede einführen kann, dann wäre das Verschwendung von Steuergeldern. Wozu braucht man auch Hölderlins Hymnen? Kann man damit Einsicht in die intergalaktischen schwarzen Löcher gewinnen? Kaum.

Doch gegen Ende der siebziger Jahre geriet das Unternehmen Ortho-Lexikon in eine tiefe Sinnkrise. So stieß es bei Politikern auf taube Ohren, die *noch* nicht bereit waren, die Literaturwissenschaften von der Universität zu verbannen. Vor allem aber blieb die Resonanz bei den Kollegen absolut dürftig, anstatt dass diese nun begeistert vom Arbeitsamt geförderte Fortbildungskurse bei den Konstruktivisten gebucht hätten, um endlich richtig sprechen zu lernen. Im Grunde waren alle Nichtkonstruktivisten auf die Ebene von bellenden Hunden versetzt worden, versteht man diese auch nicht genau. Nach Aristoteles haben ja nicht alle Menschen Anteil am Logos.

Wozu jedoch weiter am Ortho-Lexikon arbeiten, wenn niemand es übernehmen will? Vor allem aber keimten wohl auch massive Zweifel, dass der Trick des methodisch zirkelfreien Einführens weniger Zirkelfreiheit erreicht, als erhofft. Mag das mit dem Fagott in der entsprechend konstruierten Situation ja noch gehen – mal abgesehen davon, dass man doch schon eine Ahnung von Blasinstrumenten haben muss, um die Gemeinsamkeit zwischen den Blasinstrumenten sowie ihre Unterschiede zu erkennen. Das man wirklich sicher sein kann, dass der andere dasselbe wie ich unter dem versteht, wohin die Hand deutet, das bleibt letztlich dunkel. Und bis das Ortho-Lexikon auf politische und soziale Fragen auf wenigstens annähernd dem Niveau würde Antwort geben können, wie man es heute ohne Ortho-Lexikon in den Sozialwissenschaften, in den Medien oder den Institutionen kann, das würde wohl noch Generationen dauern, während die anderen ja auch nicht schlafen, womöglich mit den Konstruktivisten Hase und Igel spielen würden. Und die Mathematiker wollten sich doch nicht vom Mathematiker-Kollegen Lorenzen ihre Mathematik neu begründen lassen. So wurde denn der sinnlose Akt, das Ortho-Lexikon, etwa beim Wort 400 eingestellt. So haben die Erlanger Konstruktivisten nie richtig reden gelernt, höchstens singen. Sie haben sich aus dem Diskurs selber ausgeschlossen – was religiöse Sekten dezidiert anstreben. Was kann ich wissen? Offenbar immer weniger! Aber das wäre gar keine schlechte Perspektive.

15. WAS WEIß ICH? ...

Um 1980 herum, als die Krisensymptome des Erlanger Konstruktivismus deutlich zu spüren waren, erklärte mir ein Kommilitone, dass einer der konstruktivistischen Dozenten Feierabend macht. Da mir damals ein ähnlich klingender Philosoph gar nicht bekannt war, wunderte ich mich nicht darüber, dass jener Dozent offenbar seinen Job an den Nagel hängen wollte. Doch im selben Jahr, 1975, als Lorenzen und Schwemmer ihr *Konstruktive Logik, Ethik und Wissenschaftstheorie* veröffentlichten, die zweite Erlanger Bibel, erscheint Paul Feyerabends *Skizze einer anarchistischen Erkenntnistheorie* unter dem Obertitel: *Wider den Methodenzwang*. Feyerabend wendet sich vom kritischen Rationalismus seines Lehrers Popper ab und schließt an das hinterfragende Denken von Thomas S. Kuhn an.

Vorherrschende anerkannte Theorien insistieren darauf, dass alle neuen Theorien mit ihnen nicht in Widerspruch stehen dürfen. Doch diese Forderung erweist sich nach Feyerabend als irrational, hält sie bestenfalls die ältere Theorie am Leben und behindert Innovationen. Man züchtet auch einen bestimmten Typus von Wissenschaftlern, der bestenfalls das vorherrschende Denken fortführt. Stattdessen bekennt sich Feyerabend zum Individualismus: »Die Einförmigkeit gefährdet auch die freie Entwicklung des Individuums.«[27] Was ihn mir natürlich sympathisch macht. Feyerabend geht es also nicht um eine Wissenschaft, die streng geordnet und mit festgelegten Methoden eine bestimmte Entwicklung vorantreibt. Eine Methode zeitigt immer nur die Ergebnisse, auf die diese Methode abzielt. Alternativen werden wiederum ausgeschlossen. Gerade dafür interessiert sich aber Feyerabend, einerseits um sich dadurch aus den methodologischen Verengungen zu befreien, und um andererseits größere Spielräume für die beteiligten wie betroffenen Menschen zu schaffen. Daher darf man aus den Wissenschaften auch keine Perspektiven, Methoden, Theorien oder Ansätze einfach als unwissenschaftlich ausschließen. Zur selben Zeit, als Feyerabend *Wider den Methodenzwang* schreibt, arbeitet er auch an einer *Naturphilosophie*, die erst 2009 posthum herausgegeben wird. Darin versucht er nachzuweisen, dass z.B. die Menschen in der Steinzeit keinesfalls eine geringere Intelligenz besaßen. Im Gegenteil, standen sie vor einer hoch komplexen Welt, die sie noch nicht mit der modernen technischen Gewalt unterwerfen konnten, der sie sich daher viel geschickter anpassen mussten als heute. Das erforderte mehr und nicht weniger Intelligenz.

Vor diesem Hintergrund erweisen sich heute wissenschaftliche Eliten regelmäßig als borniert und blind. Dagegen möchte Feyerabend die Politik ins

Feld führen. Doch das bleibt denn wohl eher eine trügerische Hoffnung, da politische und wissenschaftliche Eliten zunehmend enger miteinander verzahnt sind. Das bedeutet nicht, dass jetzt im Sinne Platons die Wissenschaftler überall herrschen. Aber ihr Einfluss auf die Politik ist allemal groß genug, um zu verhindern, dass Politiker die wissenschaftlichen Pfründe der Wissenschaftler zugunsten jener Käuze beschneiden, die Quine gerne daran hindert, sich wissenschaftlich auszubreiten. Aber was sollen Politiker auch anderes tun, als denen zu glauben, die momentan ihre Gelder passabel verwalten? Was täten wohl die Käuze mit dem Geld? Den ökologischen Gemüsegarten fördern? In Teneriffa als Kongresse getarnte Urlaube verbringen? Wie der postmoderne Soziologe Dietmar Kamper luxuriöse Orgien in teuren Berliner Hotels feiern, die die Universität finanziert haben soll? Oder Wissenschaft treiben, wie Hölderlin dichtet? Deren Studenten wird man wohl schwerlich bei BMW als Betriebssoziologen brauchen können. Dann sollte man auch verhindern, dass sie die wichtigen Posten in den großen Verlagen, bei den Zeitungen und Sendern besetzen. Wenn das gelingt, wenn diese Posten mit den Schülern der Weisen besetzt werden – und das ist gelungen – dann rettet man die Welt vor den Käuzen. Dann kann man sich fast mit Lenin oder Jesus von Nazareth vergleichen.

Den Status quo konnte daher Feyerabend sicherlich nicht ändern. Aber das Bewusstsein, das Selbstverständnis dessen, was als Wissenschaft anerkannt werden kann, und wie weit Wissenschaft reicht, das hat er sicher nachhaltig geprägt. »Es ist also klar,« konstatiert Feyerabend, »dass der Gedanke einer festgelegten Methode oder einer feststehenden Theorie der Vernünftigkeit auf einer allzu naiven Anschauung vom Menschen und seinen sozialen Verhältnisse beruht.« (ebd., 45)

Doch wissenschaftliche Innovation verdankt sich nun mal Einsichten, die den vorherrschenden Konzeptionen widersprechen. Dazu muss man gerade das in Zweifel ziehen, was als besonders gesichert und wissenschaftlich klar und eindeutig erscheint – das vermeintliche Wissen der analytischen Philosophie. Dazu ist im Grunde logisch oder methodologisch alles erlaubt. Feyerabend ordnet sich daher folgendermaßen ein: »Die Wissenschaft ist wesentlich ein anarchistisches Unternehmen: der theoretische Anarchismus ist menschfreundlicher und eher geeignet, zum Fortschritt anzuregen, als ›Gesetz-und-Ordnungs‹-Konzeptionen.« (Ebd., 28) Es ist klar, dass sich Feyerabend mit dieser Selbstcharakterisierung auch nicht viele Freunde macht, noch dazu, wenn er sein einziges wissenschaftliches Prinzip folgendermaßen formuliert: »Anything goes (Mach, was du willst).« (Ebd., 35) Nur dieser Grundsatz würde den Fortschritt nicht behindern. Doch sehr schnell wurde er zum Schimpfwort für die postmoderne Philosophie, wiewohl man Feyerabend dazu gar nicht zählen kann. Damit macht man die postmoderne Philosophie gerne für die Probleme der Welt verantwortlich. »Schön wäre's«, kann man da nur sagen, wenn sich die Emanzipation schon so tief in die Welt hinein gefressen hätte. Aber die analytischen Philosophen wissen seither zumindest, dass sie mit Banalitäten Macht entfalten und Sprache durchaus Gewalt ausübt: Man schließe jene Studenten aus, die andere Fragen stellen, die daher eher ein Fall für den Psychiater sein sollten.

Was kann ich wissen? Unendlich vieles, das gerade nicht miteinander übereinstimmt, das sich unter keine Einheit, auch keine Einheitswissenschaft subsumieren lässt. Und dieses plurale Meer des Wissens wächst ständig an. Wie gelange ich zu Information? Natürlich braucht man filternde Suchmaschinen, jedenfalls derjenige, der sich nur informieren will. Derjenige, der dann die Frage »Was macht die Sprache?« philosophisch und wissenschaftlich stellt, dem könnte man mit Feyerabend antworten: »Man braucht eine Traumwelt, um die Eigenschaften der wirklichen Welt zu erkennen, in der wir zu leben glauben.« (ebd., 51) »Wie erzeugt die Sprache Wissen?« Indem sie träumen lässt. Das ist ihre performative Kraft. Also träumen wir lieber, als uns von Krisen erschrecken zu lassen. Deren Wahrheit könnte auf diese Weise zum Lachen gebracht werden. Feierabend!

Zweite Frage: Was soll ich tun? Oder: Wie erfindet man neue Maxime?

16. Die Schwäche des Terrors

Wenn man denn wüsste, was man tun soll? Noch dazu in jener sogenannten Krise. Deshalb hat die Ethik Konjunktur. Aber sagt mir die Ethik, was ich tun soll? Sicher, es gibt verschiedene Modelle der Ethik. Ethik redet zudem nicht nur über Normen, sondern auch über Tugenden und Werte. Doch sie hat natürlich ein Grundproblem. Entweder ist es selbstverständlich, sich moralisch zu orientieren. Dann braucht man das auch nicht begründen. Wenn man das aber begründen muss, weil es nicht mehr selbstverständlich ist, dann fehlen plötzlich die letzten, nachhaltigen oder einschlägigen Gründe und man beginnt darüber zu reflektieren. Auf dieses Problem will ich mich hier nicht einlassen. Man braucht keine Gründe angesichts der Krise, nicht weil es keine letzten Gründe gibt, sondern weil die Krise ein Produkt der Medien und der Politik ist. Dagegen hilft keine Ethik, sondern nur Gelächter. Sonst würde man sich ja auf dieselbe Ebene begeben.
Eine Antwort auf Kants zweite der vier Grundfragen der Philosophie formuliert sich zwar gemeinhin als Gebot. Trotzdem sagt das nicht, was ich tun muss, sondern nur was ich tun soll. Erst ein staatlich sanktioniertes Gesetz zwingt mich etwas zu tun oder zu unterlassen, will ich eine Sanktion vermeiden. Was man tun soll, lässt dagegen offen, ob ich es tue oder nicht, ohne dass eine Strafe droht. Die Ethik kann nicht zwingen, sondern nur empfehlen. Das wurde ihr im 19. Jahrhundert als Schwäche ausgelegt, weshalb man sich auf Recht, Gesetz und Technik konzentrierte. Daraufhin tauchte die Ethik zunächst in der individuellen Lebensgestaltung wieder auf und wurde dort bis heute immer wichtiger. Doch sie hielt in der zweiten Hälfte des 20. Jahrhunderts auch wieder in die Politik Einzug. Zunehmend musste man nämlich einsehen, dass weder Recht und Gesetz noch die Technik die Zeitgenossen gegen ihren Willen nachhaltig zu lenken vermögen, probierte es zuletzt der Totalitarismus vergebens mit dem Einsatz aller terroristischen Mittel und nicht wenige können immer noch nicht davon lassen. Andere träumen davon, es ungeliebten Zeitgenossen wie bei Adolf H. wieder zeigen zu dürfen und zu können, z.B. hoch konsequent vorführend, was solche Leute wirklich wollen, ein Norweger, der damit nachweist, dass die Christenheit genauso schreckliche Terroristen hervorzubringen vermag wie der Islam. Aber hätte irgendjemand etwas anderes erwartet?
Mit der Einsicht in die Schwäche des Staates wie des Terrors muss man also stattdessen die einzelnen überzeugen. Sie haben immer die Wahl sich irgendwie zu wehren, offen, versteckt, aktiv oder passiv. Just ob dieser

individuellen Spielräume formulierte Hans Küng nicht nur die vier Weisungen des *Projekts Weltethos*, sondern auch im Auftrag einer Vereinigung ehemaliger Staatsmänner die *Erklärung der Menschenpflichten*, die beide den Zeitgenossen vorführen, dass mit ihren Freiheiten auch die Verantwortlichkeiten entstehen. Natürlich, für das, was ich selber entscheiden kann, dafür bin ich auch verantwortlich, auch wenn man sich häufig gerne davor drückt und gezielt die Schuld anderen in die Schuhe schiebt: an den Nazis wie am Norweger sind natürlich die Kommunisten schuld, nennen diese sich auch Sozialdemokraten, der brave Soldat so wenig wie der biedere Familienvater, nicht der Lokomotivführer vor Auschwitz, nicht der Polizist, nicht die Hausfrau mit drei Kindern und dem Mann im Krieg. Hannah Arendt sah das bekanntlich anders, was sie überall verhasst machte. Aber kommt es nicht darauf an, von wem und warum man angefeindet wird? Wenn Staaten sich den Grundsatz »Viel Feind, viel Ehr« auf die Fahnen schreiben, zeugt das nur von brutaler Tumbheit. Für Individuen kann das darauf hindeuten, dass sie sich dem Mainstream und der Anpassung entziehen.
Mit Auschwitz und den Nazis hat die Ethik eine neue Bedeutung erlangt. Kann sie mit ihren traditionellen Vorschlägen den Menschen heute noch überzeugende Empfehlungen dafür geben, was sie tun sollen? Also gehe ich doch mal einige der berühmten Vorschläge durch, die man in der Geschichte der Ethik findet und prüfe, ob diese heute noch sagen, was man tun soll! Oder sollte man sie lieber anders formulieren?

17. WANN IST DER GOTT EIN GOTT?

Eine der ersten Sammlungen von ethischen Normen findet man im Alten Testament, genauer im zweiten Buch Mose (20.2.-17.), nämlich die bekannten Zehn Gebote, die Moses dem Volk Israel auf der Flucht aus Ägypten vom Berg Sinai mitbringt. Sagen sie mir heute noch, was ich tun soll?
Das erste Gebot lautet nach der Luther-Übersetzung: »Ich bin der Herr, dein Gott, der ich dich aus Ägyptenland, aus dem Diensthause, geführt habe. Du sollst keine anderen Götter neben mir haben.« (2. Mose 20.2.-3.) Dieser mosaische Monotheismus wendet sich gegen den damals verbreiteten Polytheismus und gibt dem Volk Israel eine religiöse Identität. Das betrifft andere Leute sowieso nicht. Mich geht das gar nichts an. Mich haben höchstens a priori die rote und die US-Armee befreit, während die, die mich zeugten, das noch 40 Jahre später anders sahen, nämlich als Tag der Kapitulation,

so dass ich mich selber befreien musste, was auch nicht schlecht aber mühsam war und mich nicht gerade zu einem Freund der Familie machte.
Außerdem lasse ich mir so etwas sowieso nicht einfach vorschreiben. Der Gründungsakt als solcher liefert heute keine Bekräftigung der Glaubwürdigkeit bzw. der Richtigkeit dieser Gesetze. Da müsste schon die Französische Nationalversammlung 1789 die Menschenrechte erklären. Und selbst das wirkt erst im Nachhinein und wird von vielen als Sinnstiftung immer noch bezweifelt. Wenn Politiker, die heute zumeist sowieso nur von einer Minderheit verehrt werden, von historischem Augenblick zu historischem Augenblick Geschichte schreiben wollen – Helmut Kohl 1989-90 – und nicht mal begreifen, dass die Historiker die Geschichte schreiben, nicht die Politiker, dann gibt es keinen großen Augenblick, der sich hinter einer Erklärung ethischer Gebote und Rechte auftürmt, um diesen Gewicht zu verleihen. Wie sagt doch Hegel: »Für den Kammerdiener gibt es keinen Helden, […] nicht aber darum, weil dieser kein Held, sondern weil jener der Kammerdiener ist.«[28]
Massenmedien produzieren zwar Helden, aber sie demontieren sie gleichzeitig – man denke an die Fotos von Lady Diana in der Dusche; der tragische Absturz des polnischen Präsidenten Lech Kaczynski und Mutmaßungen der Boulevard-Presse, er könnte es eilig gehabt haben. Mit den Medien leben wir in der Welt der Kammerdiener, sind wir alle mediale Kammerdiener, die wissen, dass die Fassaden zwar glänzen, aber nur Fassaden sind. Daher sind weder Götter noch Propheten irgendwelche Helden, so dass sie einer ethischen Norm kein höheres Gewicht mehr verleihen. Dann müsste man sich dümmer stellen als die Medien, was ja in Theokratien zur ersten Bürgerpflicht gehört. Als Kammerdiener indes lasse ich mir dergleichen einfach nicht vorgaukeln. Dann würde ich ja an die Boulevard-Blätter glauben.
Wie könnte man ein solches Gebot heute formulieren? Vielleicht ist es ja wenigstens als Inspiration nütze. In der Tat drängt sich angesichts der erneut religiös inspirierten blutigen Kriege und bürgerkriegsartigen Auseinandersetzungen in vielen Teilen der Erde ein Gegenmodell auf, das in etwa folgendermaßen lauten könnte: »Sei tolerant gegenüber fremden Göttern, Götzen, Weltanschauungen und Meinungen und versuche sie nicht zu bekehren, schon gar nicht ihre Seelen zu retten!«
Die Seelen anderer retten zu wollen, ist entweder eine Unverschämtheit oder entspricht dem Diebstahl. Denn niemandem gehört meine Seele, ob es diese gibt oder nicht. Vor allem aber ist die Welt pluralistisch geworden. Daher kann man nicht mehr nur mit jenen zusammenleben, die dasselbe glauben und die so leben wie man selbst.

Das zweite Gebot lautet: »Du sollst dir kein Bildnis noch irgendein Gleichnis machen, weder des, das oben im Himmel, noch des, das unten auf Erden oder des, das im Wasser unter der Erde ist. Bete sie nicht an und diene ihnen nicht. Denn ich, der Herr, dein Gott, bin ein eifriger Gott, der da heimsucht der Väter Missetat an den Kindern bis in das dritte und vierte Glied, die mich hassen.« (2. Mose 20.4.-5.) Diese Bilderfeindlichkeit des Alten Testaments beseelte noch die orthodox griechische Christenheit im ersten Jahrtausend, wirkt bis heute im Judentum und im Islam nachhaltig und findet auch im Protestantismus einen gewissen Nachhall. Deswegen sind protestantische Kirchen häufig so langweilig.
Insofern darf man auch dieses Gebot schlicht übergehen. Die Idee der Gerechtigkeit, wie sie seit Aristoteles, Kant und Hegel entwickelt wurde, kennt weder Generationen- noch Sippenhaft. Wenn man jemanden mithängt, weil man ihn mitgefangen hat, ist das nicht nur kein Kollateralschaden, sondern ein Verbrechen.
Vor allem aber leben wir heute selbst im Judentum oder im Islam in einer Welt medialer Bilder des Fernsehens, des Internets oder des Computers. Durch den Bildschirm haben die Bilder eine eminente Macht gewonnen, die man sich schwerlich wegdenken kann. Gut, die einen machen sich mehr, die anderen weniger Bilder. Hollywood verfilmt auch noch das Leben Jesu oder das des Moses und hat mit der Produktion brennender Dornbüsche nicht das geringste Problem. Das fällt nicht mal mehr unter *special effects*. Insofern könnte man doch noch etwas anderes von diesem Gebot lernen und in einen Vorschlag packen, nämlich: »Lass dich von den Bildern nicht in den Bann schlagen und vergiss stattdessen das Hören nicht!«
Denn wie sagt doch Aristoteles: Die Stimme ist der Ausdruck der Seele, sollte sie damit auch nicht viel ausdrücken. Das Hören birgt zudem eine rauschhafte Dimension, die sich in der Musik und in der Erotik realisiert. Allerdings kann es dadurch den Hörer auch in den Bann schlagen. In einem wirklich unbedeutenden Horrorfilm dröhnten immer die Boxen, wenn der Geist erschien. An den Quatsch auf der Leinwand hatte man sich schnell gewöhnt. Trotzdem zuckte man unweigerlich ob des Donnerschlages zusammen. Also manchmal sollte man besser nicht hören.
Das dritte Gebot des Moses lautet: »Du sollst den Namen des Herrn, deines Gottes, nicht missbrauchen; denn der Herr wird den nicht ungestraft lassen, der seinen Namen missbraucht.« (2. Mose 20.7.) Abgesehen von der Tautologie kann man auch damit wohl nur wenig anfangen. Selbstmordattentäter oder radikale Fundamentalisten, die sich auf ihren Gott berufen, lassen sich durch

ein solches Gebot von ihrem Tun nicht abbringen. Kierkegaard, zwar kein Fundamentalist, kritisiert doch das Christentum seiner Zeit, den an sich harten Gott in einen lieben verwandelt zu haben, um derart den Namen Gottes zu missbrauchen. Es handelt sich also eindeutig um ein innerreligiöses Problem, wiewohl die großen Ideologien auch ihre Idole haben, deren Verwendung sie zu kontrollieren suchen. Aber just von solchen Ideologien wie Ökologie, Ökonomie, Sozialismus, Katholizismus, Nationalismus, Kommunismus, Faschismus sollte man sich doch eher fern halten. Dann könnte man dieses dritte Gebot folgendermaßen umformulieren: »Erhebe keine Worte zu heiligen, sondern versuche stattdessen verschiedene Vokabulare zu lernen, damit du nicht der Sklave eines einzigen Vokabulars wirst!«

Die Inspiration dazu liefert mir Richard Rorty, ein Liberaler, der religiös auch eher unmusikalisch war. Das vierte Gebot lautet: »Gedenke des Sabbattags, dass du ihn heiligest.« (2. Mose 20.8.) Nun, gerade in der Umformulierung des dritten Gebots, habe ich ausgeschlossen, dass man welche Worte auch immer heiligt. Nein, heilig ist der Sonntag in der Tat nicht. Wenn Kirchenfürsten oder Gewerkschafter gegen eine Erweiterung der Ladenöffnungszeiten eintreten, dann zumeist mit dem Argument, dass die Familien einen gemeinsamen Tag in der Woche brauchen.

Der längst vergessene Protestsänger Franz Josef Degenhardt besang 1965 denn den Sonntag »in der kleinen Stadt« indes noch nicht besonders familienfreundlich:

»Da treten sie zum Kirchgang an,
Familienleittiere voran,
Hütchen, Schühchen, Täschchen passend,
ihre Männer unterfassend,
die sie heimlich vorwärts schieben,
weil die gern zu Hause blieben.
[…] Wenn die Bratendüfte wehen,
Jungfern den Kaplan umstehen,
der so nette Witzchen macht.
Und wenn es dann so harmlos lacht,
Da hockt die ganze Stadt und mampft,
dass Bratenschweiß aus Fenstern dampft.
Durch die fette Stille dringen
Gaumenschnalzen, Schüsselklingen,
Messer, die auf Knochen stoßen,

und das Blubbern dicker Soßen.
[...] Dann ist die Spaziergangsstunde,
durch die Stadt, zweimal die Runde.
Hüte ziehen, spärlich nicken,
wenn ein Chef kommt, tiefer bücken.
Achtung, dass die Sahneballen
dann nicht in den Rinnstein rollen.«[29]

Allerdings hatte Degenhardt ja noch keine Probleme mit den Ladenöffnungszeiten. Er zieht jedoch die Konsequenz aus der Verheiligung des Sonntags, die dazu führt, dass alle dasselbe tun, was natürlich in die Langeweile nicht nur in der kleinen Stadt führt. Dem halten die Zeitgenossen heute die Events entgegen. Oder die Workaholics oder solche, die nichts anderes gelernt haben, arbeiten wie ich selbstredend auch am Sonntag. In der Tat würden mir religiöse Fundamentalisten verbieten, am Sonntag meine Texte zu schreiben, meine Vorlesungen vorzubereiten oder Klausuren zu korrigieren. Dann soll ich wohl mit meinen Kindern spielen, die nicht zu bekommen, ich mich doch fleißig bemühte, um nicht in die beschriebene Sonntäglichkeit zu geraten. Andere Menschen wollen anderen Menschen ihr Leben vorschreiben. Das macht heute primär das Gesundheitswesen. Da aber Menschen das Recht haben, ihre Lebensform selber zu entwickeln, kann man ihnen den Sonntag nicht mehr vorschreiben. Also bleibt gar nichts anderes, als nach einem anderen Gebot zu suchen. Wie wäre es mit: »Suche das Gespräch!«
Die Leute zu Besinnlichkeit zu zwingen, verstößt gegen die Menschenwürde. Aber eine etwas ruhigere Stadt und die Möglichkeit, Menschen zu treffen und mit ihnen zu reden, das ermöglicht ein Sonntag ohne geöffnete Läden. Nur kann man das natürlich auch an anderen Tagen suchen, vor allem in der Nacht.

18. Von der Monogamie zum Two-nights-stand

Meine Schwierigkeiten habe ich – das muss ich zugeben – sowieso mit dem fünften Gebot: »Du sollst deinen Vater und deine Mutter ehren, auf dass du lange lebest in dem Lande, das dir der Herr, dein Gott, gibt.« (2. Mose 20.12.) Nun, da ich weder Vater noch Gott als meine Herren über mir anerkenne, höchstens im Sinne der Anrede »Meine Damen und Herren, mein heutiger Vortrag hat zum Thema...«, könnte ich auch gerne auf das

Land der Väter verzichten. Einem Gott will ich an dieser Stelle keine Vorwürfe machen, da ich davon ausgehe, dass die Deutschen ihre Geschichte zwar keineswegs alleine und ohne Götter vollbracht haben, nichtsdestotrotz für diese Geschichte wie für ihre Götter selber verantwortlich sind.
Es gibt wirklich schlechtere Lebensbedingungen als in Deutschland in den letzten Jahrzehnten. Aber meine Älteren konnten in diesem Sinne auch nichts dafür, dass sie in Deutschland lebten, wiewohl sie hätten emigrieren können, ja müssen. Das Volk Israel zog ja auch fleißig durch die Gegend. Deutschland hat zudem eine der übelsten Geschichten der Welt. Lange haben sich die dazu gehörigen Mentalitäten gehalten. Als Moses nun seinerseits dieses Gebot dem Volk Israel auf der Flucht aus Ägypten im Sinai erließ, war vermutlich noch nicht so klar, wo sich diese Meute mal wieder würde niederlassen können und wie lange das Volk dann dort würde bleiben können. Da war das ein hoffnungs- und erwartungsfroher Spruch: die Älteren würden dafür sorgen, dass die Spätergeborenen irgendwo würden leben können – ein Problem, das die Juden bis heute verfolgt, das aber viele andere Völker auch betrifft, die häufig ihre Geschichte nicht so gut dokumentierten bzw. selbst wenn, dann diese Dokumentationen nicht so effizient verbreiteten. Aber vor allem Christen und auch Muslime haben dazu wesentlich beigetragen.
Wenn man die göttliche Abstammung für fraglich hält, dann verliert natürlich auch die elterliche eine höhere Weihe. Natur stellt ein ähnlich fragwürdiges Argument dar, da es kein natürliches Modell der Eltern-Kind-Beziehung gibt. Das wären nur alle, die jemals stattgefunden haben, unabhängig von ihrer Qualität. Laios wollte seinen Sohn töten lassen, Abraham hätte dergleichen beinahe getan, sich gerade noch eines Besseren besonnen. Kindesmissbrauch soll noch heute unglaublich häufig in Familien – natürlich nicht nur dort – stattfinden. Eltern setzen zuhauf ihre Kinder aus oder verkaufen sie. Aber nicht nur im Eltern-Kind-Verhältnis finden sich zahlreiche Fälle und Gründe, die dem mosaischen Imperativ dessen kategorischen Anspruch rauben. Kann man eigentlich verstehen, dass Eichmanns Kinder den Vater auf der Flucht unterstützten? Das kann man doch höchstens als pathologischen Fall erklären. Somit sind Väter wie Mütter als solche zunächst mal nicht zu ehren, die Kinder natürlich auch nicht. Man kann den Müttern a priori höchstens zugutehalten, dass sie nicht abgetrieben haben. »Hätte ich das damals gewusst, hätte ich (dich) wohl abgetrieben«, antwortet ihm seine Mutter, als Cioran 1931 im 6. Semester Literatur und Philosophie studierend, sich völlig verzweifelt und lebensüberdrüssig auf das Bett wirft und ruft: »Ich kann nicht mehr weiterleben, ich halte es einfach nicht mehr aus.«[30] Das kann man nachvollziehen. Trotzdem

müssen sich diese Väter wie Mütter überhaupt erst verdienen, eventuell geehrt zu werden. So bliebe von diesem Gebot wohl höchstens noch folgende Essenz übrig: »Achte die Würde des einzelnen Menschen, aber lache über die Ehre, und besonders über die der Familie!« Man kennt dergleichen vornehmlich aus Sizilien – auch nicht gerade ein Ort gesteigerter Humanität, liefert aber zumindest gute Krimi-Stoffe.

Damit komme ich zum siebten Gebot: »Du sollst nicht ehebrechen.« (2. Mose 20.14.) Was sollen wir denn damit noch anfangen? Im Iran werden Ehebrecherinnen gelegentlich gesteinigt. In der westlichen Welt ist die Ehe ein Vertrag, der sich wieder auflösen lässt. Im Grunde ist die Scheidung der richtige Ehebruch. Aber selbst in Teilen der islamischen Welt kann der Mann eine Frau einfach wegschicken oder die Scheidung ist auch von Seiten der Frau aus möglich. Untreue beim Gebrauch der Lüste wird in der westlichen Welt seit längerem nicht mehr rechtlich verfolgt. Das ist längst ein privates Problem und hängt von den Absprachen der Ehepartner ab. Die Prostitution gilt weithin als ein harmloser Ehebruch, den viele Gattinnen wie meine Mutter dulden, damit sich der Gatte keine dauerhafte Freundin zulegt. Andere Beziehungen zu haben, war das Modell von Sartre und de Beauvoir und gipfelte in den 68er Spruch: »Wer zweimal mit derselben pennt, gehört schon zum Establishment.« Das wurde indes schon zu damaligen Zeiten nicht mal von Kommunarden wörtlich genommen. Was davon bleibt, ist doch wohl die Aufforderung in Beziehungen, die mit dem Gebrauch der Lüste zu tun haben oder wenn man ein enges oder festes Zusammenleben pflegt, miteinander erotisch umzugehen. Ergo anstelle von »Du sollst nicht ehebrechen«: »Vermeide One-night-stands! Gehöre zum Establishment und penne mit derselben mindestens zweimal!« Das ist ja beinahe schon spießig.

Das zehnte Gebot lautet: »Lass dich nicht gelüsten deines Nächsten Hauses. Lass dich nicht gelüsten deines Nächsten Weibes, noch seines Knechtes noch seiner Magd, noch seines Ochsen noch seines Esels, noch alles, was dein Nächster hat.« (2. Mose 20.17.) Aber wenn Haus, Weib, Magd und Esel hübsch sind, dann wird man sie begehren, wenn sie hässlich sind eher selten. Und wenn Weib oder Magd dieses Begehren erwidert – von Häusern hat man dergleichen Unternehmungen noch nicht gehört –, dann kriegen sich die Liebenden, ohne dass sie zur Strafe verarmen müssen, wie Fontane einen solchen Partnerwechsel im 19. Jahrhundert seinen Lesern von *L'Adultera* noch erträglich machen musste.

Im Gegenteil, sollte der Nachbar in Zahlungsschwierigkeiten geraten, dann bekommt man auch das Haus und den Esel. Zu beidem kann man vielleicht noch etwas nachhelfen, sollte der Esel hübsch bzw. nach Woody Allen ein Schaf und der Begehrende Sodomist sein. Nur bedenken Sie, verehrte Leserin, dass sich das Glück dadurch auch nicht verewigen lässt. Aber man muss ja auch nicht unbedingt glücklich werden, noch dazu mit einem Schaf, wiewohl man das leichter ersetzen kann als Weib und Magd, und das sich dann auch noch aufessen lässt, ohne als Kannibale verschrien zu werden: Was man liebt, das frisst man. Allemal handelt es sich beim Glück womöglich eher um eine jenseitige Vorstellung. So lässt sich dieses zehnte Gebot doch schnell abhandeln und abwandeln: »Wenn du nicht Herr deiner Liebe bist, musst Du trotzdem nicht ihr Sklave sein!« Ich darf mich dabei auf Michel Foucault berufen.[31]

19. DAS VOLK DARF LÜGEN, POLITIKER NICHT!

Das achte Gebot lautet: »Du sollst nicht stehlen.« (2. Mose 20.15.) Man könnte beinahe meinen, dieses Gebot versteht sich von selbst und besitzt einen universellen oder kategorischen Charakter: Natürlich darf man nicht nehmen, was einem nicht gehört. Das wusste Moses und das hat John Locke dann noch einmal nachhaltig begründet. Im Naturzustand darf man sich allerdings auch nicht mehr aneignen, als was man zu verbrauchen in der Lage ist. Ab dem Zeitpunkt aber, als man mit Edelmetall einen mehr oder weniger unvergänglichen Wert verband, entfiel auch diese Beschränkung und die Akkumulation ungeheurer Reichtümer wurde möglich. Dazu wurde es aber auch nötig, dass die anderen dieses Eigentum als ein solches anerkannten – für Rousseau der Sündenfall, der in die soziale Ungleichheit führte. Als Aufforderung, das Eigentum anzuerkennen, darf man auch dieses achte Gebot verstehen. Weil trotzdem dergleichen Anerkennung immer schon zu wünschen übrig ließ, wurde es nötig, Eigentum auf vielerlei Weise zu schützen.

Und längst nicht erst die soziale Frage führte zu diversen Kritiken am Eigentum. Steuern waren immer schon unbeliebt. Die Armen beneideten und bestahlen die Reichen. Zumeist aber bestehlen sich die Reichen gegenseitig oder die Reichen bestehlen die Armen. Seltener betrieb ein solches Geschäft ein Reicher zugunsten der Armen – Robin Hood, an den auf organisierte Weise Lenin anzuschließen versuchte. Doch aus dieser letzteren Bemühung ein System zu machen, klappte bisher nicht besonders gut. Es kam höchsten zu einer gewissen Umgruppierung unter den Reichen und einige Arme konnten sozial aufsteigen.

Trotzdem gilt vielen großer Reichtum als hinterhältig erworben, so dass man ihn entweder nicht anerkennen muss oder sich sogar moralisch legitimiert sieht, davon etwas wegzunehmen. Diverse Revolutionen im 20. Jahrhundert scheiterten an der Umverteilung. Denn für die Neuverteilung fehlt bis heute ein schlüssiges, überzeugendes Kriterium. Hardliner des Neoliberalismus betrachten dabei sogar sozialstaatliche Ausgleichsbemühungen als Diebstahl. Gleichgültig ob man solchen Argumenten folgen mag oder nicht, auch der Sozialstaat kämpft mit den Prinzipien, nach denen Verteilungsgerechtigkeit hergestellt werden könnte.

Umgekehrt erblicken viele Liberale in Steuern einen Diebstahl, können aber auch keine überzeugenden Vorschläge machen, wie man die Armut bekämpft. Denn wenn die Armut wächst, steigt auch die Kriminalitätsrate an. Die Superreichen schützen sich dagegen mit Privatarmeen. Die große Mehrheit lebt dann andererseits in unsicheren und gefährlichen Lebensumständen, von den Armen ganz zu schweigen. Das vergiftet das gesellschaftliche Klima und die Reichen müssen sich nicht nur vor den Verbrechern, sondern vor Neid und Kritik schützen. Dann leben sie noch abgeschotteter. Doch sie können sich letztlich auch nicht vor der Gewalt schützen: Entführungen, Erpressungen, Überfälle, Diebstähle. Längst können sie sich nicht mehr frei bewegen. Jedenfalls bleibt der Konflikt zwischen Arm und Reich erhalten, wiewohl anders als es sich Marx vorstellte.

Auf niedrigem Niveau findet das Eigentum jedoch weitgehende Anerkennung. Nicht mal der Sozialismus wollte das Privateigentum aufheben. Wir leben sicher nicht gerne mit Menschen zusammen, vor denen man sein Hab und Gut ständig schützen muss. Wenn ich Gäste zu einer Party einlade, gehe ich davon aus, dass mir nichts gestohlen wird. Es ist mir auch noch nie passiert und ich habe auch noch nie gehört, dass Freunden dergleichen passiert wäre. Vielleicht sind wir alle nur zu vorsichtig und laden nur vertrauenswürdige Menschen ein. Vielleicht sind die meisten Partys daher auch eher langweilig, nicht weil nicht gestohlen wird, sondern weil nur moralische Leute anwesend sind und wir kommen peinlicherweise alle in den Himmel, anstatt zu den Dieben, Betrunkenen, Landstreichern, Mördern, Schlägern in die Hölle. Und dann müssen wir noch eine Ewigkeit lang zuschauen, wie diese gequält werden.

Nach Hobbes soll der Staat vor allem das Leben schützen und das zu dessen Erhalt nötige Eigentum. Nach Locke soll der Staat primär das Eigentum schützen. Nach Rawls hat die Freiheit einen Primat gegenüber der gerechten Güterverteilung bzw. ökonomischer Vorteile. Liberale Freiheit kritisieren

viele als bloß negativ, sie bedeute nur Freiheit von Zwängen, sage aber nicht, was man mit dieser Freiheit anfangen soll – gebetsmühlenartig wiederholen das katholische Bischöfe zu Feiertagen. Aber was sollen sie sonst tun? Komischerweise wäre das dann keine Freiheit mehr. Doch das muss man den Leuten schon selber überlassen, darf man ihnen höchstens Ratschläge und Tipps geben – und selbst das ist schon zu viel des Guten –, aber keine Vorschriften machen oder sie Zwängen unterwerfen. Mag die Freiheit nichts ohne Vermögen sein. Aber umgekehrt gilt das für viele noch mehr. Beide gehören zusammen und wie man das Eigentum verteilt, darüber wird man wohl weiterhin streiten. So würde ich denn auch dieses achte Gebot anders – eher im Sinne von Max Stirner – formulieren:
»Achte das Eigentum der anderen, das primär in deren Freiheit besteht!«
Das neunte Gebot lautet: »Du sollst kein falsch Zeugnis reden wider deinen Nächsten.« (2. Mose 20.16.) Noch für Immanuel Kant gilt der Imperativ »du sollst nicht lügen« kategorisch. Nicht mal wenn die Terroristen der SS kommen und nach dem versteckten Juden fragen, darf man lügen. Man stelle sich vor, man sagt, er habe sich auf dem Friedhof versteckt, während man genau weiß, dass er sich woanders aufhält. Die braven Familienväter der SS – nach Hannah Arendt hat ja deren Direktor just solche Leute um sich geschart – glauben mir und foltern mich auch nicht, ziehen vielmehr frohgemutes von dannen. Und dann finden sie ihn just auf dem Friedhof, weil ihm sein anderes Versteck zu gefährlich schien. Wer ist nun schuld an seiner Verhaftung und Ermordung? Natürlich ich! Also sagt man besser immer die Wahrheit. Ich bin dann auch nicht schuld, wenn sie ihn finden und umbringen, habe ich ja schließlich nur die Wahrheit gesagt. Und ich bringe ihn ja auch nicht um. Das machen ja diese Familienväter. Und wenn jeder immer lügen würde, wo kämen wir da hin. Ergo darf man niemals lügen. So ähnlich stellt sich das der Vatikan auch vor: Wenn sich die katholische Kirche aus der Schwangerenkonfliktberatung zurückzieht, ist sie für die gestiegenen Abtreibungszahlen nicht verantwortlich. Wenn man die ethische Norm befolgt, trägt man keine Verantwortung für eventuelle negative Folgen. Die Abtreibungen führen schließlich die anderen durch.
Andererseits muss man feststellen, dass doch mancherorts Ausnahmen vom kategorischen Imperativ, nicht zu lügen, gemacht werden. Von Platon über Machiavelli bis zu Hans Jonas dürfen zumindest Politiker ihr Volk belügen. Das hört das Volk heute zumeist nicht mehr gern und dreht den Spieß einfach um. Die Politiker müssen die Wahrheit sagen und das Volk darf lügen. Vor allem kommt man dem Volk erheblich schwerer auf die Schliche als den

Politikern. Katholiken können gemeinhin besser lügen als Protestanten. Sie dürfen ja auch sündigen, d.h. lügen, um dann durch die Beichte ihre Sünde wieder erlassen zu bekommen. Manchmal hilft noch eine Spende nach. Protestanten müssen immer die Wahrheit sagen, da jede Lüge ihr Sündenkonto unwiderrufbar erhöht und damit die Chancen auf einen Platz im Paradies schmälert. Deswegen hatte Italien in den siebziger Jahren die zweifellos erfolgreicheren Terroristen, die nämlich nachts bombten und tagsüber die Wirtschaft managten, bis man sie enttarnte, währen deutsche Terroristen, wie es sich gehört, zuerst abtauchten und dann bombten: Eben wenn der Deutsche einen Bahnhof besetzen will, dann kauft er sich eine Bahnsteigkarte und damit dergleichen in jedweder Hinsicht gar nicht mehr vorkommt, hat man die Bahnsteigkarte abgeschafft. Seither wurde in Deutschland nie mehr ein Bahnhof besetzt. Es würde auch niemand bemerken: Denn etwaige Besetzer würden sich erstens an das Rauchverbot halten und zweitens den Fahrplan nicht behindern. Wahrscheinlich sind sie umweltfreundlich mit der Bahn gekommen und wollen mit ihr auch wieder nach Hause fahren. Da lebt sich in Italien doch vergnügter und leichter, wo man als offizieller Gauner führende Ämter im Staat innehaben kann. Wie sagte doch ein protestantischer Freund: in Deutschland sind die katholischen Städte Köln und München die lebenswertesten.

So müssen die meisten Deutschen – die Protestanten mehr, während die Katholiken das immer schon besser können – erst mal lernen zu lügen. Welche Beziehungsdramen fanden nicht in den siebziger Jahren unter den frei Liebenden statt. Denn wie Sartre und de Beauvoir hatten sie das Fremdgehen akkreditiert, aber genauso auch die totale Ehrlichkeit und Offenheit. Doch während die beiden intellektuellen Stars daraus publikumswirksame Bücher fabrizierten und ihre Ehrlichkeit somit den Absatz steigerte – was anderes als Ehrlichkeit wäre ihnen denn auch geblieben, wenn sie aus ihren Bettgeschichten Literatur machen wollten – ging es den deutschen Protagonisten der freien Liebe nur um das Prinzip der freien Liebe, also um die Moral derselben. Doch dazu waren die meisten zu zartbesaitet. Die eigenen *One-night-stands* erzählten sie ja noch begeistert, um ihre Seele zu erleichtern. Doch wenn sie die ihrer Partnerin anhören mussten, klinkten sie regelmäßig aus. Es gibt doch immer einen Grund, warum just mit genau dem Typen der Gebrauch der Lüste absolut nicht geht, gemein ist und zutiefst verletzt. Alle anderen wären natürlich kein Problem gewesen.

Hätten sie doch geschwiegen. Aber das müssen die Deutschen erst noch lernen. »Du sollst nicht lügen!« erweist sich also als ein ziemlich unpraktikabler

Imperativ, dem allemal alles Kategorische und Universelle abgeht. Was bleibt könnte höchsten folgendermaßen lauten: »Dein Redefluss soll gelegentlich innehalten! Oder wie der Volksmund sich treffender äußert: Reden ist Silber, Schweigen ist Gold!«

Zu diesem Zweck darf manchmal auch gelogen werden. Stellen Sie sich vor, liebe Leserin, Ihr Arbeitgeber fragt sie nach Ihrem Sexualleben. Wenn es ausschweifend ist, dann sollten Sie nicht lügen, nur wenn es langweilig ist. Andererseits könnte Sie das Ihre Arbeit kosten. Also lügen Sie besser. Oder wenn Sie als Raucherin einem radikalen Raucherverfolger begegnen, dann belügen Sie ihn ruhig und behaupten, sie würden das Rauchen gerne aufhören, würden es nur nicht schaffen! Das vermeidet allemal unsinnige Diskussionen. Daraus ergibt sich natürlich die Frage: Darf man radikale Raucherverfolger auch anderweitig belügen? Oder darf man sich gegen Diskriminierung etwa nicht wehren?

Lassen Sie sich auch gelegentlich belügen! Das erspart unnötigen Ärger. Nur manchmal sollten Sie sich dessen bewusst sein, dass es sich um eine Lüge handelt, vor allem in der Politik, wo man immer das Gegenteil des Behaupteten unterstellen sollte. Und natürlich beim Krisengeschrei als politischer und ökonomischer Strategie, gerade auch der Medien. Aber verraten Sie nicht jedem, dass Sie nicht zittern. Es könnte Freundschaften kosten, hat sich das Krisenbewusstsein heute beinahe schon als eine Art Gemeinschaftsgeist etabliert. Dann sind Sie unsensibel, liebe Leserin, nehmen die Ängste ihrer Mitmenschen nicht ernst. Wer da nicht mitmacht, fällt aus dem Diskurs, schreitet wie Hannah Arendt arrogant über die Gefühle der anderen und liebt womöglich sein Volk nicht. Sie hat darauf geantwortet, sie würde nur ihre Freunde lieben. Ich müsste protestantisch hinzufügen, ich liebe nicht mal meine Freunde, nur meine Freundin.

Damit komme ich zum berühmten sechsten Gebot: »Du sollst nicht töten.« (2. Mose 20.13.) Oberflächlich betrachtet besitzt es wohl die allgemeinste Gültigkeit aller dieser mosaischen Gebote – wenn man denn das Wort »allgemein« steigern will. Die Überwindung der Sitte, dass jeder unter bestimmten Umständen (»Auge für Auge«) andere umbringen darf, ist doch die Quintessenz und der eigentliche Kulturfortschritt ähnlich wie die Überwindung des Kannibalismus.

Dabei stellte sich allerdings vor einigen Jahren die Frage, wie man verbietet, sich aufessen zu lassen. Nun ja, den Aufgegessenen kann man nicht mehr zur Rechenschaft ziehen. Aber der Aufessende darf das nicht aus niederen Beweggründen tun, beispielsweise um sexuelle Lust zu erregen. Damit hat

man natürlich ein hochwirksames Mittel gefunden, um freiwilligen passiven Kannibalismus zu verbieten. Denn wie will denn einer, der aufgegessen werden möchte, einen finden, der ihn aufisst, solange keine Sterneköche dergleichen zubereiten und der Aufessende nicht irgendwo anders her seine Lust bzw. seine Motivation bezieht. Man kann ja vielleicht einem beim Sterben zur Hand gehen. Aber auch noch aufessen? Das muss ja nicht sein.
Der Kannibalismus wird auch als freiwilliger und passiver somit nicht wiederkehren, so dass man sich frohgemut daran machen darf, das Tötungsverbot kulturell fortzuschreiben. Ich gehe doch schlicht davon aus, dass meine Freunde gar nicht daran denken, mich umzubringen, sollte ich ihnen im Wege sein oder auf die Nerven gehen. Dass Morde trotzdem massenhaft passieren, bestätigt die Notwendigkeit eines solchen Ausschlusses a priori. Denn keine Bedingung würde legitimieren, jemanden umzubringen, beispielsweise wenn ich einem guten Freund oder auch einem Fremden seine Frau ausspanne, oder sie geschickt bestehle, etc. Klar, wer möchte da schon gleich umgebracht werden.
Gewisse Tätigkeiten sollte man einfach vermeiden: Al Capone zu bestehlen, Franco zu bespucken oder sich in Texas als Schwarzer in der zeitlichen wie der räumlichen Nähe eines Mordes aufzuhalten.
Doch dann kommen schon die ersten Ausnahmen: *Ein Mann sieht rot* beispielsweise. Frau und Tochter werden vergewaltigt und ermordet. Oder man denke an jenen Norweger. Zumindest würden manche ein gewisses Verständnis für eine Rache aufbringen – ich will mich da nicht ausnehmen – und vermutlich würde dergleichen vor Gericht mildernde Umstände einbringen, wiewohl das Gericht in einem solchen Fall aufpassen muss, kein Zeichen für Nachahmer zu setzen: also jener farbige Mitbürger in Texas hätte ohne Diplomatenpass bei der Angelegenheit wieder schlechte Karten. Jemanden, der daran denkt oder gar so etwas unternimmt, würde man nicht unbedingt aus seinem Freundeskreis ausschließen. Erklärte mir doch ein Freund, Mohammed A. und den German Wings – Copiloten würde er erschießen. Nur weiß man das entweder nicht oder zu spät. Wen will man da heute noch erschießen? Wie schön wäre es, würden beide in der Hölle schmoren und sich die Jungfrau Maria daran eine Ewigkeit lang ergötzen. Zwischendrin – nach ein paar tausend Jahren wird sie sich wahrscheinlich zur Abwechslung mal *Die Nacht der lebenden Toten* anschauen.
Im Dienste des Staates darf man unter bestimmten Umständen durchaus andere Menschen umbringen: Der finale Rettungsschuss oder der Kriegseinsatz, was derart massenhaft ausarten kann, dass alle privaten Morde doch eher

als kleine Fische erscheinen. Völkerrechtlich sind sogenannte Kollateralschäden unter bestimmten Umständen legitim: Im Krieg muss halt jeder auf sich selbst aufpassen. Etwas gelassener darf der Unbeteiligte seine Zeitung weiterlesen, wenn es sich um keinen offiziellen Krieg handelt. Dann darf die NATO in Afghanistan sein Wohnhaus nämlich nicht bombardieren, obgleich aus diesem die Taliban schießen und sich die NATO daran auch hält. Aber wenn sich Bankräuber in der Bank verschanzt haben, wird die Bank ja auch nicht bombardiert, selbst wenn sich darin keine Unbeteiligten befinden.
Also selbst das Tötungsverbot kennt viele Einschränkungen seiner Geltung oder – geht man davon aus, dass es universell gilt – wendet man es häufig nicht an, ohne dass dergleichen außer bei erklärten Pazifisten auf Unverständnis stoßen würde. Wenn man es auf den juristischen Sinn von Mord, Totschlag und fahrlässige Tötung einschränken würde, dann dürfte man wie im Krieg töten, wenn niedrige oder affektive Beweggründe sowie Nachlässigkeit ausgeschlossen sind. In der Tat, aus Versehen darf man jemanden umbringen, ohne dafür verurteilt zu werden, aber eben nicht mit Absicht: Ein Toter liegt auf der Straße, der von einem Auto überfahren wurde. Wenn es Selbstmord war, hat der Fahrer nichts zu befürchten. Sollte er aber unachtsam von der Straße abgekommen sein, dann war es fahrlässige Tötung. Es war Mord, wenn er dem Opfer gezielt hinterherfuhr. Ergo sagt selbst dieses sechste Gebot des Moses nicht, was ich tun soll, und müsste daher zumindest folgendermaßen umformuliert werden:
»Vermeide gefährliche Konsequenzen deines Handelns für andere!«
Das ließe sich dann sogar noch auf den Umweltschutz ausdehnen. Denn durch die Belastung der Umwelt gefährdet man andere Menschen. Allerdings muss man das sehr punktuell auslegen. Sonst kann man demnächst flaches Atmen vorschreiben und das Rauchen verbieten, wozu nicht wenige applaudieren würden. Das hätte auch seine Vorteile für die Raucher. Denn dann wäre Rauchen wieder ein richtiges Abenteuer, für das man ins Gefängnis geht. Zudem lernt man dadurch, gegen Gesetze zu verstoßen. Und es gibt viele Gesetze, die sich nur Launen, dem religiösen Glauben, Ideologien oder wissenschaftlichen Einsichten verdanken. Aber wenn es Menschenwürde und Menschenrechte gibt, dann dürfen auch die Wissenschaften den Menschen nicht vorschreiben, wie sie zu leben haben, und schon gar nicht wenn das ökonomische Vorteile mit sich bringt. Hier hat der bedeutendste politische Philosoph des 20. Jahrhunderts, John Rawls recht: Man darf Freiheitsrechte nicht um ökonomischer Vorteile willen einschränken. Aber das Rauchen hat Rawls damit bestimmt nicht gemeint.

20. FÜRCHTE DEN NÄCHSTEN WIE DICH SELBST!

Es gibt noch ein weiteres wichtiges Postulat des Moses: »Du sollst deinen Nächsten lieben wie dich selbst; denn ich bin der Herr.« (3. Moses 19.18.2) Lassen wir jenen Herren beiseite, den wir über uns nicht akzeptieren würden. Man muss nicht, wie Richard Rorty bemerkt, jedem in seinem Vokabular antworten, wenn beispielsweise dieses Vokabular ein selbsterklärter Herr erfand. Ich muss also auch einem Gott nicht in dessen Sprache antworten, sollte er überhaupt eine haben.
Dem Herrn wollen wir dabei wünschen, dass das Postulat von seinem Schüler stammt und nicht von ihm, bezeugt es doch eine erstaunliche Unkenntnis psychologischer Zusammenhänge. Es gibt nämlich einfach zu viele Menschen, die sich selbst zu wenig oder gar nicht lieben – man denke mal wieder an jenen Copiloten. Viele Menschen misshandeln sich sogar selbst. Doch auch wenn man die Extremfälle ausschließt, gehen die Menschen, die sich lieben, mit sich selbst häufig auf Weisen um, die man gar nicht schätzen würde, möchte man keinesfalls so behandelt werden. Wen man liebt, und sei es wirklich sich selbst, bevormundet man gern, möchte ihn dazu bringen, so zu leben, wie man es selbst für richtig hält. Schließlich sorgt man sich um den geliebten Menschen. Liebe hat also nur dort einen Sinn, wo sie gewünscht, wenn nicht gar erwidert wird und wenn man keine eheähnlichen Besitz- und Bevormundungsansprüche stellt, selbst wenn das Handeln der anderen auf einen selbst Auswirkungen haben könnte.
Aber wir sollen ja den liebenden Jesus lieben. Von diesem möchte ich ja nun keinesfalls geliebt werden. Aber man kann sich seine Verehrer und Fans nicht aussuchen. Vielleicht fände der gut, was ich schreibe – auch wenn dann etwas schief gelaufen ist. Zudem ist es mir selbstredend nicht angenehm, von vielen Gläubigen geliebt zu werden; denn in der Regel heißt das, sie wollen mich missionieren, und zwar um meiner selbst willen, um meine Seele oder moderner meinen Körper vor meinem Zigarettenrauch zu schützen. Auf solche Liebe verzichtet man dankend, gerade weil vermutlich genau diese bei Moses gemeint ist, soll sich das Volk Israel gegenseitig liebend kontrollieren und sich auf den Weg der rechten Lebensweise bringen. Wie praktisch für die Öberen! Aber möchte der Nichtraucher von einem Raucher geliebt werden, wie letzterer sich selbst liebt? Das wäre doch eine interessante Überlegung!
Außerdem erweist sich die Liebe als wankelmütig. Mal liebt man die eine, mal liebt man die andere, manchmal alle beide. Mal liebt man sich. Mal

hasst man sich. Wie schon Machiavelli und Hobbes wissen, kann man sich auf die Liebe nicht verlassen, nicht mal auf die Selbstliebe, an die Rousseau noch glaubte. Aber der besagte Ratschlag jener an den Fürsten, er solle sich lieber auf die Furcht seiner Untertanen verlassen, die er selber hervorrufen kann, ist kein erfreulicher Vorschlag, um ihn auf die zwischenmenschlichen Beziehungen zu übertragen, wiewohl doch was dran wäre, wenn man probeweise formulierte: »Du sollst deinen Nächsten fürchten wie dich selbst; denn ich bin der Herr.« Der Satz gemahnte zur Vorsicht nicht nur vor dem anderen, sondern interessanterweise vor sich selbst. Nur dieser Herr stört mal wieder. Der Autor dieser Sätze ist sich wohl nicht Manns genug.
Außerdem sollte man seine Freunde doch mehr lieben als die Nachbarn, die man nicht kennt, womöglich Eingeborene, Gleiche, deren Vokabular eher langweilt, weil man es selbst beherrscht. Da wären zumindest Afrikaner allemal interessanter, könnte man von diesen doch vielleicht ein neues Vokabular lernen. Trotzdem auch bei solchen Nachbarn wäre die Liebe eher verdächtig, würde diese womöglich zumuten sich zu integrieren, weil man sie so liebt. Nein, die Liebe sollte man auf die Freunde konzentrieren und selbst bei der Geliebten nicht soweit ausufern lassen, dass man ihr vorzuschreiben versuchte, wie sie zu leben habe. Das geht einen nämlich nichts an, selbst wenn sie auf den Strich geht, wie mal einer meiner Freund seiner Freundin unterstellte – fälschlich, versteht sich, wäre das aber nicht das Problem. Das wäre ja wohl kein Makel der Menschlichkeit. Umgekehrt sollte man sich aber auch nichts vorschreiben lassen. Aber nach 2000 Jahren Christianisierung werden wir diese Liebe gegenüber dem Nächsten, dieses sich gegenseitig Diskriminieren und Bevormunden, nicht von heute auf morgen wieder los – gerade die Kommunisten haben das übernommen –, so dass man sich mit ihren Resten wird wohl einrichten müssen, was auch nicht so schlimm ist: Dann liebt man halt seinen Nächsten. Weil das aber nichts Besonderes mehr ist, halte ich mich doch lieber an Machiavelli: »Fürchte den Nächsten wie dich selbst, könntet ihr doch versuchen, euch selbst und gegenseitig vorzuschreiben, wie ihr zu leben habt!« Das wäre ja der Gipfel, ich schriebe mir selbst vor, wie ich zu leben habe. Damit verlasse ich die mosaischen Gebote.
Im antiken Griechenland nähert man sich auf anderen Wegen als mit Normen dem zu Tuenden. Man könnte beinahe mutmaßen, dass die einzige mit den mosaischen Geboten vergleichbare Norm auf sehr indirekte Weise von Sokrates formuliert und mit seinem Leben bezahlt wurde. Sie avanciert auch zum Grundprinzip der abendländischen Ethik. Sokrates wird in Athen angeklagt,

neue Götter eingeführt zu haben, mit denen er die Jugend verführe. Das Urteil, das die Volksversammlung spricht, lautet auf »schuldig« und verurteilt ihn zum Tod durch den Schierlingsbecher. Doch zwischen dem Urteil und seiner Vollstreckung liegen einige Wochen, so dass die Freunde des Sokrates Zeit genug haben, seine Befreiung und seine Flucht zu organisieren. Doch als *Kriton* Sokrates diese an sich erfreuliche Nachricht überbringt, lehnt Sokrates das Angebot ab. Tickt er nicht mehr richtig?

Sokrates lehnt indes die Flucht aus folgenden Gründen ab. Er hat die Vorteile genossen, die ihm die Stadt mit ihren Gesetzen geboten hat, Gesetze, gegen die man nicht verstoßen darf, wenn man nicht unrecht tun will. Gemäß der Gesetze ist er verurteilt worden. Dieses Urteil ist nun recht. Sich ihm durch die Flucht zu entziehen, wäre nicht nur unrecht, sondern würde auch undankbar gegenüber der Stadt Athen sein sowie Schimpf und Schande über seine Freunde wie seine Familie bringen.

Nun kann ihm Kriton allerdings entgegenhalten, dass das Urteil zwar gemäß der Gesetze erfolgte, als solches aber ungerecht sei, weil es das verdreht, was Sokrates durch sein Wirken beabsichtigte und auf den Weg brachte. Warum sollte sich Sokrates einem ungerechten Urteil beugen, wenn ihm die Möglichkeit der Flucht geboten wird. Sokrates sieht sich in der Tat vor einem Dilemma: Flieht er, verstößt er gegen die Gesetze und tut damit Unrecht. Flieht er nicht, so gehorcht er zwar den Gesetzen, tut kein Unrecht, doch er erleidet mit der Hinrichtung ein Unrecht.

Er entscheidet sich für den Gesetzesgehorsam, wenn er gegenüber *Kriton* einen fiktiven Dialog mit den Gesetzen skizziert: »Also, Sokrates, gehorche uns, deinen Erziehern, und achte weder die Kinder, noch das Leben, noch irgendetwas anderes höher als das Recht, damit, wenn du in die Unterwelt kommst, du dies alles zu deiner Verteidigung anführen kannst den dortigen Herrschern. Denn es zeigt sich ja weder hier für dich besser oder gerechter oder frömmer, dies wirklich auszuführen, oder für irgendeinen der Deinigen, noch auch wird es, wenn du dort ankommst, besser für dich sein. Sondern wenn du jetzt hingehst, so gehst du hin als einer, der Unrecht erlitten hat, nicht zwar von uns Gesetzen, sondern von den Menschen. Entfliehst du aber so schmählich, Unrecht und Böses mit gleichem vergeltend, deine eignen Versprechungen und Verträge mit uns verletzend und allen denen Übles zufügend, denen du es am wenigstens solltest, dir selbst nämlich, deinen Freunden, dem Vaterlande und uns: so werden nicht nur wir auf dich zürnen, solange du lebst, sondern auch unsere Brüder, die Gesetze der Unterwelt, werden dich nicht freundlich aufnehmen, wenn sie wissen, dass du auch

uns zugrunde zu richten versucht hast, so viel an dir war. Also, dass ja nicht Kriton mehr dich überrede, zu tun, was er sagt, als wir.«[32]
Also, was soll Sokrates tun: lieber Unrecht tun oder lieber Unrecht leiden? Sokrates entscheidet sich bekannter Weise für die zweite Option. So lässt sich aus dieser Entscheidung der moralische Imperativ ableiten: »Lieber Unrecht leiden, als Unrecht tun!« Ein Prinzip, das noch beim Kreuzestod des Jesus von Nazareth nachhallt. Nun kann man zwar Sokrates zugutehalten, dass er damit zunächst nur die Bedeutung des Gesetzesgehorsam in einer Zeit betont, als dieser sich erst langsam entwickelte. Ähnlich ersetzen die mosaischen Gesetze archaische Prinzipien wie jene des »Auge um Auge, Zahn um Zahn«, was seinerseits bereits ein Fortschritt gegenüber jenen Zuständen war, als der Starke einen Schwachen, der ihn aus Versehen getreten hatte, gleich erschlug.
Odysseus jedoch, der listenreiche, beendet nicht nur mit gemeinen Tricks den Trojanischen Krieg, indem er mit dem berühmten Pferd den religiösen Glauben der Trojaner hintergeht. Er trickst auch noch so manche unerfreulichen Zeitgenossen auf seiner Flucht aus. Niemals hätte er die sokratische Norm befolgt und sich geopfert, weil es ein Gesetz befiehlt. Gegenüber Polyphem hat er gelogen. Warum auch nicht? Hat da irgendjemand irgendwann jemals ein Problem damit? Vielmehr kehrt er nach Ithaka zurück und ordnet nach eigener Herrlichkeit den zerrütteten Staat neu, indem er die Freier vertreibt und die Hetären hängt, obwohl er sich selber auch nicht gerade monogam verhalten hatte. Aber der Gebrauch der Lüste mit anderen Partnern war höchstens für verheiratete Frauen ein Problem, schließlich herrschte das Patriarchat. Wahrscheinlich aber gebrauchte Penelope in den 20 Jahren ohne Odysseus ihre Lüste ganz einfach mit dem eigenen Geschlecht, worüber uns der Mythos nichts berichtet. Ansonsten wollen wir doch die Promiskuität heute ganz einfach auch den Frauen zugestehen.
Aber sollen wir heute noch diesem Prinzip »Lieber Unrecht leiden, als Unrecht tun« folgen? Prediger und Propagandisten, Propheten und politische Häuptlinge erwarten das von ihren Gefolgsleuten. Das ursprünglich christliche Märtyrermotiv, zu dem Sokrates den Weg ebnet und das Christus noch heroischer vorlebt – Platons *Phaidon* und das *Matthäus-Evangelium* als die schriftlichen Zeugnisse – kehrt heute in der Figur des Selbstmordattentäters fleißig wieder. Das Märtyrermotiv entstand, nachdem der römische Kaiser Septimius Severus 201 den Übertritt zu Judentum und Christentum verboten hatte. Dabei wäre hinzuzufügen, dass das antike Rom religiös äußerst tolerant war und praktisch alle Kulte gewähren ließ, sofern sie sich nicht gegenseitig attackierten, und

den Kaiser anerkannten. Das Christentum aber entfaltete von Anfang an einen intensiven missionarischen Ehrgeiz und wollte alle anderen Kulte verdrängen, eben allen anderen vorschreiben, wie sie zu leben hätten, um ihre Seele zu retten. Es verstieß mit seinem Anspruch auf Wahrheit sozusagen gegen die Verfassung und brauchte sich über das Verbot eigentlich nicht zu wundern. Aber es entdeckte mit dem Märtyrer eine nachhaltige Waffe, um sich durchzusetzen. Der christliche Märtyrer folgt der Passion Christi nach, ohne die seine Hinrichtung vermutlich nicht so beeindruckend nachhaltig auf seine Schüler gewirkt hätte. Damit legt der Märtyrer wie Jesus von Nazareth vor allem Zeugnis ab für sein Bekenntnis, für die Wahrheit seines Glaubens, mit der man die Seelen der Menschen retten wollte, wie heute die Gesundheitspolitiker behaupten, die Körper der Menschen retten zu wollen. Das beeindruckte die Zeitgenossen ein Jahrhundert lang offenbar so stark, dass das Christentum nicht nur 313 von Konstantin anerkannt wurde, sondern Kaiser Theodosius der Große es 391 zur alleinigen Staatsreligion erhob. Nicht nur wurden die anderen Kulte verboten, vielmehr erklärte man Häresie zum Staatsverbrechen: Das Ende des religiösen Pluralismus und stattdessen die Bevormundung der Zeitgenossen, aber natürlich um deren Seelenheil willen. Sie sollten sich freuen, wenn sie als Häretiker totgeschlagen werden. Das ist eigentlich gar nicht zum Lachen. Aber genau deswegen muss man darüber lachen.

Der Islam greift im 7. Jahrhundert das christliche Märtyrermotiv auf und überträgt es von Anfang an auf alle Kämpfer für den vermeintlich rechten Glauben. Das Christentum seinerseits übernimmt diese Erweiterung während der Kreuzzüge. Aus der Nachahmung Christi erwächst die Gestalt des Soldaten Christi.

Die andere Seite des Märtyrermotivs ist die Märtyrerverehrung, wie nicht nur die grausamen Bilder in vielen christlichen Kirchen bezeugen, sondern das christliche Grundsymbol selbst, das in bayerischen Klassenzimmern weite Verbreitung findet. In manchen Epochen schwoll diese Variante der Anbetung schier epidemisch an und erreicht heute im Islam einen medialen Höhepunkt, der zugleich die Produktion von Märtyrern beschleunigt und die Produzenten von Horrorfilmen der Wirklichkeit vergeblich hinterher hecheln. Der Dichter Mahmut Darwish schreibt über den libanesischen Bürgerkrieg in den 1980er Jahren: »Beirut war eine Posterfabrik, es war zweifellos die erste Stadt der Welt, die die Posterproduktion auf das Niveau einer Tageszeitung hob [...] Gesichter an den Wänden – Märtyrer, die frisch aus dem Leben, frisch aus der Druckerpresse kommen, ein Tod, der eine Reproduktion seiner selbst

ist. Ein Märtyrer ersetzt das Gesicht eines anderen, nimmt seinen Platz an der Mauer ein, bis er wieder durch einen anderen ersetzt oder vom Regen weggespült wird.«[33]
Ergo wäre nichts dämlicher, als heute noch dem sokratischen Prinzip »Lieber Unrecht leiden, als Unrecht tun« zu folgen, sich der Sache anderer Leute zu opfern! Wenn man nichts Besseres zu tun hat! Ja, wer grausam gegenüber sich selbst ist, mutet dergleichen auch gerne anderen zu. Manche wollen damit immerhin reich werden, z.B. die Nazis, die Kommunisten, Scientology, der Klerus im Iran, die Taliban. Das sind wenigstens noch handfeste ökonomische Argumente. Aber spekuliert man dann nicht lieber an der Börse? Doch manche haben nichts anderes als zu schießen gelernt und riskieren lieber den eigenen Kopf und Kragen, um reich zu werden. Trotzdem erscheint es ziemlich mühsam, mit diesem Prinzip Geld zu verdienen.
Und wenn man von der eigenen Wahrheit überzeugt ist, dann lohnt es sich eigentlich erst recht nicht für sie zu sterben. Solche Wahrheiten sollten sich von selber durchsetzen. Nur leider funktioniert die Welt so nicht, kann man Wahrheiten auch leicht unterdrücken. Trotzdem bietet die Philosophie noch zwei andere Vorbilder: 323 floh Aristoteles nach dem Tode Alexanders des Großen eilig aus Athen nach Euböa, um einem ähnlichen Schicksal wie Sokrates zu entgehen, waren die Makedonier in Athen nicht gerade beliebt. Aristoteles hatte es zudem durch seine guten Beziehungen zum Hof des Alexanders zu großem Reichtum gebracht. Da wäre es doch doppelt schade gewesen, den Kopf zu verlieren und nicht mehr weiter philosophieren zu können. Nur erlag er bereits ein Jahr später einem Magenleiden. Ein Verlust, aber sonst müssten wir heute noch mehr lesen.
Galilei schwor knapp 2000 Jahre später auch lieber ab, um den Kopf zu retten, nicht die Lehre, die er mit gerettetem Kopf wirklich noch eine Weile weiterentwickeln konnte. Damit gibt er den Ton im wissenschaftlichen Zeitalter an. Er glaubte wirklich noch an die eine Wahrheit, die sich naturwissenschaftlich und mathematisch durchsetzen würde. Das hat sich als naiv erwiesen. Auch wissenschaftliche Wahrheiten lassen sich unterdrücken. Um sie zu produzieren, braucht man teure Labors. Dann entwickelt sich das Wissen weiter und vieles was naturwissenschaftlich gestern noch als wahr galt, ist heute falsch oder belanglos geworden. So hat sich Galilei unglaublich häufig getäuscht. Er betrachtet durch das neu entwickelte Fernrohr den Saturn und sieht ein Oval, spricht von einem Doppelstern. Da hält ihm einer seiner Inquisitoren, der nie durch ein Fernrohr schaute, entgegen, dass der Saturn doch ein Wanderstern sei und man wisse doch, dass diese Kugelgestalt haben.

Das scheint eher zu stimmen, wiewohl der Einsicht die Begründung mangelt. Jedenfalls ist die Erde keine Kugel, sondern abgeflacht an den Polen und mit einem Haufen Pickel versehen. Und der Meeresspiegel schwappt auch ständig hin und her. Wo bleibt da die Kugel?

Für solche wissenschaftlichen Wahrheiten muss man sich in der Tat nicht opfern, nicht lieber Unrecht zu leiden, als Unrecht zu tun. Denn in gewisser Hinsicht kann man sich doch darauf verlassen, dass sich da vermutlich vieles durchsetzen wird. Das eigene Opfer würde den Prozess vielleicht etwas beschleunigen. Aber warum? Es darf auch langsamer gehen. Und wenn sich das eigene oder andere nicht durchsetzt, merkt es niemand. Metaphysischen Wahrheiten mangelt es gemeinhin an einer solchen Dynamik. Es besteht doch ein Unterschied zwischen dem Planeten Saturn und der jungfräulichen Empfängnis. Metaphysische Wahrheiten brauchen den Märtyrer, das wissenschaftliche Wissen nicht so sehr. Es ist ja auch nicht heilig, vielmehr verblasst es. Das ist doch der große Vorteil, naturwissenschaftlich kein Wissen mehr zu haben, für das es sich zu sterben lohnt.

Man muss auch heute seinem Staat oder seinen Eltern nicht mehr dankbar sein, dass sie einen sozialisiert haben. Das ist beider Pflicht. Seit der Rentenversicherung sind Staat und Eltern für die Kinder da, nicht mehr umgekehrt. Zudem besitzen Gesetze keine höheren Weihen, wie es sich Sokrates einbildete. Wenn sie nicht taugen, müssen sie geändert werden. Eine Reform jagt ja ständig die nächste. Gesetze dienen zudem diversen Privatinteressen. Wenn man zu den herrschenden Eliten zählt wie Sokrates, dann darf man sich für seine Interessen schon engagieren. Wenn nicht, ist es ziemlich ungeschickt, dafür Unrecht zu leiden.

Darf man Unrecht tun? Natürlich nicht. Nur angesichts der Gesetzesflut und der Reglementierungen, von Rauchverboten ganz zu schweigen, ist das so eindeutig auch wieder nicht. Man stelle sich vor, der Gebrauch der Lüste sei wie im Iran auf die Ehe beschränkt – was fromme Christen in den USA und im Vatikan auch gerne einführen würden – gegen solche Gesetze muss man verstoßen. Sollte man sich dem etwa unterwerfen, lieber Unrecht leiden, als Unrecht tun, liebe Kinder kriegen als abzutreiben? Auf den nichtehelichen Gebrauch der Lüste im Jenseits – die 27 noch nicht Entjungferten – oder in der Hölle würde ich mich dabei nicht unbedingt verlassen. Ergo könnte man eine Alternative zum sokratischen Imperativ folgendermaßen formulieren: »Vermeide geschickt Unrecht zu leiden und verstoße gezielt gegen Gesetze und Sitten, die diskriminieren und dadurch die Emanzipation des Individuums behindern!«

Damit komme ich zu den christlichen Geboten. Den Weg des Sokrates geht Jesus von Nazareth konsequent weiter. Sowenig wie bei Sokrates steht im Zentrum seines Denkens die Ethik. Trotzdem werden beide letztlich dadurch berühmt. So mündet Jesus' Denken über göttliche und natürliche Gesetze in eine Ethik, die heute zum Kernbestand des Christentums gehört. Dabei setzt er die Gottesliebe als treibende Kraft dieser Ethik voraus, so dass seine Ethik in der Tat in eine göttliche Welt eingebunden ist, aus der sie sich jedoch säkular zunehmend befreit hat. Die Gottesliebe erfasst auch die Menschen. So radikalisiert Jesus das Gebot des Moses »Du sollst deinen Nächsten lieben wie dich selbst!« (3. Moses 19.18.2) mit der berühmten Aufforderung: »Liebet eure Feinde; segnet, die euch fluchen; tut wohl denen, die euch hassen [...]« (Mat. 5.44)
Das ist der pure Machiavellismus. Man kann seinen Feinden fast nichts Schlimmeres antun, als sie zu lieben. Man wird ihren Hass erst richtig entfachen, und das auch noch sehr elegant. Die Feinde stehen als die Aggressoren da, gegen die man sich dann zu Recht wehren darf. Aber man will die Feinde nicht besiegen, sondern bekehren, um ihnen damit gar noch etwas Gutes zu tun: Hinterhältiger geht es wohl nicht. Wenn es Jesus von Nazareth anders gemeint haben sollte, dann war der sogenannte Gottessohn naiv – aber sollen wir nicht alle Gottes Kinder sein? Die Geschichte des Christentums wird daran keinen Zweifel lassen. Überhaupt hat sich die christliche Liebe zumindest als äußerst ambivalent erwiesen, behauptet sie doch von sich selbst, beinahe die höchste Tugend zu verkörpern. Die erotische Liebe weiß wenigstens um ihre eigene Fragwürdigkeit und Beschränktheit. Deshalb verdient sie als einzige diesen Namen. Ansonsten heißt Liebe Bekehrung und das ist alles andere als lieb. Ergo muss man den Imperativ umformulieren: »Liebe nur erotisch!« Das ist der Abschied vom Christentum, der weder Marx noch Nietzsche gelang. Ergo:

21. LIEBER MIT SARTRE IRREN, ALS MIT JESUS RECHT BEHALTEN!

Nichtsdestotrotz ebnet Jesus wesentlichen ethischen Prinzipien den Weg: Den Frieden erhebt er zum höchsten Gebot, wenn er mit der anderen berühmten Formulierung empfiehlt: »So dir jemand einen Streich gibt auf deinen rechten Backen, dem biete den andern auch dar.« (Mat. 5.39) Schon am Anfang der Bergpredigt erklärt er die Friedfertigen zu Gottes Kindern (Mat. 5.9). Die Sanftmütigen gar »werden das Erdreich besitzen« (Mat. 5.5)

Der Friede avanciert damit zu einem wesentlichen Teil des Gottesreiches und zum Ziel der Ethik. Da will ich gar nicht so sehr daran herummäkeln. Es ist allseits bekannt, dass sich dieses Gebot bei Pazifisten durchgesetzt hat. Es desavouiert die Krieger, raubt ihnen ihr Heldentum. Die kriegslüsternen Staaten, die noch Kant beklagt, werden als unmenschlich angezeigt. Vor allem taugt dieses Gebot in Friedenszeiten, wo es wirklich wichtig ist.
In den ja an sich seltenen Kriegszeiten ist es ziemlich unpraktikabel. Sollte man dem Nazi-Kanzler auch noch die andere Backe hinhalten? Gegen den Islamischen Staat helfen nur alliierte Bomber. Inwieweit es sinnvoll erscheint, selber Gewalt einzusetzen, das sollte in der Tat gut bedacht werden. Manche Leute bedienen sich der Gewalt nicht nur gegen ihre Feinde, sondern auch gegen ihre Freunde bzw. lenkt man klassisch von innenpolitischen Konflikten dadurch ab, dass man einen außenpolitischen Konflikt vom Zaum bricht. Gewalt verselbständigt sich leicht und sie verroht die Beteiligten, wie alle kriegerischen Auseinandersetzungen demonstrieren, besonders die langjährigen – man denke an Ernst Jünger. Dann könnte man aus dem jesuanischen Imperativ zur Gewaltlosigkeit höchstens folgern: »Vermeide Gewalt anzuwenden!«
Das lässt vieles offen, auch eine Anwendung von Gewalt. Es handelt sich um einen kategorischen Imperativ, bei dem die Verbalkonstruktion indes diverse Optionen anbietet. Eindeutige kategorische Imperative, wie sie Kant vorschweben, machen gerade ob des Anspruchs auf Verallgemeinerbarkeit keinen Sinn. Sie brauchen Hintertüren, Lügen und List wie Odysseus oder der lebensfrohe mittelalterliche Katholizismus allerdings ohne institutionelle Kontrolle.
Zweifellos ebnet Jesus von Nazareth den Weg in eine universelle Ethik; denn die Gottesliebe erfasst jeden, verlangt aber auch von jedem, sich ihr hinzugeben. Wer die Reden von Jesus nicht befolgt, den erklärt er für töricht. (Mat. 7.26) Alternativen zu seinen Ratschlägen gedenkt er offenbar nicht zuzulassen. So kann man angeblich nicht zwei Herren dienen, was vermutlich eher an den Herren – also an Jesus – als an den Dienern liegt. Wer hat heute nicht mehrere Jobs, glaubt nicht an mehrere Götter, die Christen sowieso an drei?
Zudem argumentiert Jesus schlicht manichäisch: »Eure Rede aber sei: Ja, ja; nein, nein. Was darüber ist, das ist vom übel.« (Mat. 5.37) Muss man das noch kommentieren? Blinde Gefolgschaftstreue! Sie führt zu den Benediktinern mit ihrer Orientierung am Gehorsam, also in die Untertanenethik und in die Inquisition.

Schwarzweißmalerei fördert jedenfalls nicht gerade den Frieden, wie man zwischenzeitlich weiß. Folglich werden differenzierte Antworten benötigt, nicht einsilbige. Dann könnte ein alternativer Imperativ nur lauten: »Bemühe dich um differenzierte Antworten!«
Der folgende kategorische Imperativ lässt auch keine Alternativen zu: »Trachtet am ersten nach dem Reich Gottes und nach seiner Gerechtigkeit, so wird euch solches alles zufallen.« (Mat. 6.33) Es geht Jesus nicht primär darum, dass man sich moralisch orientieren soll, sondern dass man sich primär Gott zuwendet. Just das führte historisch betrachtet gerade nicht in ein sittliches Leben. Das Christentum war ursprünglich nicht primär eine Ethik, sondern eine Ontologie. Heute hängt die christliche Ethik ontologisch genauso in der Luft wie die rationale. Denn ohne Gott gibt es keinen notwendigen Übergang von deskriptiven zu normativen Sätzen, wobei Gott hier auch nur für Willkür steht.
Just derart gibt Jesus offenbar eine finale Antwort auf Kants Grundfrage: »Was soll ich tun?« Doch diese Antwort befriedigt heute kaum noch die Gläubigen, höchstens die Frommen. Kant wird dergleichen säkularisieren und die Menschen auffordern, moralisch zu sein, den Erfolg solcher Gesinnung aber Gott oder dem Zufall anheimzustellen.
Auch damit geben sich viele seit dem 20. Jahrhundert nicht mehr zufrieden. Moralisch sein, misst sich nicht mehr daran, das Gute bloß zu wollen, sondern daran was man tut bzw. was man bewirkt. So muss auch dieser Imperativ umgedreht werden: »Achte beim Handeln stärker auf dessen Wirkungen als auf dessen moralische Orientierungen, kann es von letzteren auch zu viel geben!«
Dann gibt es noch einen sehr seltsamen Imperativ: »Ärgert dich deine rechte Hand, so haue sie ab und wirf sie von dir. Es ist dir besser, dass eins deiner Glieder verderbe, und nicht der ganze Leib in die Hölle geworfen werde.« (Mat. 5.29) Was will uns der Dichter denn damit sagen? Wie sang doch Wolf Biermann 1976 auf dem Kölner Konzert, das zu seiner Ausbürgerung aus der DDR führte:

»Es war einmal ein Mann,
der trat mit seinem Fuß,
in einen Scheißhaufen.
Und Wasser war nicht da,
zu waschen seinen Fuß,
für seinen schmutzigen Fuß

war auch kein Wasser da.
Da nahm der Mann ein Beil
und hackt sich ab den Fuß,
den Fuß hackte er ab,
in Eile mit dem Beil.«
Die Schlusszeile dieses Kinderliedes lautet:
»Es hackt sich die Partei
gar ab so manchen Fuß,
so manchen guten Fuß
hackt ab sich die Partei.
Doch im Unterschied zu jenem Mann
wächst der Partei auch mal
der Fuß auch wieder an.
.. Aber wann?«

Das soll dann das Kind zur Frage motivieren: Wer oder was ist die Partei? Natürlich die eine einzige, die kommunistische! Diese Partei ist bei Jesus offenbar in die Schule gegangen.
Aber Jesus hat das natürlich ganz anders gemeint. Denn dieser Imperativ folgt unmittelbar auf folgende Feststellung: »Wer ein Weib ansieht, ihrer zu begehren, der hat schon mit ihr die Ehe gebrochen in seinem Herzen.« (Mat. 5.28) Denkt er folglich beim zuvor zitierten Imperativ an die sexuelle Erregung, gar an Onanie? Die von Jesus propagierte Liebe, die Agape, die Nächstenliebe, hat jedenfalls nichts mit dem Gebrauch der Lüste zu tun, soll er ja selbst auch kein Kind desselben gewesen sein. Das ist wahrscheinlich das Problem – ein schweres Zeugungstrauma, Mutter-Sohn-Inzest-Phantasien – Kastrationskomplex: Das alles führt zur Aufforderung zur Selbstverstümmelung die Hand oder das Geschlechtsorgan betreffend.
Denn für Jesus kann man auf den Eros keine Gesellschaft bauen. Diese Auffassung teilt Jesus mit vielen vor und nach ihm, wird denn Leo Strauss 1952 konstatieren: »Es ist für Aristoteles wie für Moses offensichtlich, dass Mord, Diebstahl, Ehebruch etc. unbedingt schlecht sind. Griechische Philosophie und die Bibel stimmen insoweit überein, dass der richtige Rahmen der Moral die patriarchalische Familie ist, die monogam ist oder dazu tendiert und die die Zelle der Gesellschaft formt, in der die freien erwachsenen Männer, und besonders die alten, vorherrschen. Was immer die Bibel und die Philosophie uns über die Vornehmheit gewisser Frauen erzählen mag, im Prinzip beruht beides auf der Dominanz des männlichen Geschlechts.«[34]

Das gilt nach Strauss natürlich auch für Jesus, insistiert er darauf, dass sich die Vorstellungen vom Guten als dem seiner Natur gemäßen Leben seit Abraham und Platon nicht verändert haben, lobt er hierbei explizit 1953 die katholische Sozialwissenschaft, die als einzige in den USA noch daran festhalte. Leider übersieht Strauss dabei geflissentlich die Unterschiede. Wie man in die Welt hineinruft… Doch Emanzipationsbewegungen der Individuen welcher Art auch immer erscheinen Strauss töricht, da jeder noch so törichte Mensch dann beansprucht, selber zu bestimmen, was für ihn gut ist, und wie er leben will – man denke nur an die törichten de Beauvoir und Sartre. Anstatt auf Abraham, Sokrates und Jesus zu hören und sich zu verstümmeln, wie letzterer fordert. Es soll Leute gegeben haben, die Jesus nachfolgten, die also im Sinne von Strauss klug waren.

Nun, nicht nur heute sind viele Leute lieber töricht. Daraus folgt dann der zum Hand- oder Schwanzabhacken alternative Imperativ, der auch viel intellektueller klingt, was man von jenem blutigen nicht sagen kann: »Lieber mit Sartre irren, als mit Jesus recht behalten!«

Denn wer die Schönheit der Nachbarin nicht bewundert und sich keinen Sex mit ihr wünscht, der ist auch für seine Gattin zu langweilig. Doch es gibt noch Hoffnung für die Gattin, eine Hoffnung, die sie aber nicht bei Jesus findet: Ihr Gatte lügt und zwar gleich doppelt, dass er nämlich nicht nur davon träumte! Natürlich muss er dann lügen. Er darf auch nicht seine Angebetete verraten. Das muss man der Gattin alles wünschen. Man kann es kaum für möglich halten: Hoffnung, eine religiöse Tugend, existiert auch im »heißen« Diesseits. Aber eigentlich dürfte man darüber gar nicht reden, wirft doch Leo Strauss Machiavelli vor, er verrate Dinge, die geheimes Wissen der Regierenden bleiben müssen – ich würde sagen, allein der Liebenden.

Doch es gibt auch einen Imperativ des Nazareners, den man beruhigt als Antwort auf Kants Frage »Was soll ich tun?« lesen darf, da ihn auch die Bohèmiens befolgen können und an dem ich daher auch nichts auszusetzen habe: »Sorget nicht für euer Leben, was ihr essen und trinken werdet, auch nicht für euren Leib, was ihr anziehen werdet. Ist nicht das Leben mehr denn die Speise? Und der Leib mehr denn die Kleidung?« (Mat. 6.25) Jetzt muss man nur noch Leben nicht mit Ethos, sondern mit Eros gleichsetzen.

22. Sollte der Staat den Frieden einhalten, dann ...

Die antike griechisch römische Philosophie entwickelt kaum weitreichende, gar allgemeine bzw. kategorische Imperative, da es ihr um das Handeln geht, das viel zu sehr von seinen jeweiligen Bedingungen abhängt, als dass man dafür allgemeingültige Normen aufstellen könnte. Kant geht es ja auch nur um die Gesinnung, ist das Handeln durch Gesetze längst vorgeschrieben. In der christlichen Philosophie des Mittelalters gehören ethische Fragen weitgehend in die Theologie. Doch seit dem offenbar berechtigten Widerstand gegen die Nazis – was sich heute auf die Taliban und den IS erweitern lässt – gibt es wieder Handlungsspielräume, in denen der einzelne die Verantwortung trägt.

Eine autonome ethische Debatte beginnt zunächst mit der Emanzipation der Philosophie von der Theologie in der frühen Neuzeit. Thomas Hobbes geprägt von der Erfahrung der religiös motivierten Bürgerkriege des 17. Jahrhunderts charakterisiert den Menschen als Wolf gegenüber seinen Mitmenschen. Daher lautet sein erstes von Natur und Vernunft gleichermaßen gegebenes Gesetz: »Suche Frieden und halte ihn ein.«[35] Hobbes meint das auch gar nicht im übertragenen Sinn. Vielmehr geht es darum, Krieg und Gewalt zu vermeiden. Für alle jene, die im 19. und 20. Jahrhundert auf Krieg und Bürgerkrieg als Motor des Fortschritts hofften, klingt das feige und bequem. Es ist auch sicher unbequemer, im kolumbianischen Dschungel einen dreißigjährigen Krieg zu führen und dabei ständig von den Moskitos geplagt zu werden. Aber angesichts von dessen Aussichtslosigkeit sowie der atomaren und terroristischen Bedrohungen klingt der Hobbesische Imperativ heute sehr vernünftig. Allerdings geht es Hobbes nicht um den äußeren Krieg zwischen Staaten, sondern um den inneren Frieden. Dazu verlangt er eine weitgehende Unterwerfung des Bürgers unter den Staat. Ihm schwebt in etwa das Modell vor, das die Volksrepublik China in den letzten Jahrzehnten entwickelt: Ökonomisch dürfen sich die Bürger um privaten Reichtum bemühen, politisch bleiben sie unmündig. Der Staat duldet keinen Widerspruch, bestimmt vielmehr sogar noch den offiziellen religiösen Glauben und darf die Steuern bis zu jener Schmerzgrenze erhöhen, die die Existenzsicherung des Bürgers gefährden würde. Hobbes sagt also ziemlich genau, was der Bürger anerkennen muss und welche Freiräume ihm noch bleiben. Insofern müsste dieser Imperativ eigentlich lauten: »Unterwerfe dich dem Staat in allen politischen Belangen!«

Doch mit solcher Untertänigkeit lässt sich kein Staat machen. Entweder regiert eine Elite so autoritär, dass den Bürgern nur die totale Unterwerfung bleibt –

man denke an die Nazis, den Stalinismus, Franco, Afghanistan unter den Taliban und heute noch Nordkorea – dann aber handelt es sich im Grunde um keine Politik, keinen Staat, an dem die Bürger beteiligt wären, sondern nur um ein gewalttätiges Management, an dessen Spitze Ganoven sitzen, die sich für Aristokraten halten. Man denke an Napoleon, Disreali, Wilhelm II., George Bush jun., Putin. Im anderen Fall stößt eine diktatorisch regierende Elite auf ständigen Widerstand der Bevölkerung, verhält sich zumindest ein Teil der Bürger gerade nicht so, wie es Hobbes empfiehlt. Das führt dann in Demokratien dazu, dass sich Bürger vom Staat längst nicht alles gefallen lassen, dass der Staat auch viele Dinge nicht mehr vorgeben darf, dass er Widerspruch genauso erntet wie Desinteresse. Letzteres fürchten Politiker besonders. Sie könnten nicht mehr im Rampenlicht stehen. Womöglich würden viele Leute nicht wissen, welche Partei gerade regiert oder wie die Bundskanzlerin heißt – für beide besonders schrecklich. Aber niemand muss sich für Politik interessieren, solange diese Politik bleibt und nicht zur Gewalt verkommt. Ergo erweitere man Hobbes Grundprinzip durchaus in seinem Sinn: »Suche Frieden und halte ihn ein, wenn der Staat ihn auch einhält!« Denn nach Sartre ist der Mensch ja noch vor dem Henker frei. Imperative dürfen geradezu keinen bloß einzigen Sinn entwickeln, sondern viele Optionen eröffnen, wenn sie sich nicht auf die Gesinnung beschränken wollen.

Um die Friedfertigkeit zu erzeugen schließt Hobbes an ein altes Prinzip an, das in vielen Religionen bekannt ist und empfohlen wird, nämlich die Goldene Regel, die Hobbes folgendermaßen formuliert: »Füge einem anderen nicht zu, was du nicht willst, dass man dir zufüge.« (ebd., 120) Die Regel ist nett. Wenn sich alle an sie hielten, wäre es durchaus erfreulich, was man nicht von vielen Regeln behaupten kann, jedenfalls nicht von den Geboten des Moses. Aber die goldene Regel lässt gehörigen Auslegungsspielraum zu, was ja ein Vorteil ist, von normativen Ethikern in der Moderne aber als Nachteil empfunden wird. Denn solche Ethiker konkurrieren gemeinhin mit der Theologie und deren vermeintlich absoluter Begründung von ethischen Normen durch Gott. Die Goldene Regel wird zwar von Hobbes kategorisch formuliert, gilt aber nicht bedingungslos, sondern setzt als Bedingung die eigenen Wünsche voraus.

Diese können in der Tat sehr differieren. Das beginnt schon im Kleinen, inwieweit sich jemand helfen lässt. Wer ständig die Hilfe anderer beansprucht, kann beinahe sicher sein, dass andere dergleichen umgekehrt nicht beanspruchen werden. Umso lauter kann er sich auf die Goldene Regel berufen: Was er verlangt, würde er jederzeit anderen auch gewähren. Wer aus einer fleißigen

Familie mit lauter pickelgesichtigen Strebern stammt, wird von anderen dieselbe Strebsamkeit verlangen – wie hieß doch gleich jener Banker, der besser bei seiner Zunft geblieben wäre, als sich über Deutsche mit Migrationshintergrund zu äußern. Aber Banken (liebe Leserin, bitte denken sie das Wort englisch) scheint ja auch keine besonders hohe Kunst zu sein und gemeinhin das Denken nicht zu fördern, sondern eher zu behindern.

Auch solche Banker können sich auf die Goldene Regel berufen. Umgekehrt wird der Sozialhilfeempfänger seinen Sozialhilfesatz sicherlich auch den Ober-Bankern zugestehen, was doch wirklich ungerecht wäre und zeigt um wie viel großzügiger ein Sozialhilfeempfänger als ein Ober-Banker ist. Wenn ich mir nicht gerne helfen lasse, gönne ich anderen auch keine Hilfe. Dann kommt noch das Problem des Sadomasochisten, der andere mit derselben Begeisterung foltert, wie er sich von ihnen quälen lässt. Wenn man kein Sadomasochist ist, sollte man so einem einfach nicht begegnen.

Oder der eine erwartet die Hilfe vom Arzt und befolgt begeistert dessen Ratschläge bis hin zur Operation, wenn er nur keinen Sport betreiben muss. Manche vertrauen gar nur dem Messer des Chirurgen. Andere könnte man damit jagen, würden diese allemal lieber schwimmen gehen oder Yoga machen. Letzteres bejubeln auch die Gesundheitsmanager. Nur holen sie die möchtegern mündigen Patienten genauso begeistert unters Messer, wenn diese sich dummerweise auf die Vorsorgeuntersuchung einließen. Ansonsten verhalten sie sich ja fahrlässig bzw. verantwortungslos, bürden sie wie die Raucher der Solidargemeinschaft zusätzliche Kosten auf. Nun kann zwar die Solidargemeinschaft mich zum Zwangsmitglied machen. Meine Zustimmung kann sie nicht erzwingen. Ich fühle mich mit ihr daher gar nicht solidarisch, rauche vielmehr und gehe zu keinem Arzt.

Die Goldene Regel funktioniert nur unter Menschen mit ähnlichen Charaktereigenschaften und etwa gleich großem Glück im Leben. Wenn diese zusammen kommen, warum nicht. Ansonsten müsste man den Imperativ umformulieren: »Mute anderen keinesfalls zu, was du dir selbst zumutest!«

Wer liebt sich schon? Eine bayerische Versicherung möchte sich um meine Gesundheit kümmern, als wäre es die ihre. Das sollte Anlass zum Gruseln geben. Nachdenken ist dann nicht mehr nötig. Ob jemand gerne oder ungern zittert, der sollte andere daran nicht teilhaben lassen, eben anderen nicht das zumuten, was er sich selbst zumutet.

Von mir aus darf jeder zum Arzt gehen und ich würde nicht mal versuchen, ihn vom Rauchen zu überzeugen, geschweige denn ihn zum Rauchen zu zwingen. Umgekehrt werden die Raucher diskriminiert. Diskriminierte zählen dann nicht mehr zur Solidargemeinschaft. Man kann sie daher willkürlich verfolgen. Aber das sollte den Rauchern ihrerseits so gleichgültig sein wie das Gesundheitswesen insgesamt. Das erklärt man dann wiederum für unvernünftig auf Grund einer Sucht, so dass man Raucher bald zwangseinweisen darf.

23. Des Stehlens rechtes Maß

Kant hat der Goldenen Regel seinen Kategorischen Imperativ entgegengestellt: »Handle so, dass die Maxime deines Willens jederzeit zugleich als Prinzip einer allgemeinen Gesetzgebung gelten könne.«[36] Während die Goldene Regel nur unter bestimmten Bedingungen zutrifft, gilt Kants Imperativ kategorisch, d.h. bedingungslos, immer und überall: »Handle so, ...« Und zwar soll man Prinzipien folgen, die eben verallgemeinerbar sind. Das ist das einzige, was zählt. Es geht nicht um Inhalte. Man stiehlt im Laden nicht, weil man Angst vor Strafe hat, oder weil man die Aktionäre der Metro nicht schädigen möchte, die großen Fonds beispielsweise, sondern weil es ein allgemeines Gesetz ist, nicht zu stehlen. Das heißt, man stiehlt nicht, weil es sich so gehört.

Wenn ich im Bus nicht schwarzfahre, weil ich dann ständig Angst habe, erwischt zu werden und mir das zu unbequem ist, dann bin ich nicht moralisch. Kant hat auch insoweit Recht, dass wir Mutter Teresa als eine Heilige betrachten, weil sie den Armen geholfen hat, weil sie den Armen helfen wollte, nicht weil sie aufgrund ihrer Kindheit gar nicht anders konnte, oder gar mit ihrem Tun berühmt werden wollte. Soweit so gut. Man darf halt nicht so genau hinschauen. Sonst zerbröselt die Moralität. Denn letztlich kann man nicht wissen, warum Mutter Teresa den Armen geholfen hat. Man kann Motive nicht einsehen, sondern immer nur interpretieren.

Als Kriterium, ob eine Maxime moralisch ist oder nicht, muss man sich überlegen, ob ein Prinzip verallgemeinerbar ist, d.h. ob eine Gesellschaft mit einem bestimmten Gebot funktioniert oder nicht. Man kann sich eine Gesellschaft vorstellen, in der man nicht stehlen darf, nicht aber eine in der man stehlen darf. Nur leider funktionieren alle Gesellschaften nur, weil in ihnen ständig gestohlen wird. Häufig können die Armen nicht anders überleben. Das spiegelt sich noch im juristischen Begriff des Mundraubs. Und erst die Reichen. Sie können nicht reich werden, ohne dass sie die Arbeit anderer ausbeuten. Marx hat das nicht mal als Diebstahl bezeichnet, aber der Anarchist Pierre-Joseph Proudhon. Im Angesicht von Niedriglohnsektoren und Leiharbeit, wenn eine bekannte Drogeriekette ihre sowieso schon schlecht bezahlte Stammbelegschaft kündigt, die Filiale schließt und um die Ecke eine neue mit noch billigeren Leiharbeitern aufmacht, da könnte man beinahe meinen, Proudhon hat recht, Marx war Machiavellist und Kants Kategorischer Imperativ ist eine Illusion. Der Kapitalismus hat jedenfalls den Sozialismus besiegt: »The winner takes it all« oder schreiben mit Walter Benjamin die Sieger die Geschichte. So erkannten die chinesischen Genossen rechtzeitig, dass sie solcherart Diebstahl zulassen müssen, wenn sie überleben wollen. Diebstahl erweist sich als effizienter als Ehrlichkeit – natürlich kann es auch ein Zuviel des Stehlens geben, wie es zu viel des Guten gibt. Mach braucht das rechte Maß des Stehlens. Das Kriterium der Verallgemeinerbarkeit ist allemal weder ein notwendiger noch ein hinreichender Maßstab für Moralität. Natürlich sollten nicht alle stehlen, sondern nur einige. Deswegen bleibt Diebstahl auch im Kapitalismus verboten, was nicht heißt, dass man will, dass es nicht existiert. Es soll nur auf eine verborgene Weise geschehen. Nur darüber zu klagen, ist Jammern auf höchstem Niveau. Es sollten auch nur einige (womit logisch einer bis alle gemeint sein können) moralisch handeln. Sonst wird es zu viel wie bei Saint-Just.

Es geht Kant auch nur um das Wollen, nicht um die Resultate des Handelns. Das Handeln muss allemal im Rahmen der Gesetze stattfinden. Wer gegen sie verstößt, bekommt es mit der Polizei zu tun, nicht mit der Philosophie, die dazu nach Kant ja gar nichts zu sagen hat. Also kann es nur um die Motivation gehen, um das, was jemand wollte. Wenn einer den anderen umbringt, kommt es vor Gericht darauf an, warum er das tat. Er kann es aus Versehen getan haben. Dann war es ein Unfall oder Fahrlässigkeit. Er kann den in flagranti ertappten Nebenbuhler wütend niedergeschlagen haben. Dann war es Totschlag oder eben im Affekt. Oder er hat lange überlegt, wann und wo er ihn so umbringen kann, dass der Verdacht nicht auf ihn fällt. Während der Handlung selbst darf man dieses Motiv wie Max Scheler kommentieren: »Die Gesinnungsethik in der von uns bekämpften Form sagt z.B.: Fällt jemand ins Wasser, und schaut ein Gelähmter diesem Vorgange zu, so ist, sofern er nur den *Willen* hat, den Ertrinkenden zu retten, der hierin gegebene sittliche Tatbestand *genau derselbe* wie im Falle, dass ein Nichtgelähmter dasselbe will und ihn wirklich herauszieht.«[37]

Und Max Weber hält Kant entgegen: »›Verantwortlich‹ fühlt sich der Gesinnungsethiker nur dafür, dass die Flamme der reinen Gesinnung, die Flamme z.B. des Protestes gegen die Ungerechtigkeit der sozialen Ordnung, nicht erlischt. Sie stets neu anzufachen, ist der Zweck seiner, vom möglichen Erfolg her beurteilt, ganz irrationalen Taten, die nur exemplarischen Wert haben können und sollen.«[38]

Nein, die Gesinnung hat ziemlich ausgedient. Der Raubmörder hat wenigstens ein materielles Motiv. Aber die Gesinnungstäter vom 11. September, von der Baader-Meinhof-Bande, der Massenmörder von Oslo gelten letztlich als Verbohrte: Sie taten, was sie taten doch glatt um höherer Ideale willen. Oder wollten sie nur nicht arbeiten gehen, was für den Norweger nicht mal gilt? Trotzdem bleibt das ein grundsolides Motiv jedes Märtyrertums. Wobei die Islamisten sich zumeist mit dem, was sie tun, nicht zufrieden geben, hegen sie doch einen Hintergedanken. Sie wollen ja damit in den Himmel zu den Jungfrauen kommen und jener Copilot wenigstens schnell und schmerzlos sterben, selbst wenn er 149 mit sich sterben lässt. Der Himmel mit den Jungrauen kann sich zumindest der Rationalität des Begehrens rückversichern. Wer daran feste glaubt, der verfolgt damit einen geilen Zweck. Dass sie dabei wie die RAF auch was gegen die bösen Amis tun wollen, bleibt zwar folgenlos, erntet allerdings Applaus im antiamerikanischen Lager. Aber welcher Politiker betreibt keine Symbolpolitik?

Selbst das Kriterium der Verallgemeinerbarkeit ist problematisch. Wenn man einem vorhält, der wie ich notorisch bei Rot über die Ampel geht: Wenn das alle täten? Dann kann man dem antworten: Es tun nicht alle. Und wohin kommen wir, wenn alle dasselbe tun: In den Massentourismus. Wenn alle bei Rot über die Ampel gingen, wäre das nicht so schlimm. Vor dreißig Jahren hielten in Rom nicht mal Autos vor der roten Ampel. Führte das womöglich zu Berlusconi? Die moderne Gesellschaft ist sehr einfallsreich, große Massen zu bewegen: Alle kaufen dann plötzlich dasselbe Mobiltelefon. Und wenn alle ihre Imperative kategorisch formulieren würden, was wäre das für eine schrecklich langweilige moralisierte Gesellschaft ohne Gauner und Ganoven, vor allem ohne Kommissare: der Kommunismus, der unterging. Hegel stellt ja fest, dass eine autonome sittliche Handlung unter der Bedingung des geltenden Rechts nicht mehr möglich ist, und daher auf der Bühne immer in die Vergangenheit verlegt werden muss. Wie wäre es, wenn Kriminalfilme ebenfalls nur noch in der Vergangenheit spielen könnten, weil es in der zeitgenössischen Gesellschaft keine Verbrechen mehr gibt? Davon träumten fundamentalistische Protestanten im 19. Jahrhundert. Spätestens in der Proibition scheiterten sie kläglich. Es durfte wieder gesoffen werden. Man entscheidet selber woran man stirbt, überlässt das nicht dem Missionar, bzw. dem Gesundheitswesen oder dem Raucherverfolger.

Der Kategorische Imperativ hat zwar seine Verdienste. Aber er sagt bestimmt nicht, was man tun soll. Er sagt nicht mal, wie man seine Maxime bilden soll, sondern nur wie man sie eventuell gebildet hat – das allerdings sehr treffend. Damit muss man den Kategorischen Imperativ folgendermaßen umformulieren, will man ihn überhaupt anwenden, was aber sein eigentlicher Sinn ist: »Misstraue Deinem eigenen Motiv!«
Kant hat indes einen Imperativ formuliert, der durchaus sagt, was man tun und nicht nur was man wollen soll: »Habe Mut dich deines eigenen Verstandes zu bedienen!«[39] Das klingt gut. Aber Vorsicht. Das Modell für den Verstand ist die Physik. Das ist zweifellos ein gutes Modell für die Naturwissenschaften. Die moderne Welt verdankt sich zu weiten Teilen dieses naturwissenschaftlich technischen Verstandes.
Doch vieles wurde dabei auch ausgeblendet, vieles wurde dadurch zum Schweigen gebracht, vor allem der einzelne Mensch, das Individuum, dem die einen zwar seit den Revolutionen des 18. Jahrhunderts Menschenrechte attestierten, die anderen aber zum Menschenmaterial degradierten. Nicht nur dass es an die Maschinen angeschlossen und in militärische Hierarchien eingepasst wurde. Es verschwand auch völlig hinter den naturwissenschaftlichen, medizinischen, juristischen oder bürokratischen Begriffen, bis es gar zum Objekt der Sozialfürsorge wurde. Die moderne Vernunft physikalisch und mathematisch inspiriert egalisiert das Individuum, reicht aber nicht bis zu dessen Besonderheit hin. Daher wäre es gefährlich für das Individuum seinen Verstand mit der Logik der Moderne gleichzusetzen. Das Individuum kann seine eigene Lebensform nicht allein auf diese Prinzipien stützen. Dann geht es auf in einer abstrakten, generalisierten, gleichgeschalteten Welt und dient allein diesem wissenschaftlichen Fortschritt. Zumindest darf es dann nicht darüber klagen, dass es zur Vorsorgeuntersuchung gehen und sich gegen die Schweinegrippe impfen lassen soll. Eher noch, dass man ihm ständig die Geschwindigkeit seines Autos vorschreibt, wenn es doch am liebsten mit Tempo 250 Km/h entlang rauscht. Welchen Sinn hätte sonst der Fortschritt?
Jedes Individuum muss daher seinen eigenen Verstand, seine eigene persönliche Vernunft entwickeln, zu der selbstverständlich auch die Logik und im weiteren Umfeld auch die Erkenntnisse der Physik gehören: es will ja Tempo 250 fahren. Aber beide besitzen dabei höchstens eine dienende Rolle, keine dominante. Beim Autofahren weiß man das nicht so genau.
Für Kant garantiert der Verstand die Gemeinsamkeit zwischen den Menschen, ist er immer der gleiche und allen Menschen gegeben, produziert er damit die allgemein gültigen Erkenntnisse und als kategorischer Imperativ die all-

gemein anzuerkennenden Normen: also die Prostataoperation und Tempo 250. Das Individuum kann dagegen seinen eigenen Verstand nicht ohne seine Bildung, seine Gefühlswelt, seinen Geschmack, seine Wünsche, seine Lüste und sein Begehren entwickeln und entfaltet dabei seine Eigenheiten, seine Persönlichkeit. Derart verallgemeinert der Verstand nicht, sondern individualisiert und differenziert die Menschen. Daher kann ein solcher Imperativ höchstens folgendermaßen lauten: »Riskiere, dir deinen eigenen Verstand zusammenzubasteln!«

Dann lässt man sich auch nicht von der allgegenwärtigen Krisenangst anstecken, da man dann nicht mehr dieselben Maßstäbe an die Welt anlegt wie Politik und Medien. Es ist doch sehr bemerkenswert, wie Journalisten und Politiker sich in der Struktur ihrer Meinungen aneinander angleichen.

24. Wann ist die Frau eine Frau?

Den letzten Imperativ der traditionellen Philosophie formuliert Marx in Abgrenzung zur religiösen Ethik, die den Menschen als Diener Gottes primär auf ein Jenseits ausrichtet. Marx geht es um das Diesseits: »Die Kritik der Religion endet mit der Lehre, dass der *Mensch das höchste Wesen für den Menschen* sei, also mit *dem kategorischen Imperativ, alle Verhältnisse umzuwerfen*, in denen der Mensch ein erniedrigtes, ein geknechtetes, ein verlassenes, ein verächtliches Wesen ist [...]«[40] Das ist selbstverständlich nicht der letzte Imperativ sein, den Philosophen formuliert haben. Doch er deutet eine Wende von der Gesinnungsethik Kants zur Ethik der Verantwortung für die Folgen des ethischen Handelns an. Nicht was sie wünschen, steht seit Marx und Nietzsche mehr im Vordergrund, sondern das was sie bewirken, gerade wenn sie sich an ethischen Normen orientieren. Marx folgt damit noch der Trennung von Moral und Politik, wie sie Machiavelli einführte, um damit die Politik von der Orientierung an der Moral zu befreien. Um die Unterdrückung des Menschen durch den Menschen aufzuheben, darf man jederzeit zu Unterdrückungsmaßnahmen greifen. Es geht nicht mehr um moralische Maxime. Doch die Politik, die auf Gewalt hofft, ist zwischen den Totalitarismen und Kriegen des 20. Jahrhunderts gescheitert, genauso wie die Hoffnung auf einen schnellen Fortschritt. Damit hat sich Marx' kategorischer Imperativ auf der politischen und sozialen Ebene als gefährliche Illusion erwiesen. Das lässt sich nicht einfach ändern, schon gar nicht mit Gewalt bzw. durch die Revolution. Man kann die Zeit doch nicht be-

schleunigen und nicht überall und zu jeder Zeit landen, wo man gerade möchte.
Wenn man diesen Imperativ aber auf die moralische Ebene überträgt, die den einzelnen betrifft, dann deutet sich nicht nur die Orientierung an den Folgen als Novität in der Ethik an, sondern zugleich auch eine Rückbindung an ethische Orientierungen und Werte. Denn wenn man als einzelner die Verhältnisse nicht einfach umstoßen kann – in der Meute geht das auch nicht, doch bildet sie sich das immer wieder ein, wenn die Leute begeistert auf die Straße rennen und demonstrieren – dann bleibt gar nichts anderes, als am eigenen Leben zu basteln und sich dabei darum zu bemühen, dass auch die Verhältnisse für andere lebenswerter werden. Damit übt man auch eine Form von Solidarität aus, aber eine selbstgestaltete, die weder angeboren ist, noch sich qua Vernunft selbstredend ergibt. Natürlich führt das nicht nur zu atomisierten, isolierten oder einsamen Wegen – was nicht das schlechteste wäre, für viele aber noch immer kaum zu ertragen ist, so dass Marxisten und Katholiken gemeinsam darüber jammern und klagen. Die Individuen dürfen sich auch durchaus zusammenschließen, um gemeinsam am eigenen Leben wie an lebenswerteren Verhältnisse zu basteln.[41]
Kierkegaard war einer der ersten, der die Ethik zur Selbstkonstitution des eigenen Lebens benutzte. Nietzsche fordert dann vor allem neue Werte, die Sartre, de Beauvoir, Hannah Arendt und Emmanuel Lévinas nicht nur andeuten, sondern vor allem auch in die Tat umsetzen. Michel Foucault wird die Ethik gar als Lebenskunst entwerfen. Die nachhaltigste Umwertung der Werte, die sich durchsetzt, sich realisiert, findet dabei durch die Emanzipation der Frauen statt, eine Umwertung, die von den meisten vertuscht wird, höchstens von den Gegnern gebrandmarkt oder von einem kleinen Publikum wie mir beklatscht, während die Revolutionärinnen was ganz anderes wollten. Denn es haben sich dabei nicht, wie von manchen feministischen Vordenkerinnen gehofft, neue gemeinschaftsorientierte Werte durchgesetzt, die sich dem Wesen der Frau verdanken. Vielmehr müssen sich emanzipierende Frauen in aller Welt ihre Lebenswege vor allem ökonomisch alleine suchen, wird weder die Frau noch die Natur in ihrem tiefsten Wesen dadurch befreit und zwar schlicht weil weder Natur noch Frau ein tieferes Wesen besitzen.
Den Marxschen kategorischen Imperativ vollendet jedenfalls ein Imperativ Nietzsche, indem er ihn umsetzt und umwertet. *Also sprach Zarathustra:* »Geht *eure* Wege! Und lasst Volk und Völker die ihren gehen! – dunkle Wege wahrlich, auf denen auch nicht Eine Hoffnung mehr wetterleuchtet!«[42] Man kann den alten ethischen Normen folgen. Man wird es bereuen. Man kann

den neuen Normen folgen. Man wird es auch bereuen. Also verspreche man sich ethisch keine neue Welt, wie sehr man an ihr auch herummodelt. Was bleibt da eigentlich anderes als Gelächter über diese Dummheit, gerade weil man sich ihr so gerne überlässt, um am Ende doch zu bereuen. Kierkegaard fragt sich an dieser Stelle, was sich der Gott wohl bei uns gedacht und was er mit uns vorhat. Gehen wir dem Gott nicht zur Hand. Wir werden es bereuen. Gehen wir ihm zur Hand. Wir werden es genauso bereuen. Verhalten wir uns folglich lieber neutral dazu! Schweigen wir einfach. Statt zu bereuen, lachen wir, wenn wir am Morgen nach durchsoffener und verqualmter Nacht in den Spiegel schauen und darin leider keinen andern finden, dem wir vorhalten könnten: Das soll *dein* Weg und das soll *dein* Verstand sein?

Dritte Frage: Was darf ich hoffen? Oder: Wo wohnst du?

25. ZU DIR ODER ZU MIR?

... lautet eine bekannte Frage in gemeinhin hoffnungsfroher Situation. Dabei fragt sich natürlich als erstes, inwieweit die Beantwortung dieser Frage an der dort folgenden Identifikation etwas ändert. In der Tat jedoch erweist sich der Ort als interessant; denn wer besucht, kann die Identifikation der anderen durch deren Räumlichkeiten ergänzen.

Und wenn man nicht mehr wie Pascal auf die Unsterblichkeit der Seele wettet, worauf hofft man dann im Zeitalter des seriellen Gebrauchs der Lüste? Den kannte Pascal nicht, herrschte im 17. Jahrhundert noch eine religiöse Fassung von Lüsten als Sünde vor. Deren weniger sündhafter Gebrauch hatte obendrein einen rein brutorientierten Sinn. Wenn man also an Gott glaubt, dann gewinnt man das ewige Leben und verliert nichts. Wenn man an ihn nicht glaubt, dann gewinnt man nicht etwa einen seriellen Gebrauch der Lüste, muss sich vielmehr genauso verhalten wie die Gläubigen, verliert aber das ewige Leben. Heute gewinnt man besagten Lüstegebrauch, muss sich an keiner christlichen oder muslimischen Sexualethik orientieren, die einem vorschreibt, wie man zu leben hat. Davon hat man was in diesem Leben, während man im anderen Fall auf ein keineswegs gewisses ewiges spekuliert, von dem noch nicht mal der fromme Pascal sicher sagen konnte, ob es dergleichen gibt. Dabei trug er, um dieses zu erlangen, sogar einen Nagelgürtel um den Leib, damit er sich niemals in seiner Haut wohlfühlt. Ein mühsam zu erreichendes Ziel. Das hat man davon, wenn man an die Sünde glaubt. Somit verwandelt sich der jenseitige Sinn der Frage »Was darf ich hoffen?« in einen diesseitigen. Dann stellt man hoffnungsfroh die Frage »Wo wohnst Du?«, hofft man schließlich auf eine kurz bevorstehende erotische Identifikation im Rahmen des seriellen Gebrauchs der Lüste. Was anderes darf man denn hoffen? Jene, denen das verwehrt ist, haben sicherlich andere Hoffnungen. Gemeinsame Hoffnungen gibt es jedenfalls nicht. Wozu auch?

»Zu Dir oder zu mir?« hat immer schon eine merkwürdige Doppelbedeutung, nämlich erstens »Gehen wir in deine Wohnung oder in meine Wohnung?« und zweitens, dass die Wohnung zur Person gehört, ja dass Wohnung und Person miteinander identifiziert werden: »Zu Dir oder zu mir?« Gelangt man zu ihr und muss bemerken: »Bei Dir ist es aber kalt.« könnte das die Identifikation umso schneller darauf konzentrieren, was Marquis de Sade darunter versteht, nämlich das zu tun, weshalb man die Frage »Zu Dir oder zu mir?« stellte: Der Gebrauch der Lüste und die damit einhergehende Erregung lassen für Sade die andere erkennen. In ihrem Roman *Die Mandarins*

von Paris legt Simone de Beauvoir eine ähnliche Auffassung Nadine, der jungen aufmüpfigen Tochter von Anne in den Mund, die Henri verführt, den guten Freund von Annes Mann – Albert Camus lässt grüßen, just ob ihres vehementen Dementis im dritten Band der Memoiren, während sich in Anne autobiographische Züge der Autorin finden. Am Ende erwartet Nadine sogar von Henri ein Kind und die beiden werden ein Paar: Zu Nadine »[...] sagte [Henri] vergnügt: ›Warum eigentlich warst du so darauf erpicht, mit mir zu schlafen?‹ ›Um dich kennen zu lernen.‹ ›Lernst du die Leute immer auf solche Weise kennen?‹ ›Wenn man mit einem schläft, bricht man das Eis. Man versteht sich doch dann besser als vorher, oder nicht?‹«[43]
»Zu Dir oder zu mir?« Wenn diese Frage also zu schnell zu einer derart etwas übertrieben intimen Identifikation der anderen führt, dann erhöht sich das Risiko des *One-night-stand*, was manche als Chance begreifen. Und bleibt es bei letzterem nicht, könnten sich die Produkte solch ursprünglich eiligen Identifizierens später mit der Frage konfrontiert sehen, die Hans Magnus Enzensberger 1960 in seinem Gedicht »Landessprache« formuliert:

»was habe ich hier verloren,
in diesem Land,
dahin mich gebracht haben meine älteren
durch Arglosigkeit?«[44]

26. »IDENTIFIKATION EINER FRAU« (ANTONIONI)

Die Antwort auf die Frage »Wo wohnst du?« beantwortet nicht unbedingt die andere Frage »Wo bist du zuhause?« Zunächst ordnet sie den anderen einfach einem Ort zu und identifiziert ihn damit. Man erhält dadurch auch eine allgemeine bürokratische Identität, die sich doch schnell in den Betroffenen hineinschreibt – Banken sollen ja die Bonität ihrer Kunden auch nach deren Wohnviertel einschätzen.
Man muss sich zwar nicht unbedingt durch seine Wohnung oder durch deren Anschrift selbst bestimmen und kluge mögen mich davon unabhängig einschätzen. Vielleicht ist die andere dort, wo sie wohnt, gar nicht zuhause. Trotzdem identifizieren sich viele Menschen mit ihren Wohnungen und deren Orten – man denke an die Führungen, die man sich angedeihen lassen muss, wenn jemand umgezogen ist. Mit der Wohnung und dem Wohnort repräsentiert man sich nicht nur gegenüber seiner Bank.

So skizziert Adalbert Stifter seine Personen nur durch ihre Wohnungen, deren Einrichtungen, Häuser, Gehöfte, Gärten und den Umgang mit denselben. Wie die Personen aussehen, erfährt man nicht. Am Anfang seines Hauptwerkes *Der Nachsommer* (1857) beschreibt der Protagonist Heinrich Drendorf seinen Vater unter anderem mit den Worten: »Der Vater hatte darum die grünen Seidenvorhänge, weil er es nicht leiden konnte, dass die Aufschriften der Bücher, die gewöhnlich mit goldenen Buchstaben auf dem Rücken derselben standen, hinter dem Glase von allen Leuten gelesen werden konnten, gleichsam als wolle er mit den Büchern prahlen, die er habe.«[45]
In meinen Bücherregalen bewundern die Besucher regelmäßig meine vollständigen Marx-Engels-Werke, die noch aus DDR-Zeiten stammen, als meine Verwandten Schallplatten aus dem Westen wollten und sie ein Zahlungsmittel brauchten, was mir außerdem eine vollständige Goethe- und eine Heine-Ausgabe einbrachte. Damit möchte ich mich indes nicht entschuldigen. Es hätte auch noch andere Klassiker gegeben. Es hätte nicht Marx sein müssen. Außerdem habe ich mir erst Marx, dann Heine und dann – weil mir nichts Besseres einfiel – Goethe liefern lassen. Selbstverständlich war ich mal Marxist.
Umgekehrt kann ich über die andere durch ihre Wohnung und ihren Wohnort einiges lernen. Meine Wohnung sagt mir zwar auch etwas über mich. Dabei kann ich mich jedoch gehörig über mich täuschen. Die andere sieht das zweifellos objektiver, wenn sie sich nach der Frage »Zu Dir oder zu mir?« nicht gerade in mich verliebt hat und mich weder als Vater ihrer zukünftigen Kinder ins Auge fasst, noch endlich einen gefunden zu haben glaubt. In solchen Fällen fällt ihr Urteil gemeinhin rosarot aus. Im anderen Fall sieht sie eher, was ich selbst gar nicht bemerke. Zweifellos repräsentiere ich mich durch meine Wohnung gegenüber anderen. Aber was ich damit sage, entzieht sich nicht nur unterschwellig meinem Einfluss. Natürlich bin ich nicht meine Wohnung. Genauso bin ich ein anderer und als anderer meiner Wohnung, die nicht ich ist, gar nicht so fern.
Daher fehlt den Wohnungslosen denn auch eine für viele wesentliche Bestimmung ihrer Identität und ihrer Existenz. Ortlos ist man im Grunde kein anderer. Um wirklich Mensch zu sein, braucht man einen Wohnsitz. Auch Nomaden haben keinen besonders guten Ruf, gelten sie doch zumeist als unterentwickelt. Die großen Migrationsbewegungen ändern daran genauso wenig, wie die heute ständig eingeforderte Flexibilität und Bereitschaft, den Wohnort aus ökonomischen Gründen zu wechseln. Man soll Nomade und sesshaft zugleich sein. Das sollte man sich allemal nicht zu Herzen nehmen

und darüber in Depressionen verfallen. Oder man orientiert sich an Bertolt Brechts »Ballade von den Abenteurern«:

»Von Sonne krank und ganz von Regen zerfressen
Geraubtem Lorbeer im zerrauften Haar
Hat er seine ganze Jugend, nur nicht ihre Träume vergessen
Lange das Dach, nie den Himmel der drüber war.«[46]

Eine feste Heimat zu haben, kann auch sehr beengen, während ein wenig Nomadentum daraus befreit. Allerdings muss man eine solche Freiheit nutzen. Dazu braucht man manchmal eine Menge Chupze wie Sartre und de Beauvoir, sich dem Wohnungszwang zu entziehen, und in Hotels zu wohnen, was im Paris der dreißiger Jahre nicht so unüblich war unter Leuten, die sich keine Wohnung leisten konnten. Doch die *enfants terribles* der Philosophie des 20. Jahrhunderts lehnten lange die Wohnung als bürgerliche Attitüde, als Fremdbestimmung, als Identifikation von außen ab. Derart wollten sie sich nicht identifizieren lassen. Trotzdem lebten sie begeistert in der Öffentlichkeit, jedenfalls provokativ. Als Sartre mit einer seiner Gespielinnen zur Sache kommen wollte und sie die Gardinen schloss, meinte er, dass sie eigentlich die Fenster weit öffnen sollten, um alle bei der Identifikation zuschauen zu lassen. Und man darf wohl bemerken, dass trotz geschlossener Vorhänge das Beziehungsmodell von de Beauvoir und Sartre weite Verbreitung fand, vor allem aber ihren Teil zum Niedergang der Institution Ehe beitrug. Seither darf man in einem viel stärkeren Maße auch öffentlich seine Lebensform anders ausrichten, muss man nicht mehr Leutnant der Reserve sein, sowenig wie man eine eigene Familie braucht. Das Besondere daran ist vor allem, dass dergleichen auch für Frauen gilt, die in der französischen Bourgeoisie um 1900 herum drei Optionen hatten: Hausfrau, Nonne, alte Jungfer im Haus des Bruders. Worte wie »Fräulein«, Junggeselle, uneheliches Kind sind aus dem geläufigen Sprachschatz verschwunden.
Einerseits folgte Sartre weitgehend der franziskanischen Armutsregel, was den Güterbesitz anging. Andererseits muss er sich von einer Francesca Rigotti in einem Buch *Philosophie in der Küche* vorhalten lassen, er hätte ein gestörtes Verhältnis zum Essen, da er immer im Restaurant aß und nicht selber kochte. Gehört zum Wohnen, dass ich selber koche oder zumindest in patriarchalischer Manier eine Frau unterhalte, die mir diese Arbeit abnimmt? Also eine sorgfältig und umsichtig selbst zubereitete Ernährung als Ausdruck des guten Charakters? Also im wahrsten Sinne des Wortes Hausmannskost, gar mit schrecklich viel

Liebe von der Gattin zubereitet, um die Gesundheit zu erhalten, allemal hausbacken, was man dann zumeist der Unterhaltenen zuschreibt. Je älter die Leute werden, umso weniger geht heute indes die Liebe durch den Magen als vielmehr durch das Reformhaus.
Gehört zur Identifikation nicht nur der mich von allen Seiten umgebende Raum, den ich zu gestalten habe, sondern damit verbunden eine überlegte Ernährung, die das Restaurant nicht zu leisten in der Lage ist? Höchstens darf man noch ins Bio-Restaurant gehen. Wenn sich jemand achtlos einrichtet, dann vermerkt man das in den meisten Kreisen genauso negativ, als wenn er sich von Fastfood, Fertiggerichten und Cola ernährt, nur dass sich letzteres eher verbergen lässt. Frischwurst aus dem Kühlregal des Discounters zu kaufen, vor allem zu sich zu nehmen, ist schlicht unmoralisch. Ich meinerseits kann daher von Glück reden, dass man im Restaurant nicht mehr rauchen darf. Jetzt muss ich um der Zigarette willen selber kochen. Zum französischen Essen gehört doch einfach die Zigarette zwischen den Gängen, zu der man weder vor die Türe noch in einen Nebenraum geht, sondern am Tisch sitzen bleibt. Außerdem muss man nicht so viel essen, wenn man lieber raucht.

27. LIEBER DAHEIM FREMD BLEIBEN

Die Identität, die Person, das Ich oder das Selbst ist nach Heidegger nicht ein schlichtes selber dasselbe sein oder wie es Warhol hypermodern formuliert: It's a tin, it's a tin, it's a tin, it's a tin, it's a tin, it's a tin. Oder wie einst schon Jahwe sich geäußert haben soll: »Ich bin, der ich bin.« Die Identität ist keine Einheit und keine Tautologie – also keine Konservendose, bin ich nicht, der ich bin, der ich bin, der ich bin …
Stattdessen ist jeder *mit* sich selbst dasselbe, wie es Platon in den *Sophistes* den Fremden sagen lässt. Man ist, sofern man eine Identität beansprucht – was man ja auch normalerweise tut, sonst hört niemand zu – nicht schlicht derselbe, sondern man entwickelt eine Identität durch eine Vermittlung mit einem Außen oder Innen, allemal mit einem anderen. Der Herr braucht für seine Identität den Knecht, das Bewusstsein das ihm andere, wie es Hegel in der *Phänomenologie des Geistes* schreibt.
Oder wie es Sartre im Anschluss an Husserl formuliert: Bewusstsein ist immer Bewusstsein von etwas, bildet sich meine Identität nicht ohne den Blick, d.h. das Urteil der anderen, was im Sinne Jacques Lacans durchaus auch der Spiegel sein kann. Doch Ich-je, also der Blickende, blickt immer auf einen

anderen, Ich-moi, den Erblickten, ich sehe mich – den Ich-moi – im Spiegel, aber umgeben von den Dingen meiner Wohnung, von Kleidern umhüllt, frisiert und gestylt, als der andere, der ich-je nicht bin, aber als kein anderer, der sich noch dahinter befände, außer dem leeren Blick des Ich-je. Jedenfalls bin ich nicht ich, sondern einer, der in seiner Wohnung wohnt, der andere, den ich mir anschaue, den ich herrichte und der dann wiederum von den anderen beurteilt wird. Ich bin nicht ich, sondern ich bin meine Umgebung, meine Kleidung, meine Frisur, meine Bücher, meine Wohnung, die Dinge, die mir gehören, etwas anonym mein Bankkonto, das sich wiederum über die Wohnung anzeigt, oder auch nicht. »Wo wohnst Du?« sagt mehr über das »Wer bist Du?« aus, als man zunächst annimmt, just weil es immer mich als einen anderen beschreibt oder einen anderen auf den ich selbst dann noch hoffen darf, wenn ich es bin.

Wo man wohnt, das hält trotzdem nicht, was es identifizierend verspricht, wahrscheinlich nicht mal im Sinn von Marquis de Sade. Die Wohnung kann täuschen oder von der Gattin oder der Mutter eingerichtet worden sein – oder möbliert gemietet. Was wird aus der Verehrten, wenn andere bei ihr mit herumpfuschen? Wie beginnt doch Ernst Bloch seine *Tübinger Einleitung in die Philosophie*: »Ich bin. Aber ich habe mich nicht. Darum werden wir erst.«[47] Dann steht man nicht nur mit der Frage »Zu Dir oder zu mir?« vor einem Problem. Dann würde die Wohnung nicht unbedingt zur Identifizierung taugen, selbst wenn der Gatte gerade auf Geschäftsreise weilt. Außerdem drängt sich derart die Frage auf, ob man aus seinem Ich wirklich ein Wir machen soll? Bin ich da nicht lieber ich,… bin ich ich, bin ich ich, bin ich ich bzw. ein anderer, ein anderer, ein anderer… selbst wenn es stotternd anmutet und ich nie ich bin, sondern dazu immer ein Bewusstsein von etwas anderem brauche, von einem Außen, einer Umwelt, einer Gegend, einer Wohnung.

»Wo wohnst Du?« Ich wohnte mal in der Nähe des Münchner Viktualienmarktes, war sicher nicht nur dort nahe des Marienplatzes zuhause, sondern zunächst mal im Gärtnerplatzviertel, wo viele Schwule und Lesben wohnen. Freunde von mir, die auch in diesem Viertel wohnen, finden das gar nicht lustig. So identifiziert man sich entweder abgrenzend, eingrenzend oder pluralistisch mit seiner Umgebung, bzw. wird von den anderen dementsprechend taxiert: Könnte der auch zu den Schwulen gehören? Wäre das ein Problem? In der Tat immer noch für ziemlich viele.

Die Wohnung besitzt nun mal eine Umgebung, wo man sich gelegentlich aufhalten kann, beispielsweise, die Plätze und Parks in der Nachbarschaft, die Cafés, Bars, Restaurants, die Sportstätten, Läden, Ämter. Ein Arbeitsplatz gehört nicht unbedingt dazu. Der Anschluss an den Ort pluralisiert und identifiziert gleichermaßen, unabhängig wie häufig man sich mit der Frage »Zu Dir oder zu mir?« konfrontiert sieht, und daran anschließend: »Wo wohnst Du?«

Sartre und Beauvoir schrieben lange Jahre im Café, was heute nur noch im Sommer und falls es nicht regnet, funktionieren würde, genauer in wärmeren Gegenden, daher auch nicht in München, da man ja in den Cafés nicht mehr rauchen darf. So muss man sich als urbaner Intellektueller allemal von einer solchen Lebensweise verabschieden – womit ich natürlich keinesfalls den rauschhaften Rauch (und den damit gelegentlich verbundenen Kreislaufschwindel samt Hustenanfall am Morgen), sondern das Schreiben im Café meine –, ohne die Bohème als solche aufzulassen, zu der man regelmäßig nur dann gehört, solange man noch nicht der ist, für den andere einen halten müssen. Genauer Sartre ist nur Bohémiens, solange er noch nicht Sartre, also berühmt ist. Dummerweise bin ich noch Bohémiens. Cioran hat dagegen es als einer der wenigen geschafft, trotz eines gewissen Ruhmes arm zu bleiben. Wen wundert's, schreibt er in seinem Buch *Gevierteilt* 1979 den hübschen Satz: »Sobald man auf die Straße geht, ist *Ausrottung* das erste Wort, das einem beim Anblick der Leute einfällt.« (zit. bei Mattheus, a.a.O. 14) Ähnliche Aussagen durchziehen sein ganzes Werk. Ja, will man denn ständig etwas von der Schlechtigkeit der Welt hören, oder dass die Mitmenschen unerträglich sind. Primär konnte sich Cioran wohl selbst nicht ertragen. Da muss man einen nicht gleich zum Psychiater schicken, darf er vielmehr auch Schriftsteller werden und Bohémiens, aber lieber nicht Copilot. Man kann sich seine Mitmenschen bzw. Nichtraucher ja nicht aussuchen. Cioran, der sich ständig das Leben nehmen wollte, endete die letzten zwei Jahre im Pflegheim. Hätte er besser aufgepasst! Aber zu seinem Trost kann man sagen: auch solche zwei Jahre gehen zu Ende. Das haben andere auch nicht überstanden. Das wird man selbst auch nicht überstehen. Also, wo ist das Problem? Man darf das Leiden nur nicht zu ernst nehmen. Seit man im Restaurant nicht mehr rauchen darf, kann man auch aufs Land ziehen. Und prompt wohne ich in Bernau am Chiemsee: Das Sein bestimmt das Bewusstsein – aber selbstredend bin ich kein Naturliebhaber.

Im Gegensatz zur gutbürgerlichen Existenz, die womöglich noch auf die eigenen vier Wände stolz ist, ist die Bohème weniger verortet, hängt diese mehr am Viertel als an der Wohnung oder der Gegend. Als Bohémien kann man keinesfalls wie Heidegger in einer Hütte im Schwarzwald oder wie

Wittgenstein in einer Hütte an einem norwegischen Fjord wohnen. Die Bohème ist nicht besonders naturverbunden. Schiller interessierte sich nur für seine nächste Fiesco-Inszenierung, nicht für die Schönheit der Alpen, als er diese gerade durchquerte. Sartre schrieb in den dreißiger Jahren an Castor, dass Le Havre nur von drei Seiten vom Grün bedroht wird. Ergo muss man sich als Intellektueller nicht für das Klima interessieren, es sei denn man will sich moralisch oder karitativ engagieren, eine beliebte Beschäftigung früherer Links-Intellektueller.

Doch apropos Castor – Liebesgeflüster mit de Beauvoir. An sie schrieb Sartre die naivsten Liebesbriefe, die einem Drendorf gut zu Gesicht gestanden hätten. Doch das darf man ihm nachsehen, war das doch in jener Zeit, als er entweder nicht dort war, wo er wohnte oder als er dort wohnte, wo er bestimmt nicht zuhause war, nämlich als Soldat, entfremdet von sich selbst, entweder dem Vaterland dienend als rumgeschubster Untertan, oder im Kampf gegen den Faschismus, wo etwas Heroismus mitschwingt, auf den man auch gut und gerne verzichten könnte, was Camus auch nicht gerne hörte.[48] Wozu braucht man eigentlich Helden? Andererseits war es in der DDR, wo es höchstens Helden der Arbeit gab, doch so langweilig, dass der Sozialismus den kalten Krieg verlor. Hat dann das chinesische Sprichwort nicht recht: Will man einem etwas Schlechtes wünschen, so wünsche man ihm, in einer interessanten Zeit zu leben.

Gehören zum Ort, wo man wohnt und wo man sich zuhause fühlt, auch die Beziehungen, Verhältnisse und Freunde? Hier wird das Zuhause denn doch reichlich diffus. Die Freundin kann erstens auf einem anderen Kontinent wohnen und zweitens muss es mir dort, wo sie wohnt nicht gefallen, muss ich mich dort nicht zuhause fühlen, wiewohl ich gerne bei ihr bin. Die heutige Verkehrsinfrastruktur erlaubt es nun mal, Freunde gerade dort zu haben, wo man weder wohnt noch sich zuhause fühlt. Trotzdem verstärken Freunde, Beziehungen und Verhältnisse zweifellos das sich Zuhausefühlen, wenn sie dort wohnen oder wenn man sie dort trifft, wo man wohnt.

In *Gegenwart und Unsterblichkeit* schreibt Gabriel Marcel 1959: »mein Leib ist nicht etwas, das ich habe, *ich bin mein Leib*.«[49] Doch wenn ich mich mit mir nicht so einfach identifizieren kann, dann bleibt gar nichts anderes, als auch meinen Körper als einen anderen aufzufassen, den ich jedoch nicht nur betrachte, sondern den ich fühle, was nicht mit den fünf Sinnen allein geschieht. Denn ich weiß auch um ihn, dass ich mein Körper bin. Wo man sich zuhause fühlt, begegnet man diesem Gefühl, das man zugleich ist und das einen anderen repräsentiert, weil ich dieses Gefühl bemerke. Es verlängert mich – darunter auch meinen Körper – in ein anderes hinein, schließt mich an weiteres an – an die Umgebung, die Kneipen, die Freunde – und gibt mir zugleich ein Feedback, eine Rückkopplung: Ich-je fühle mich zuhause und bemerke mich zugleich als einen Fühlenden: Ich weiß, dass ich hier zuhause bin. Ich lebe gerne hier.

Was darf ich hoffen? Wenn mir die andere derart über ihr Leben berichtet, dann lerne ich nicht nur, wo sie wohnt, sondern viel über sie selbst. Man kann ja immer nur über sich selbst erzählen, indem man über etwas anderes erzählt.

Das Gefühl als Gefühl verdankt sich also einem Bewusstsein, ein bestimmtes Gefühl zu haben: »Ich habe das Gefühl, dass ...« Die US-amerikanische Philosophin Martha Nussbaum weist jenen Gegensatz von Vernunft und Gefühl zurück, den die Philosophie gerne unterstellt, beispielsweise bei Kant, und die dabei regelmäßig die Vernunft gegenüber dem Gefühl bevorzugt. Vielmehr bergen nach Nussbaum Gefühle eine Vielfalt von Gedanken: Wenn man über den Tod einer geliebten Person trauert, ist das nicht ein einfacher Schmerz im Magen. Gerade Trauer enthält das Andenken an den Verstorbenen, indem es dessen Bedeutung für den Trauernden markiert.

Wenn ich mich an einem Ort zuhause fühle – gleichgültig ob ich dort wohne oder nicht – dann ist das gerade auch kein dumpfes Gefühl, sondern beinhaltet unendlich viele Erinnerungen und Gedanken. Daraus wird dann allerdings umso weniger eine Einheit zwischen mir und dem Ort. An einem Ort zu wohnen und sich dort zuhause zu fühlen, ergibt sich aus einer Vielzahl von Beziehungen und Bezügen, die mir dieses Gefühl geben, das ich nicht nur spüre, sondern um das ich weiß.

Aber ich bin mir auch seines schwankenden Charakters bewusst. Es kann mal stärker und schwächer werden. Denn dabei entsteht auch ein Moment der Flüchtigkeit, des Schwankens, des Oszillierens. Sich nachhaltig zuhause zu fühlen, sich gar verwurzelt zu fühlen, das gelingt sicherlich eher auf dem Land als in der Stadt, die sich selber ständig im Umbruch befindet. Denn die Beziehungen, die einen in der Stadt verwurzeln, lösen sich leichter auf oder verändern ihren Charakter, so dass sie mich schneller fremdeln lassen. Aber will man etwa wissen, wohin man gehört? Will man sich final zuhause fühlen? Das wäre doch der Friedhof und da wollen Leute normalerweise nur in anderen Umständen hin, so jener Nazi-Boss, der für den Holocaust verantwortlich war, als man ihn auf der Flucht erkannte. Da fremdelt man doch lieber ein wenig, mit dem Boden »wohin mich gebracht haben meine Älteren durch Arglosigkeit?«, vor allem aber mit dem Blut, das man ja austauschen lassen kann und das man so wenig liebt wie das Fleisch, höchstens doch die Haut, durch die Identifikation geschieht.

28. DAS AUTO SEIN

Daher kann man sich auch in einer anderen Welt zuhause fühlen. Es gibt Sesshafte, die ihren Heimatort, manchmal sogar das Haus der Vorfahren ihr Leben lang nicht verlassen. Andere ziehen durch die Gegenden, die meisten von ihnen mehr oder weniger gezwungenermaßen. »Zu Dir oder zu mir?« Das fragt man häufig in der Nachbarschaft einer noch komplizierteren Frage, nämlich: »Wo stehe ich?« Nicht gerade wenige Menschen identifizieren sich mit ihrem Auto. Wahrscheinlich ist ihnen gar nicht klar, dass sie damit glücklicherweise nicht derselbe sind, sondern dass das Auto ein ziemlich anderer ist. Das würde sie vermutlich sogar beunruhigen. Denn sie möchten mit ihrem Auto eins sein. Sie stehen wirklich dort, wo ihr Auto steht und nicht dort, wo sie selbst stehen. Denn sie lieben ihr Auto hyperchristlich, nämlich mehr als sich selbst. Wenn es eine Beule im Kotflügel hat, schmerzt das mehr als eine Verletzung des eigenen Knies.

Man soll auch nicht annehmen, ich spräche hier aus einer vergangenen Zeit, als Horst Tappert zu Fritz Wepper in den *Derrick*-Krimis gerne den Satz sagte: »Harry, hol den Wagen!« Und das war noch ein schönes Auto, ohne Kopfstützen, Sicherheitsgurte, von Airbag und ABS ganz zu schweigen. Da gehörte zum Autofahren wirklich noch Mut. Aber das war ja beinahe noch die Kriegergesellschaft, hatten viele von denen, die in diesen Autos saßen, noch gedient. Camus nicht, dem es trotzdem zum Verhängnis wurde.

Bis heute fühlen sich dennoch nicht wenige im Auto eher zuhause als in ihrer Wohnung. Man kann sich darin häuslich einrichten, im Wohnmobil gar im üblichen Sinn des Wortes und sowohl darin die schönste Zeit des Jahres verbringen oder am Ende die Rente verleben – sofern sie dazu reicht. Psychoanalytisch darf man dann wohl von einem Nachbau des Uterus sprechen. Die Enge verheißt nicht nur Schutz und Wärme, sondern zusammen mit anderen auch Nähe. Zudem: das erste Zuhause, die erste Wohnung im Bauch der Mutter befindet sich häufig in Bewegung, die auf das Embryo wie ein passabel gefedertes Auto einwirkt. Als Junge liebte ich Nachtfahrten mit meinen Eltern.

Und wenn auf die Frage »Zu Dir oder zu mir?« beide peinlich berührt den Kopf schütteln, weil zuhause die jeweiligen Ehepartner warten, bleibt als

Notlösung noch das Auto. Allzu viel Zeit hat man dann ja auch in der Regel nicht. Überhaupt bewährt sich das Auto bei engen Wohnverhältnissen in dieser Hinsicht. In Italien parkt man nicht gerade vor dem Polizeipräsidium, verhängt die Fenster und schon kann die Identifikation durch den Gebrauch der Lüste losgehen. Wiewohl man den Ort wechseln kann, zieht dergleichen ja durchaus gelegentlich Folgen nach sich, die wiederum die Ortsgebundenheit verstärken und die Mobilität behindern.

Allemal muss man sich nicht an einem bestimmten Ort auf der Erdoberfläche zuhause fühlen. Das kann jedenfalls auch in einem technischen Gerät sein. Viele Menschen fühlen sich auf dem Flughafen, im Flugzeug, im Zug, auf dem Schiff oder im Hotel zuhause, vor allem wenn dieses an ihren bevorzugten Ferienorten liegt, die sie möglichst häufig aufsuchen. Es gibt auch reiche Rentner, die vier Monate im Jahr auf einem Kreuzfahrtschiff unter anderen reichen Rentnern zubringen, während sie die restlichen acht Monate darauf warten, bis es wieder losgeht. Auch auf diese Weise kann man – wenn man kann – sich die Zeit bis zum nächsten Zwischenaufenthalt, dem Friedhof vertreiben, um dann trotzdem von dieser Aussicht überrascht zu werden, dass es so schnell geht. Aber sie haben (sich) ja auch die Zeit regelrecht vertrieben, bevor die Zeitgenossen in die Zeitlosigkeit eintreten, also keine Zeitgenossen mehr sind, nicht aber unbedingt in die Ortlosigkeit, könnten die letzten Aschespuren der Gebeine nach der Explosion des Planeten noch durch den Raum treiben, bis sie ein anderer Körper oder ein schwarzes Loch einfängt und wieder vereint.

Martin Heidegger würde das in der Tat nicht verwundern. Die Technik umschreibt er mit dem hübschen Wort *Gestell*. Doch wer jetzt vorschnell meint, dabei gehe es um Apparate, der täuscht sich. Denn die Technik als Gestell beherrscht den Menschen nicht in der Form, dass sie ihn zwingt, sich ihr körperlich anzupassen – man denke an den Motorradfahrer. Das nur nebenbei. Indem sie ihm so viele praktische Gegenstände hinstellt, die er als Instrumente benutzen kann, beginnt er die Welt zunehmend durch die Brille seiner technischen Instrumente zu sehen, angefangen mit der Brille. Der Rhein ist dann nur noch eine Wasserstraße und verliert seinen romantischen Scharm aus Hölderlin gleichnamiger Hymne. Dort wo man noch die Loreley bewundert, wird man primär von einer touristischen Infrastruktur bewirtet und beobachtet moderne Containerschiffe, anstatt sich an den *Ring des Nibelungen* zu erinnern. So erlebt man die Welt durch die Verkehrsinfrastruktur und versteht sie weitgehend als diverse Ressourcen, die man entweder einfach bergen und verbrauchen darf oder die man erneuern muss.

Was darf ich hoffen? Die Technik als Gestell gibt folglich nach Heidegger die Welt primär technisch zu verstehen, verlernt der Mensch zunehmend, überhaupt noch anders zu denken, also beispielsweise wie Hölderlin zu dichten. Ja, das ist nicht für jeden ein Nachteil, nein, sogar für sehr viele ein Vorteil, vor allem für jene, die dann weniger Hobby-Gedichte anhören müssen, besonders beliebt bei Familienfeiern:

»Kann aber ein Mensch auch
Im Gedächtnis doch das Beste behalten,
Und dann erlebt er das Höchste.
Nur hat ein jeder sein Maß.
Denn schwer ist zu tragen
Das Unglück, aber schwerer das Glück [...]
Bei Nacht, wenn alles gemischt
Ist ordnungslos und wiederkehrt
Uralte Verwirrung.«[50]

Es versteht sich daher beinahe von selber, dass der bloß noch technisch denkende Mensch am liebsten die Welt der Technik bewohnt, sich in ihr zuhause fühlt. Viele Piloten befinden sich am liebsten auf ihrer Reiseflughöhe, während Landen und Starten gefährlich ist und auf dem festen Boden lauern womöglich diverse Attentate oder böse Krankheiten. Dann ist man lieber unterwegs zuhause, verlegt man die Wohnung ins Gerät. Man darf sich zwar darüber wundern und sich vor der bevorstehenden Welt der Raumfahrt gruseln, wenn Menschen monate-, wenn nicht jahrelang in Dosen hocken, um auf anderen Sternen wiederum eine technische Welt zu errichten. Es haben sich schon viele freiwillig zu einer Reise zum Mars gemeldet, die kein Rückfahrticket beinhaltet. Doch derartige Welten passen am besten zu ihrem Denken und in gewisser Hinsicht auch zu ihrem Fühlen und wecken Erinnerung an den Uterus, bestätigen sie Brechts Frage an die Abenteurer:

»O ihr, die ihr aus Himmel und Hölle vertrieben
Ihr Mörder, denen viel Leides geschah
Warum seid ihr nicht im Schoß eurer Mütter geblieben
Wo es stille war und man schlief und war da?« (a.a.O.)

Die technischen Welten kennt der Zeitgenosse, weil er sie selbst gebaut hat. Er denkt ihnen gemäß und muss sich nicht vor gefährlichen Mikroben fürchten.

Wenn da nicht Asbest, Radioaktivität oder elektromagnetische Strahlungen wären! Dagegen muss man sich halt schützen – und im Zweifelsfall mit einem Schuss Esoterik.
Darüber soll man sich indes nicht erheben. Zigtausende von Jahren zogen die Menschen als Nomaden über die Welt. Vielleicht fühlten sie sich damals in der Tat wohler, als die Menschen heute, wenn sie noch so sesshaft sind, nie umziehen und sich wirklich zuhause fühlen. Vielleicht werden sich die Menschen erst wohl und zuhause fühlen, wenn sich dieses Zuhause bewegt. Genauer, wenn sie wirklich merken, dass es sich bewegt. Denn wo immer sie siedeln mögen, es werden durch die Himmel taumelnde Materiehaufen sein. Im Pascalschen Himmel siedelt man wohl nicht.

29. Nach dem Tod Weiterträumen im Bewusstsein zu träumen

Was darf ich hoffen? Könnte es reichen, wenn eine solche Bewegung simuliert wird, angefangen von der Spielzeugeisenbahn bis hin zur Welt der Computerspiele? Sollte man dann nicht besser Zuhause in der jenseitigen Welt sein? Doch vielleicht hat der Mensch bei seinem Nomadentum einst einen Fehler begangen, als er nämlich aus dem Urwald in die Savanne übersiedelte. Denn so Hans Blumenberg, da der Mensch der einzige Primat ist, der ausschließlich aufrecht geht und steht, sieht er zwar nicht nur ausgezeichnet. Er wird vielmehr auch gesehen, was ihn einer Vielzahl von Gefahren aussetzt. Die Visibilität avanciert für Blumenberg zum Kennzeichen des Menschen.
Vor allem aber eröffnete die Visibilität dem Menschen eine völlig neue Umgangsweise mit der Welt. Vor ca. 40.000 Jahren begannen die frühen Menschen sich Bilder zu machen. Die Welt der Bilder avanciert bereits für Platon zur wahren Welt, gerade weil er sich der Welt der Realien bedient, um seine Ideenwelt vorzuführen. Die Zeitgenossen – so Platon im Höhlengleichnis seiner *Politeia* – lassen sich mit Menschen in einer Höhle vergleichen, die so gefesselt sind, dass sie nur nach vorne auf die Wand schauen können. Hinter ihnen brennt ein Feuer, dass sein Licht auf diese Wand wirft. Zwischen diesem Feuer und den Gefesselten befindet sich eine Mauer, hinter der sich andere Menschen bewegen und über diese Mauer diverse Gegenstände wie Vasen, Figuren etc. halten, deren Schatten das Feuer an die Wand wirft. Die Gefesselten halten diese Schatten für die Realität, während die wahre Welt außerhalb der Höhle im Licht der hellen Sonne liegt, die die Zeitgenossen gestern und heute gar nicht wahrnehmen.

Der Philosoph nun soll nicht in der Welt der Schatten, der Alltagswelt zuhause sein. Er soll vielmehr außerhalb der Höhle im Licht der Sonne die realen Gegenstände betrachten. Wer möchte das nicht! Doch für Platon handelt es sich dabei um die Welt der Ideen, der Urbilder, wie er sie nennt. Das ist die wahre Welt, die nur die Philosophen schauen und in der diese sich so zuhause fühlen sollen, dass sie gerne alle Verbindungen zur Alltagswelt kappen würden: der Elfenbeinturm oder Quines Spezialprobleme.

Wir wollen einen solchen Philosophen jetzt gar nicht als völlig durchsublimierten armen Schlucker abtun, als den Musterschüler mit Pickelgesicht, der nie die Gelegenheit bekam, die Frage »Zu Dir oder zu mir?« zu stellen, schließlich bemühte sich Sokrates hinsichtlich des Gebrauchs der Lüste nicht ganz erfolglos um Alkibiades. Jedenfalls liebte Sokrates die schönen Jünglinge mehr als seine alte Frau Xanthippe. Familie war in jenen Zeiten Pflicht, damit Athen nicht ausstirbt – eine Forderung, die wiederkehren könnte. Das Vergnügen suchte man zumeist woanders. Hat sich das bis heute wesentlich geändert? Ja, das Christentum hat lange versucht, das zu ändern. Doch heute erscheint es damit als definitiv gescheitert.

Trotzdem darf man darauf hinweisen, dass jenseits der Religion viele Menschen seit jenen Tagen begeistert in der Welt des Geistes oder der Bücher wohnen und letztere gerade nicht wie der Vater Heinrich Drendorfs vor den Blicken der anderen verstecken, sondern sich just dadurch identifizieren lassen. Nun könnte man ja einwenden, diese Welt des Geistes, der Ideen oder der Bilder habe keinen lokalisierbaren Ort, hätte somit nichts mit der Frage, wo man wohnt, zu tun. Doch erstens befindet sich das Buch genauso an einem Ort wie das Auto. Und die Frage »Zu mir oder zu Dir?« kann man, wenn man partout will, andauernd lesen, und je nach dem viel mehr noch über das entsprechende Drumherum des Lüstegebrauchs. Behält Platon also recht, dass die wahre Welt, in der die Menschen eigentlich wohnen und sich zuhause fühlen sollten, die Welt des Geistes, genauer der Ideen ist, die sich als Bilder präsentieren und nach Platon ja genauso aussehen, wie die Welt außerhalb der Höhle im Licht der Sonne, also wie die Welt die wir sehen? Gibt es die wahre Liebe nur im Film und allemal davon nur einen Abklatsch in der Alltagswelt? Gibt es die wahre Liebe nur als Idee? Als Liebe von Odysseus und Penelope? Oder brauchte Odysseus nach 20 Jahren Krieg und diversen Abenteuern mit den Naturgewalten, besonders in der Liebe, nur eine Rente? Und Penelope handelte, weil es sich so gehört, aus Achtung vor dem Gesetz. Sonst wäre sie ja unmoralisch gewesen. Das ist zwar weder klug noch leidenschaftlich. Aber Moral ist nun mal weder das eine noch das andere.

Mag der Geist auch reichlich flüchtig oder pneumatisch erscheinen, er spukt an einem Ort besonders intensiv jedenfalls *noch*, nämlich in der Bibliothek. Wie viele Menschen fühlen sich nicht auch heute noch primär in der Bibliothek zuhause! Aber auch ansonsten wohnen manche Menschen lieber im Institut oder in der Firma als zuhause. So erzählt Friedrich Kittler folgende Geschichte: Die Familie von Norbert Wiener, dem Begründer der Kybernetik, Mathematiker am berühmten *Massachusetts Institute of Technology*, zog im dortigen Cambridge ein einziges Mal um, von einer Vorortstraße in die nächste. Am ersten Abend im neuen Heim »zurück aus dem MIT, kämpfte ein Verzweifelter mit Türen, auf die kein Schlüssel mehr passte. Er irrte durch die Suburbia und fragte schließlich zwei spielende Kinder nach Professor Wieners Adresse. ›Komm mit nach Hause, Papa.‹«[51]
In der jenseitigen Welt zuhause zu sein, ist also ziemlich häufig. Zudem kann sich das heute fast jeder leisten. Denn viele Zeitgenossen leben beinahe ausschließlich in der Welt der Bilder, längst nicht mehr in der der Gemälde oder der Bücher, sondern der bewegten Bilder, genauer in der Bilderwelt der Medien. Da gibt es Welten, wie Computerspiele, Chatrooms, Blogs etc, die manche für realer halten, als die Alltagswelt bzw. die Welt der Dinge. Sie fühlen sich im *Second Life* eher zuhause, als in ihrem vermeintlich realen Leben, in dem das Träumen und – wenn man so will – das Lügen noch um einiges schwerer fällt, kann ich in jener Welt des Cyberspace mir jene Identität raussuchen, die mir besonders gefällt, so dass sowohl die Kommunikation als auch die Selbstidentifikation ohne das reale Pickelgesicht in vieler Hinsicht leichter fällt.
Was darf ich hoffen? Endlich lebt man ohne die Einschränkungen des eigenen Körpers, dieses unerfreulichen Fremdlings, ein viel unbeschwerteres Leben, das geradezu anbietet, sich in dieser Welt zuhause zu fühlen, auch wenn jene Schleimbleichlinge der realen Welt – so nennen bei Stanislaw Lem die Roboter die Menschen – zu viel Konsum von Internet und Videospielen zur Sucht erhoben haben. Und deren ehrenwerte genauso schleimige wie bleiche Philosophen – beispielsweise Gilles Deleuze und Félix Guattari mit ihrer Schizo-Analyse – würden glatt kritisieren, derart wäre der Mensch mit seinem flüchtigen Bewusstsein perfekt an Maschinen – genauer Computer – angeschlossen, die sein Ich und seine Identität stabilisieren.
Dazu empfiehlt Nietzsche: Träumen im Bewusstsein zu träumen, gleichgültig in welcher Welt die Frage »Zu Dir oder zu mir?« gestellt wird. Für Nietzsche gibt es keinen Unterschied zwischen Traum und Wirklichkeit. Schon René Descartes erkannte, dass wir nicht mit Sicherheit beweisen können, dass

unser Leben nicht nur ein Traum ist, dass uns beispielsweise von einem bösen Teufel vorgespielt wird. Das einzige, was sich sicher sagen lässt, das ich im Augenblick, wenn ich dieses denke, denke. Daraus zieht dann Descartes seinen berühmten Schluss: »Ich denke, also bin ich.« Aber was das letztlich heißt, das weiß man nicht so genau. Ob dieses Denken doch nur ein Träumen ist, das lässt sich für Nietzsche nicht ausschließen. Und sollte man sich bei zu starkem Träumen im Bewusstsein zu Träumen in diesem Traum AIDS geholt haben und daran heute doch noch sterben, dann träumt man halt im nächsten – dem Pascalschen – Traum weiter im Bewusstsein zu träumen. Die Medien bieten jedenfalls Kommunikationsmöglichkeiten, die das reale Gespräch in den Hintergrund treten lassen. Viele telefonieren oder mailen lieber, als dass sie sich auf eine Begegnung mit fremden warmen und weichen Körpern einlassen, jenen Schleimbleichlingen. Diese könnten ihnen ja zu nahe treten, gebraucht Heidegger ein hübsches Wort, das er natürlich anders meint, das doch diese bedrängende Nähe ausdrückt: diese fremden Körper könnten den Internet-Menschen anwesen. Man riecht schon Verwesungsgeruch oder wenigstens den Schweiß des anderen, mit dem man im Chatroom oder bei Facebook glücklicherweise nichts zu tun hat. Und mit dem Anwesen könnte am Ende ja die Frage Realität werden: »Zu Dir oder zu mir?« Und dann muss einer bekennen, er wohne im Internet. Wie er das bloß macht? Vor allem aber, wie identifiziert man sich da? Der neue Ausweis soll hier weiterhelfen. Aber es sage keiner, da könne man sich nicht infizieren.

30. Zwischen Bildern wohnen

Trotzdem könnte man dem entgegen halten, dass das Internet gerade keinen Ort bietet, höchstens einen virtuellen, dass man daher dort ja doch nicht richtig wohnen kann, weil es dazu eines Ortes bedarf. Aber bietet der vermeintlich reale Ort mehr als Bilder? Oder anders formuliert. Präsentiert sich nicht jeder Ort als Bild? Auch wenn man mitten auf dem Gärtnerplatz steht, sieht man diesen doch immer nur in Form wechselnder Blickwinkel, eben in Form diverser Blicke, die doch Bilder ergeben. Ich mache mir ein Bild von einer Angelegenheit, d.h. ich erwerbe ein Wissen darum, das sich offenbar auf Bilder stützt.

Für Platon besteht unsere Alltagswelt aus wechselnden, vergehenden und sich wandelnden Dingen, während die stabile, unwandelbare Welt aus Ideen besteht, die immer gleich bleiben, die Vorbilder und Urbilder der wechselhaften Alltagsdinge, die diese nicht nur benennen, sondern diese überhaupt erzeugen. Erst machte sich Gott die Idee des Pferdes und dann stand es auf der Wiese – wird diese Idee im Neuen Testament fortgeschrieben.

Dieses Pferd stirbt, aber die Idee des Pferdes bleibt in allen Pferden gleich und selbst dann noch erhalten, wenn sie ausgestorben sein sollten – man denke an die Saurier. Also besteht die Welt letztlich nicht aus materiellen Dingen, sondern aus Urbildern, einfacher formuliert aus Bildern, die wir selbst dann noch im Kopf oder im PC haben, wenn wir nach dem Urlaub auf den Malediven längst wieder zuhause sind.

Und es kommt noch schlimmer. Die Wahrheit zeigt sich wirklich nur im Bild. Mit dem bloßen Auge können wir sie in den meisten Fällen gerade nicht sehen. So weist Hans Blumenberg darauf hin, dass bereits mit dem Fernrohr, also mit Galilei, die Unterscheidung von Sichtbarem und Unsichtbaren ungültig wurde. Die realen Gegenstände der Welt entbergen seither zunehmend bis dato unsichtbare Seiten, die nur als Bilder erscheinen und doch ihren wahren Kern darstellen sollen. Seit dem Fernrohr und dem Mikroskop besteht die wahre Welt aus Bildern, also allemal mein Leib, dessen Wahrheit nur die Radiologen kennen, meine Wohnung, die aus diversen Anschlüssen besteht, die man nicht sieht, von denen es aber Bilder oder Pläne gibt, oder den Ort, den das Navigationssystem erklärt oder den man über Google sehen kann.

So lässt sich die Welt als universelle Bildproduktion begreifen, die den Unterschied zwischen der medialen Welt der Bilder, Platons Ideenwelt, und den Realien, der Alltagswelt, weitgehend verwischt. Der Lebensphilosoph Henri Bergson geht 1896 in seiner frühen Schrift *Materie und Gedächtnis* davon aus, dass das Universum bzw. die Materie aus Bildern besteht, äußeren Bildern, die beispielsweise als Lichtstrahlen auf den Menschen zukommen, die man folglich fototechnisch festhalten kann, und inneren Bildern von sich selbst in sich selbst, die Bilder, die man sich von sich macht. Hinter den äußeren Bildern verbergen sich keine geheimen Kräfte oder unerkennbare Dinge an sich wie bei Kant, für den man immer nur die Dinge sieht, wie wir sie wahrnehmen, sie aber nicht unabhängig davon also nicht an sich erkennt.

Für Bergson jedoch bestehen die Dinge aus Bildern, fallen jene gänzlich mit ihren wahrgenommenen Bildern in eins. Die inneren Bilder des Leibes, seine Wahrnehmungsfähigkeit zu sehen, spielen mit den äußeren zusammen. Der Mensch sieht die äußeren Bilder und verarbeitet sie im Bewusstsein. Dabei ähnelt der Mensch selbst einem Kaleidoskop: Bei jeder Bewegung verändert sich die Wahrnehmung der äußeren Bilder. Und der Mensch bzw. dessen

Wahrnehmung befindet sich in ständiger Bewegung, so dass innere wie äußere Bilder permanent aufeinander reagieren, sich gegenseitig immer anders abgleichen.

Das verlangt eine bestimmte geistige Leistung, genauer eine Leistung des Gedächtnisses, das die Bilder zunächst speichert, sie erinnert, sie wieder hervorholt und damit Dingen Aufmerksamkeit angedeihen lässt. Doch nicht nur das. Das Gedächtnis dehnt oder verengt die Bilder, lässt sie mit anderen verschmelzen. So bildet das Gedächtnis einen fortlaufenden Faden ununterbrochener Bilder, die nicht nur von den Dingen berichten. Vielmehr bergen sie die Dinge selbst, schließlich gehen sie ursprünglich von diesen aus. Sie werden nicht bloß subjektiv vom Menschen erzeugt. Für Bergson wird nicht geträumt wie für Nietzsche, befindet man sich vielmehr in der realen Welt, die sich vom Traum klar unterscheiden lässt.

Was darf ich hoffen? Oder wo wohnst Du? Trotzdem bin ich dann immer schon in einer Welt der Bilder zuhause, ja sogar in einer Welt der bewegten Bilder, die in einander verfließen, aufeinander reagieren. Doch dann muss ich auch demjenigen, der sich im WWW zuhause fühlt, attestieren, dass man dort wohnen kann, dass es sich um einen Ort handelt, der genauso aus Bildern besteht, wie die reale Welt, die ja für Platon nur eine Welt der Schatten ist, als kritisiere er damit antizipativ die Medienwelt, so als säßen wir Medienkonsumenten immer schon vor den Fernsehern und hielten diese Welt der Schatten für die wahre Welt. Im Gegenteil, das wäre zwar eine geläufige, indes eine vorschnelle Platon-Interpretation. Vielmehr erweist sich die Welt der Realien als so real, dass sie für Platon zum Symbol der Ideenwelt herhalten muss: außerhalb der Höhle im Licht der Sonne sieht man die wirklichen Dinge und eben nicht nur Schatten wie in der Höhle. Im Grunde verschwimmen die reale und die Bilderwelt bei Platon ineinander, sind jene ja auch die Abbilder der Urbilder. Allemal handelt es sich in beiden Fällen um Bilder wie bei Bergson.

Vor der Welt der modernen Medien erscheint eine solche Interpretation eventuell als gewagt. Doch wenige Jahre nach Erscheinen von *Materie und Gedächtnis* wird der Film erfunden, der, so Gilles Deleuze 1983 in seinen zweibändigen Kino-Studien, sowohl die Bewegung als auch die Zeit ins Bild bringt und somit sichtbar macht. Bergson hat, so Gilles Deleuze, die kinematographische Bild- und Bewegungskonstruktion antizipiert, allerdings ohne es auch nur entfernt zu ahnen. Denn 1907 in seiner nobelpreisgekrönten Schrift *Die schöpferische Entwicklung* beschreibt Bergson die kinematographische Bewegung noch gemäß der Zenonschen Paradoxien: Die Bewegung lässt sich nur als Zwischenraum zwischen zwei Punkten bestimmen, wie sehr man diesen Zwischenraum auch verkleinert. Nach Zenon von Elea im 5. vorchristlichen Jahrhundert wird der schnelle Achill die langsame Schildkröte nie einholen; denn während er ihren Ort A erreicht, ist sie schon bei B. Der fliegende Pfeil ruht, da er an jedem Augenblick nur an einer Stelle ist. Nach diesem Muster funktioniert die Filmproduktion: Die Bewegung findet zwischen den Einzelbildern statt, die vom Projektor jeweils angehalten und dann weitergeschoben werden.

Hat man also immer schon gefilmt? Nein, wahrscheinlich hat man sich einigen Illusionen der Wahrnehmung hingegeben, die sich durch logische Paradoxien verschärfen ließen. Zenon möchte gemäß seines Lehrers Parmenides die Unbewegtheit des Seins dadurch bekräftigen, dass er nach logischen Widersprüchen in der Darstellung von Bewegung sucht. Dieser Bewegungsillusion von Zenon bis zum Filmprojektor setzt Deleuze im Anschluss an Bergsons These der universalen Bild- und Bewegungsproduktion eine andere Interpretation der Bewegung entgegen, die sich auf das Bild auswirkt: Anstatt die Bewegung zwischen den Punkten, Schnitten, Bildern zu situieren, produziert sie der Film als eine Dauer, die sich auf die Objekte derart auswirkt, dass sie diese durch Vertiefung, durch den Verlust von Konturen ineinander vereinigt. Die Objekte gehen ineinander auf, so dass sie ein Ganzes der Bewegung erzeugen, das Bewegungs-Bild: – man denke an die Überblendung oder die Subjektive, wenn die Kamera aus dem Blickwinkel eines Akteurs filmt, oder an Action-Szenen.

Im Bewegungs-Bild spielt die Zeit als Dauer eine eher hintergründige Rolle: Es geht nicht um die Zeit, es geht um die Bewegung, die aber Zeit braucht. Doch indem im Nachkriegsfilm die Aktion zugunsten der Impression zurücktritt, die den Zuschauer anspricht, entwickelt das bewegliche Bild zunehmend zeitliche Perspektiven, entsteht eine neue Bildform, nämlich das Zeit-Bild. Dabei konstituiert der Film zeitliche Räume. In der Rückblende, dem Erinnerungsbild oder dem Traumbild bewegt sich die Welt und nicht mehr die Figur, so dass das Zeit-Bild gegenüber dem Bewegungs-Bild, das Aktualität kennzeichnet, durch eine Art Virtualität geprägt wird. Rückblende, Erinnerung oder Traum erzählen ja nicht von der Gegenwart, ja nicht mal unbedingt von einer vergangenen Realität. Virtuelle und aktuelle Bilder vermengen und verketten sich dabei unablässig gegenseitig.

Gibt es dann noch einen Unterschied zwischen Filmbild und den Bildern der Materie? Für Bergson auf jeden Fall. Allerdings wenn der Mensch als Kaleidoskop immer nur Bilder rezipiert, dann darf man in der Tat fragen, ob nicht der Film

und daran anschließend das mediale Bild des Fernsehens als auch des WWW und der Computer längst an die Stelle einer Alltagsrealität getreten sind. Der Geist steht im Verhältnis zur Realität wie die Festplatte zum Bild auf dem Bildschirm oder im letzten Jahrhundert das Negativ zum Positiv.
Als Alfred Hitchcock in die *Die rote Lola* (Stage Fright, GB 1950) mit Marlene Dietrich die Kamera zum ersten Mal lügen lässt – man sieht und hört die vom Täter erlogene Version seiner Unschuld – gibt es einen Skandal: Die Kamera darf nicht lügen! Aber hat nicht gerade die Kamera den Unterschied zwischen Lüge und Wahrheit verwischt! Das ist nicht tragisch, vor allem weil die Wahrheit immer nur eine Illusion war. Dergleichen Einsicht erleichtert das Leben. Man muss es nicht mehr so ernst nehmen. Dann darf man durchaus im *Second Life* wohnen und dieses als *First Life* verstehen. Denn das mediale bewegte Bild fängt nicht nur die realen Bilder ein, sondern auch die Traumbilder. Die Welt der medialen Bilder liefert also nicht nur die Hintergründe der materiellen Realität, sondern auch die des Traumes. Man kann sich ja schließlich auch in seinen Träumen zuhause fühlen und immer nur davon träumen, also darauf hoffen, endlich in die Verlegenheit der Frage »Zu Dir oder zu mir?« zu kommen. Ein Abenteurer ist man dann jedenfalls nicht, dichtet doch über ihn Brecht weiter:

»Er aber sucht noch in absinthenen Meeren
Wenn ihn schon seine Mutter vergisst
Grinsend und fluchend und zuweilen nicht ohne Zähren
Immer das Land, wo es besser zu leben ist.« (a.a.O.)

Was darf ich hoffen? Träumt auch der Abenteurer nur und es gibt wirklich keinen Unterschied zwischen *First* und *Second Life*? Im ersten friert man sich vielleicht gelegentlich die Zehen ab, im zweiten wird einem gelegentlich mehr als die Identität gestohlen. Jedenfalls transformiert sich im medialen Zeitalter die Frage »Was darf ich hoffen?« in die Frage »Wovon werde ich träumen?«

31. Identifikation im Rausch

Dabei erzeugen die Bilder selbst längst einen Rausch, der das Individuum mit auf deren Reisen nimmt, bzw. muss sich das Individuum zwischen diesen Bildern im Rausch identifizieren. Walter Benjamin wollte diesen verführerischen Charakter nur für den beginnenden Tonfilm reklamieren. Das entspricht

Nietzsches Diagnose des Kunstwerkes in seiner frühen Schrift *Die Geburt der Tragödie* aus dem Jahr 1871, in der er ein apollinisches und ein dionysisches Element unterscheidet. Tief verletzt und eifersüchtig treibt Hera Dionysos, der einem Verhältnis ihres Mannes, Zeus, mit einer Sterblichen entspringt, in den Wahnsinn. Seither irrt Dionysos umher und hinterlässt als seine Spur den Wein. Dadurch avanciert er zum Gott nicht nur des Traumes und des Rausches, sondern auch der Musik sowie der unbildlichen Künste, dessen was man hört, was man aber nicht sieht, was sich offenbar versteckt, verkleidet, maskiert wie die Lüge und die Unwahrheit. Im Rausch von Wagners Walkürenritt oder bei Massenkonzerten der frühen Beatles gehen die Zuhörer in der Menge auf, verlieren sie ihre Individualität, fühlen sie sich eins mit ihrer Umgebung, der Gemeinschaft oder der Natur.
Für Walter Benjamin verführt der Ton, schließt er direkt an das Unbewusste an, gibt er den Menschen entweder den Takt vor oder er überredet mit einer magischen oder erotischen Stimme. Wer also die Kunst in den Dienst der Aufklärung oder gar der Revolution stellen möchte, muss dieses dionysische Element des Rausches bannen und kann sich dabei auf das zweite Element des Kunstwerkes bei Nietzsche berufen, das Apollinische. Apollo, Gott der Heilkunde, der Weissagung und der bildnerischen Künste, ist zugleich auch Gott des Lichts, der sehen und begreifen lässt, somit die Wahrheit entfaltet. Er verkörpert die Rationalität und das *Principium individuationis*, hebt den Menschen aus seiner Einheit mit der Gemeinschaft und der Natur heraus, vereinzelt ihn, macht ihn zum Individuum. Licht und Bild befreien den Menschen vom Rausch. Trotzdem darf es nicht verwundern, dass Apollo häufig als Kithara-Spieler dargestellt wird, also auch als Gott der Musik, aber einer bestimmten, gemäßigten, harmonischen, beruhigenden. Während die dionysische Macht der Sirenen den vorbeifahrenden Schiffer so berauschen und verzaubern würde, dass er ihnen verfiele, gelingt es dem listenreichen Odysseus an den Mast gefesselt, den Gesang zu genießen, so dass sein Ruf nach Entfesselung folgenlos verhallt – so Adorno und Horkheimer – wie der Applaus des bürgerlichen Konzertpublikums nach Mozarts *Zauberflöte*, in der es darum geht, den verführerischen Kräften der Erotik um der Treue willen zu widerstehen. Hier wollte sich Odysseus die Frage »Zu Dir oder zu mir?« offenbar nicht stellen lassen, anders als bei Circe und Kalypso. Aber natürlich geht man nicht mit jeder mit. Sie könnte beispielsweise zu jung sein.
Heute entwickeln mediale Bilder dieselbe fesselnde Dynamik, zu der der Ton höchstens eine beiläufige, wiewohl verstärkende Rolle zu spielen vermag. Denn sie nähern sich scheinbar immer stärker der Realität, können das so

gut vorgaukeln, dass die Welt der medialen Bilder wahrer und wirklicher als die Alltagswelt erscheint. So sollte es nicht verwundern, wenn die Angebetete auf die Frage »Wo wohnst Du?« auf das WWW verweist.
Wohnen heißt längst nicht mehr die Herrschaft der Dinge über das Bewusstsein zu akzeptieren, Möbel, Haus und Garten, wo ich wohne. Das Bewusstsein wohnt längst zwischen den Bildern, die das Bewusstsein seit 40.000 Jahren prägen. Wohnen oder zuhause sein an einem Ort, also von Dingen umgeben sein und bestimmt werden, das erweist sich als eine verblichener Mythos. Wollte Odysseus wirklich nach Hause? Oder waren seine Gespielinnen seiner bloß irgendwann überdrüssig? Man wohnt in der Welt der Bilder, die dazu neigen, die Begegnung wie die Berührung zu ersetzen. Gemeinhin verläuft Kommunikation über Bilder – beispielsweise Sexyness. Weil darüber hinaus Berührungen manchmal rauschhafte bzw. berauschende Züge annehmen, werden sie der Welt der fesselnden Bilder doch gelegentlich erfolgreich widerstreiten, so dass man schon noch einer Angebeteten begegnen kann, die auf die Frage »Wo wohnst du?« eine ordentliche Antwort gibt, nämlich bei ihrer lesbischen Ehepartnerin. Und dagegen scheint kein Kraut mehr gewachsen, kein Sakrament, kein Papst, kein Gott und keine Natur. Denn entweder ist Homosexualität genauso natürlich wie Heterosexualität oder Gott und Natur müssen korrigiert bzw. ausgetauscht werden: ein kleiner Militärputsch im Himmel oder ein Paradigmawechsel in den Naturwissenschaften – letzteres ist wirkungsvoller. Sonst bekommen Gott und Natur es nicht nur mit der Frauenbeauftragen, sondern mit der Antidiskriminierungsbehörde zu tun. Die angebliche Natur- und Schöpfungsordnung widerspricht weitgehend der Verfassung. Es versteht sich von selbst, dass die Verfassung ein Primat gegenüber Schöpfung und Natur besitzt.
Trotzdem – der Einwand bleibt bestehen – in der Welt der Bilder wohnt man im Nirgendwo, an keinem bestimmten Ort, ja an gar keinem Ort, also am Nicht-Ort, am *u-topos*. Zuhause sein, vielleicht war man das mal im ja ebenfalls umtriebigen Mutterleib. Mag es dort noch dunkel gewesen sein, doch seither haben sich alle vermeintlich ruhenden Realien in bewegte Bilder umgesetzt, somit destabiliert, düst selbst so ein etwas groß geratenes, also von der Bausparkasse etwas üppig finanziertes Eigenheim wie doch das recht massive auf einem Felsen vermeintlich ruhende Schloss Neuschwanstein taumelnd durch das Weltall – und nicht anders der Petersdom in Rom. Der berühmte Satz »Du bist Petrus und auf diesen Fels werde ich meine Kirche bauen« (Matt. 16, 18) zeugt von nicht allzu viel Naturverständnis des Gottessohnes. Aber wahrscheinlich hielt selbst Gottvater damals die Erde noch für

eine Scheibe. Seine Stellvertreter waren davon noch ziemlich lange überzeugt, ohne dass er sie aufgeklärt hätte.

Zuhausesein fühlt sich höchstens als eine Utopie an – der Wittelsbacher König Ludwig II. von Bayern wollte sich ja auch mit diesem Schlösschen keineswegs zufrieden geben – eine Utopie, die man fälschlicher Weise ständig versucht, aus der Welt der Bilder in die Welt der Realien zu transferieren, die doch auch nur Bilder sind – wirbt eine Kosmetikfirma damit, dass man mit dem Geruch ihrer Produkte sich wirklich zuhause fühlt. Was muss man nicht alles probieren, um nach Hause zu kommen? Manche bauen und bauen, richten sich ständig neu ein, ohne je zuhause anzukommen – auch Lacans Begehren lässt grüßen. »Zu Dir oder zu mir?« Kommt man da jemals an? Bei sich selbst nicht, aber vielleicht doch beim anderen? Denn dabei entsteht offenbar immer noch Nachwuchs, wiewohl tendenziell weniger, vielleicht auch weil dieser doch die allzu häufige Wiederholung dieser Frage behindert. Oder schlicht weil es seit fünfzig Jahren die Anti-Baby-Pille gibt und die Pille für den Mann offenbar hintertrieben wird – eine klassische Verschwörungstheorie – weil sonst gar keine Kinder mehr auf die Welt kämen. Als Ausrede behaupten jene von Biopolitikern eingeschworenen Wissenschaftler, das könnten sie nicht, das wäre zu kompliziert. Vielleicht sollte man das mal durch »Jugend forscht« lösen lassen. Ein Mittelschüler wird das schon hinkriegen.

Aber auch der Nachwuchs macht das Nest nicht materieller – das vermag kein Heimwerkermarkt zu ändern – situiert diesen nicht dauerhaft auf dieser Erde, sondern verlegt ihn in die Welt der bewegten Bilder, vielleicht gleich ins Internet. Kein Wunder wenn Ernst Bloch sein 1600 Seiten langes *Das Prinzip Hoffnung* mit den Worten beendet: »Die Wurzel der Geschichte aber ist der arbeitende, schaffende, die Gegebenheiten umbildende und überholende Mensch. Hat er sich erfasst und das Seine ohne Entäußerung und Entfremdung in realer Demokratie begründet, so entsteht in der Welt etwas, das allen in die Kindheit scheint und worin noch niemand war: Heimat.«[52] Was darf ich hoffen? Bloch im Einklang mit dem Heimatfilm, in dem gleich nach der Frage »Wo wohnst Du?« geheiratet und sich vermehrt wird. Sollte man dem nicht analog Enzensberger antworten: Was habe ich dort verloren? Oder erhält Bloch die treffende Unterstützung mit der letzten Strophe von Brechts »Ballade von den Abenteurern«?:

»Schlendernd durch Höllen und gepeitscht durch Paradiese
Still und grinsend, vergehenden Gesichts
Träumt er gelegentlich von einer kleinen Wiese
Mit blauem Himmel drüber und sonst nichts.« (a.a.O.)

Vierte Frage: Was ist der Mensch? Oder: Wie erscheint der Mensch?

32. Im Anfang war das Wort

Wenn man nicht genau weiß, was man wissen kann, was man tun soll und was man hoffen darf, woher soll man dann wissen, was der Mensch ist. Ein Geschöpf Gottes! Das ist nicht mehr selbstverständlich. Trotzdem stellt sich die Frage mit und ohne Gott in der Philosophie immer wieder. Denn – so die wiederkehrende Hoffnung – wenn man weiß, wer oder was der Mensch ist, wenn man sein Wesen kennt, dann lassen sich individuelle Orientierungen, Gesellschaftsstrukturen oder staatliche Institutionen davon ableiten, wie man es seit den Zeiten des Sokrates ungebrochen bis heute unternimmt. Wenn man eine gute Antwort auf diese Frage findet, dann könnte man vielleicht etwas aussichtsreicher sagen, worauf man hoffen darf. Vielleicht könnte man dann auch auf Gott rückschließen. Vor allem aber erlebte man nicht so viele Krisen, sondern könnte sie im Vorfeld erahnen und rechtzeitig bekämpfen. Und man hätte immer was zu tun, bzw. könnte die Zeitgenossen ständig das tun lassen, was der Politiker, der Manager oder der Banker für richtig halten. Wenn man den Menschen kennt, dann kann man die Welt steuern. Und wer täte das nicht gern!

So beginnt mit der Frage nach dem Menschen auch die Philosophie, und zwar wenn Platon sich von der Natur abwendet und sich auf den Menschen konzentriert. Dabei will er jedoch nicht wie die Sophisten alles in Relativität verschwimmen lassen, soll für ihn der Mensch nicht das Maß aller Dinge sein. Er gibt sich auch nicht damit zufrieden, dass man vom Menschen ganz Genaues nicht festzuhalten vermag. Denn in der Erfahrungswelt – das muss Platon zugeben – gibt es nichts, was nicht dem Wandel ausgesetzt wäre – eine Einsicht, die die modernen Naturwissenschaften noch verschärft haben: Alles bewegt sich und besteht aus Prozessen, in denen keine festen Einheiten existieren, nicht mal Atome, die längst immer kleiner werden: Und alles schwirrt durch die Gegend. Was bleibt dann in einer Welt, in der nun mal alles in Bewegung scheint, wie es um 500 v. Chr. der Vorsokratiker Heraklit mit seinem berühmten Wort »Alles fließt« ausdrückte?

Wenn man diesem wilden Treiben entgehen will, landet man zwangsläufig auf einer spirituellen Ebene des reinen Denkens, das vorgibt, sich unabhängig von der realen wechselvollen Welt zu entfalten. So klammert sich Platon an Ideen als Urbilder aller Dinge, quasi unveränderliche, feste Idealbilder, denen sich die veränderlichen Dinge selbst sogar verdanken. Im christlichen Denken wird man diese Konzeption noch intensivieren. So beginnt das Johannes-Evangelium folgendermaßen: »Im Anfang war das Wort, und das

Wort war bei Gott, und Gott war das Wort./[...] Alle Dinge sind durch dasselbe gemacht, und ohne dasselbe ist nichts gemacht, was gemacht ist./In ihm war das Leben, und das Leben war das Licht der Menschen./Und das Licht scheint in der Finsternis.« (1.1.-5.) Derart gehen die Worte als Ideen den Dingen nicht nur voraus, sondern erzeugen sie durch göttliche Kraft.

33. THOMAS UND DIE NACKTE SCHÖNE

Das bleibt natürlich nicht ohne Konsequenzen für den Menschen selbst. Auch der Mensch besitzt nach Platon ein solches allgemeines Wesen, und zwar besteht er aus Begierde, Wille und Vernunft. Die Vernunft muss die beiden anderen zügeln und lenken wie der Wagenlenker seine Pferde. Dementsprechend ordnet Platon diesen Seelenkräften auch entsprechende Tugenden zu, nämlich Besonnenheit, Mut und Weisheit. Zwar entwickelt jeder Mensch diese Seelenkräfte und damit auch diese Tugenden. Nur gelingt nicht jedem das in gleicher Weise, sondern nur soweit er dafür Anlagen besitzt. Und was folgt daraus? Natürlich, eine ständische Ordnung, die sich den Anlagen der Menschen verdankt. Die primär von ihren Begierden Getriebenen müssen vornehmlich die Tugend der Besonnenheit entwickeln und werden Handwerker, Bauern oder Händler. Dieser Nährstand muss sich vom Wehrstand bewachen und verteidigen lassen, dem die Willensstarken und somit Mutigen angehören. Beide zusammen werden von den Vernünftigen und Weisen, also den Philosophen gelenkt, die Könige werden. Diese staatliche, in drei Stände gegliederte Ordnung entspricht damit der menschlichen Seele, so dass sie sich beide Gott bzw. der Natur verdanken. Politik fördert also das gute Leben, das sich naturnah orientiert, in dem eben die Naturanlagen möglichst weit entwickelt werden. Dann herrscht im Staat die höchste, alles umfassende Tugend der Gerechtigkeit.

Der Widerspruch an diesem etwas simplen statischen Modell konnte nicht ausbleiben, und folgte nicht erst bei Karl Popper, der die Linie von Platon gleich zu Hitler zog, eigentlich aber Marx und Stalin meinte. Dass sich dergleichen schwerlich begründen lässt, davon ahnte schon der Platon-Schüler Aristoteles. Warum sollte die Ordnung des Staates der Ordnung der Seele entsprechen? Aus harmonischen Gründen? Oder woher weiß Platon denn, welche Anlagen der einzelne hat. Es gibt ja durchaus gebildete Sklaven. Also erfindet er einerseits den Mythos von den drei Metallen: Entweder besteht man primär aus Eisen oder aus Silber oder aus Gold, sieht man sich also durch seine angeblichen Naturanlagen klassenmäßig festgelegt. Andererseits, da man das dem einzelnen nicht ansieht und sich Menschen manchmal erstaunlich entwickeln, gibt es in Platons Staatsmodell auch die Möglichkeit des sozialen Aufstiegs von einer Klasse zur nächsten. Dass jemand Platon den Mythos von den Metallen abnahm, erscheint kaum nachvollziehbar. Aber reden nicht viele heute noch mit vollem Ernst von Begabung? Begabung umschreibt doch nur diesen Metallmythos mit modernen Begriffen. Von fähigen Eltern und Lehrern gut geförderte Kinder werden Fähigkeiten entwickeln, wenige auch ohne diese Unterstützung. Aus welchen Gründen einer ein Genie wird, bleibt dunkel. Sonst wäre es kein Genie, könnte man es nicht nur erklären, sondern geplant produzieren, sollen doch heute die Menschen begeistert davon träumen, demnächst durch die Genetik die Eigenschaften ihrer Brut von vornherein festlegen zu können, so dass wir bald sehr viele blauäugige blonde Tennisspieler erwarten dürfen, die ob ihrer Vielzahl leider arbeitslos sein werden. Aber mit Hartz 4 haben sie allemal Zeit genug, um Tennis zu üben.

Aristoteles wollte es sich denn auch nicht so einfach machen und den Menschen aus dem Himmel der Ideen ableiten und dann als natürlich ausgeben: denn was sollten die Ideen mit der Natur oder einem Gott zu tun haben! Aristoteles richtete stattdessen seinen Blick auf die vergängliche Welt und sieht dort zahlreiche mehr oder weniger passabel funktionierende griechische Stadtstaaten. Und wenn man in die Häuser schaut, so herrschen die Männer über Frauen, Kinder und Sklaven, die alle zusammen auch eine Gemeinschaft ergeben, allerdings keine die auf Gleichheit beruht, sondern auf Ungleichheit wie die politische Herrschaft von Tyrannen bei den Barbaren. Die beste Herrschaft entwickelt sich jenseits des Hauses, der Privatsphäre, wenn die Bürger gemeinsam für ihren Staat eintreten, gemeinsam die Gesetze und öffentliche Angelegenheiten diskutieren und darüber entscheiden, wenn sie also in die Volksversammlung kommen. Daher gilt Aristoteles gemeinhin als der erste politische Theoretiker der Demokratie, die natürlich nur die freien Bürger Athens umfasste, nicht die Frauen, nicht die Sklaven, nicht die Heloten und sonstige Unterschichten. Es handelt sich also mehr um die Demokratie einer politischen Elite. Doch auch diese betrachtet Aristoteles nicht als eine zufällige Entwicklung oder gar eine Erfindung, eben ein Modell der Zusammenarbeit, das man auch ändern kann, wie zuletzt der Neopragmatist Richard Rorty die heutige Demokratie versteht.

Es bestehen verschiedene Staatsformen und Verfassungen. Doch Menschen leben immer in derartigen politischen Verbänden, so dass Aristoteles den

Menschen von Natur aus darauf angelegt ansieht, wie die Bienen oder Ameisen Staaten zu bilden. Wenn also der Mensch von Natur aus ein Staaten bildendes Wesen ist, dann muss er kooperativ und sozial veranlagt bzw. gemeinschaftsorientiert sein. Nur Götter und Tiere können alleine leben, die Menschen nur in Gemeinschaften. Im Unterschied zu den Gemeinschaften bildenden Tieren besitzt der Mensch eine Stimme und eine Vernunft, mit denen er die Probleme der Gemeinschaft formuliert, was letztlich in die Frage nach der Gerechtigkeit mündet. Sklaven und Frauen sind davon allerdings ausgeschlossen. Sie können zwar die Stimme benutzen, letztlich aber wie die Tiere damit nur Leid und Freud ausdrücken. Sie haben keinen Anteil am Logos.

Wenn man von letzterem absieht, erscheint das als ein freundliches Menschenbild, womit der Mensch zudem in seine Gemeinschaft eingebettet wird, ihr letztlich zu dienen hat, diese sich dafür aber um Gerechtigkeit bemüht – ob das wirklich vorkommt, wissen wir nicht genau: Manche Gemeinschaften geben das zumindest vor, der Iran beispielsweise. Es verwundert nicht, wenn Thomas von Aquin dieses Verständnis übernimmt und daraus die katholische Grundkonzeption vom Menschen entwickelt: ein Mensch, der sich in die vorgegebene göttliche Ordnung fügt. Weil man ihn immer schon daran gewöhnt hat oder weil er das immer schon eingesehen hat? Weil er der Bibel glaubt?

Oder müssen wir nur Thomas glauben, dessen Glaubwürdigkeit Umberto Eco in seiner Laudatio eindrucksvoll bestätigt: »War er ein Friedensbringer, war er ein Engel? War er geschlechtslos? Als seine leiblichen Brüder ihn dran hindern wollten, zu den Dominikanern zu gehen (denn damals ging man als jüngster Sohn aus guter Familie zu den Benediktinern, die waren standesgemäß; zu den Bettelbrüdern gehen war ungefähr so, wie wenn man heute [Mitte der 1970er Jahre] in eine Maoistenkommune geht oder nach Sizilien, um mit Danilo Dolci zu arbeiten), fingen sie ihn auf dem Weg nach Paris ab und schlossen ihn auf der Familienburg ein; und um ihn von seinen Grillen abzubringen und zu lehren, ein richtiger Abt zu werden, wie sich's gehörte, schickten sie ihm ein nacktes Mädchen in seine Zelle. Aber Thomas griff sich ein brennendes Holzscheit und verfolgte die Schöne in der klaren Absicht, ihr das Hinterteil zu versengen. Also von Sex wirklich keine Spur? Ich weiß nicht, immerhin brachte die Sache ihn so durcheinander, dass er von da an – und das erzählt ein gewisser Bernardus Guidonis – ›Gespräche mit Frauen tunlichst vermied, als wären sie Schlangen.‹«[53] Oder würden Sie, verehrte Leserin, eher jemandem glauben, der sich mit der jungen Dame

eingelassen hätte? Anders als 2011 ein aussichtsreicher französischer Präsidentschaftsanwärter im New Yorker Hotel mit der Hotelangestellten hat sich Thomas jedenfalls benommen.
Aristoteles unterscheidet ähnlich wie Platon die Seele in einen eher rationalen und einen eher gefühlsmäßigen Teil. Erster entwickelt die verstandesmäßigen Tugenden wie Klugheit und Weisheit, die man durch Einsicht und Überlegung gewinnt. In gefühlsmäßige Tugenden wie Tapferkeit, Besonnenheit und sogar Gerechtigkeit übt man sich durch Gewöhnung ein. Sie nennt Aristoteles die ethischen Tugenden, bei denen man das rechte Maß treffen muss: wenn man tapfer sein will, dann darf man weder feige noch tollkühn handeln. Genau in diesem Sinne übt der katholische Ritus, das Leben in der Gemeinde, die Kommunion, die Ministrans, die Jugendfreizeit, die Hochzeit, in die Tugenden und den katholischen Glauben gleichermaßen ein.
Nur wundere man sich nicht, dass die Tugendlehre des Aristoteles ihrerseits schnell verblasste. Was in einer Situation tapfer und nicht feige oder tollkühn ist, das entscheidet jeder für sich selbst. Das mochte so recht schon nicht in die hierarchische Ordnung der katholischen Kirche passen. Für militärische Kommandostrukturen taugt das gleichfalls nicht. Da beruft man sich lieber auf den Gehorsam und drillt seit Napoleon seine Soldaten, die nur noch auf Signale reagieren. Wenn dann das doch nicht so richtig klappt, dann erfindet man einen Mythos wie den von Langemarck, bei dem nicht mal der Name stimmt, handelte es sich schlicht um einen selbstmörderischen Angriff von unerfahrenen, kaum ausgebildeten sogenannten Kriegsfreiwilligen-Regimentern, die angeblich, so die Propaganda der Obersten Heeresleitung, mit dem Deutschlandlied auf den Lippen in das gegnerische Maschinengewehr-Feuer gestürmt seien. Davon träumen die Rechtsradikalen immer noch (dass sich nämlich das dumme deutsche Volk für die rechtsradikale Sache opfert). Doch die meisten Leute rennen nicht mehr freiwillig in den Tod. Und man sollte auch verhindern, dass Rechtsradikale dergleichen selber tun – wiewohl ja jeder die Freiheit hat, aus dem Leben zu scheiden, wann immer er will. Doch alleine sterben Rechtsradikale zumeist auch nicht gerne, sondern nehmen gemeinhin wie die Selbstmordattentäter möglichst viele andere mit. Überhaupt lassen sie lieber andere für sich und vor allem vor sich sterben – wie es Eco den Wahrheitspropheten attestierte.

34. Flüchtende Engländer und kapitulierende Franzosen

Was ist also der Mensch? Dass der Mensch einen sozialen Charakter besitzt, von Natur aus auf das Leben in der Gemeinschaft als deren untergeordneter Teil ausgerichtet ist, dem widerspricht Anfang des 16. Jahrhunderts denn auch bereits vehement Niccolò Machiavelli, und zwar primär mit dem Blick auf die Fürsten, die Päpste, die Bischöfe, den Adel, die Patrizier, die politischen Beamten, also insgesamt auf die politischen und kirchlichen Eliten. Bei genauerem Hinsehen – und das hätte auch schon Aristoteles lernen können – erweisen sich die politisch aktiven Menschen zumeist als wenig moralisch, vielmehr äußerst egomanisch, machtverliebt und hinterhältig. Im Erfolgsfall schaffen sie große Reiche, an denen viele partizipieren. Aber sie leben allemal nicht für das Allgemeinwohl, sondern für ihr eigenes und eher durch Zufall ergeben sich daraus auch Vorteile für andere, was man dann als Gemeinwohl deklariert. Nur dürfen sie das selbst niemals zugeben, müssen sie sich immer hinter dem Allgemeinwohl verstecken, verlor eine bekannte deutsche Kleinpartei mal bei Wahlen kräftig, in die sie mit der Parole gezogen war, sie vertrete die Besserverdienenden. Man darf natürlich niemals zugeben, dass man Machiavelli gelesen hat. Aber man sollte ihn tunlichst lesen. Also vertraue man nur einem Politiker, der leugnet Machiavelli gelesen zu haben! Also verehrte Leserin, vertrauen Sie bitte nur Lügnern!

Machiavelli träumt von einem machtverliebten, aber geschickten und skrupellosen Fürsten, der Italien aus durchaus egoistischen Gründen eint, dadurch aber die Voraussetzungen für die Republik schafft. Denn Machiavelli lässt zwar die metaphysische Naivität des Christentums hinter sich, aber nicht gänzlich dessen romantisch aristotelische Schwärmerei vom Menschen als sozialem Wesen. Das Volk erscheint Machiavelli nämlich als ein viel moralischeres Wesen als die agierenden Politiker. Wenn aus dem Volk viele fähige Menschen Politik machen würden, dann könnte man die Republik erhalten. Dass die politische wie die religiöse Welt, also vornehmlich die Welt der Gemeinschaften, ergo die Welt der traditionellen Moral, die Menschen geradezu moralisch depravieren, das erkennt er nur zum Teil. Ergo, die Moral macht unmoralisch. Ergo, wie reduziert man die Moral soweit, bis aus ihr wieder ansehnliche Produkte hervorgehen, beispielsweise als gute Unterhaltung?

Dass mit dem Menschen als Gemeinschaftswesen kein Staat zu machen ist, das begreift Thomas Hobbes angesichts der blutigen nicht endenden Religionskriege des 17. Jahrhunderts. Für seine Mitmenschen erweist sich der Mensch dadurch als Wolf, als ein Egoist, den Habgier und Furcht um das eigene Leben antreiben. Auf sein Wesen kann man daher auch keinen Staat gründen. Doch zumindest verfügt er über eine gewisse Einsichtsfähigkeit und wird anerkennen müssen, dass sein Leben nur geschützt ist, d.h. dass er nur in Frieden wird leben können, wenn er sich, anders als es sich Aristoteles vorstellt, politischer Partizipation enthält und er sich wie alle Mitmenschen einem mächtigen Souverän mit einem starken Verwaltungsstab unterwirft, der ihm dafür im Gegenzug Frieden und Sicherheit gewährleistet. Weil der Mensch ein gefährliches und ein gefährdetes Wesen ist, braucht er eine Macht, die ihn beschützt.

Damit er diese Macht durch seine Gefährlichkeit nicht unterminiert, muss diese Macht ihrerseits dem Menschen Dienste leisten. Zwischen Staat und Bürger gibt es also einen Deal: »Wenn du mir hinlänglichen Schutz gewährst – dazu gehört auch ein gewisses Maß an lebenserhaltenden Gütern – dann mache ich alles, was du mir vorschreibst. Du darfst auch alles nehmen, nur nicht mein Leben.« Es war noch jene glückliche Epoche ohne eine allgemeine Wehrpflicht, die ja jetzt wieder anbrechen könnte. Der zeitgenössische Absolutismus entfaltete eine abgehobene ferne Macht. Die Fürsten mussten die Soldaten aus ihrer Privatschatulle bezahlen und pflegten nicht, ihr Eigentum zu verheizen, wie es dann später die Nationalstaaten mit ihren Massenheeren aus Zwangsrekrutierten taten. Nach Hobbes darf der Bürger einen Ersatzmann stellen, wenn ihn der Fürst zur militärischen Gefolgschaft ruft. Warum auch nicht: Man bezahlt jemanden und muss nicht in den Krieg. In Zeiten der Wehrpflicht muss man einen Arzt finden, der einem einen hinlänglichen Defekt attestiert. Heute zahlt man Steuern und dann finden sich schon ein paar Abenteurer, die gerne Taliban jagen. Das machen ja Leute, auch ohne dass sie dafür gut bezahlt werden.

Die Söldner jener Zeit waren auch keineswegs geneigt, sich zu opfern. David Hume, der Begründer des englischen Empirismus, nahm 1747 an einem Angriff englischer Truppen auf die französische Stadt L'Orient teil. Auf dem Weg dorthin, aufgeteilt in mehrere Marschkolonnen beschossen diese sich gegenseitig, so dass einige der ihren zu Tode kamen. Daraufhin beschlossen sie, nur noch vereint zu marschieren. Der erste Beschuss von L'Orient missglückte. Gestresst und wohl wissend, dass ihnen die französischen Truppen überlegen waren, zogen sich die Engländer nachts ängstlich zurück. Doch gleichzeitig kapitulierten die französischen Truppen angesichts der Bedrohung, dass der Beschuss am nächsten Tag ja besser treffen könnte und obwohl sie wussten, dass sie den Engländern zahlenmäßig haushoch überlegen waren.

Die geflohenen Engländer bemerkten davon nichts mehr und der Emissär mit der weißen Fahne fand nur noch ein paar liegengelassene Waffen vor. Verglichen zu den Religionskriegen des 17. Jahrhunderts waren die Kriege der ersten Hälfte des 18. erheblich weniger blutig und grausam.
Allerdings erwies sich der Mensch bis heute als nicht so rational, wie ihn sich Hobbes vorstellte. Nicht nur der Selbstmordattentäter will sein Leben gar nicht sichern, genauso wenig viele Soldaten vor Verdun, in Stalingrad oder am Ho Tschi Minh-Pfad, die nicht desertierten, sondern sich lieber auf dem angeblichen Feld der Ehre totschießen ließen. Der Staat seinerseits denkt gar nicht daran, sich von Übergriffen auf das Leben seiner Untertanen zu enthalten, gleichgültig ob er sie als Soldaten einzieht, oder wenn er die öffentliche Sicherheit vernachlässigt. Wieder darf man sich darüber amüsieren, wie sich ein klug ausgedachtes Menschenbild als naiv erweist und spätestens heute scheitert. Höchstens in extrem autoritären und brutalen Staaten – in Nazi-Deutschland oder Nordkorea – scheint die Bedrohung durch die staatliche Gewalt so zu wirken, dass sich viele Menschen kaum gegen diese Unterdrückung wehren. Doch das geben sie dann entweder als Nestwärme in der SA oder als Dienst am Vaterland aus. Ansonsten suchen viele Zeitgenossen vernünftigerweise jedes Schlupfloch, um dem staatlichen Zugriff zu entfliehen. Zudem wird jeder Widerstand von Seiten eines solchen Gewaltstaates möglichst verschwiegen.[54]

35. Der sich selbst bestrafende Mensch

Auch John Locke sucht im 17. Jahrhundert nach einem Fundament für seine Staatskonzeption in einer Anthropologie. Der Mensch sieht sich von Natur aus jedoch weniger selbst durch andere Menschen bedroht als sein Eigentum, das er durch Aneignung von Naturgütern, also durch Arbeit erwirbt, damit auch ein natürliches Recht darauf hat. Daher ist der Mensch für Locke nicht unbedingt seinen Mitmenschen ein Wolf wie noch für Hobbes. Er ist weniger Einzelgänger, der sich nur aufgrund der Bedrohung mit anderen zusammenschließt. Er kooperiert vielmehr seiner Natur nach bereits arbeitsteilig mit anderen Menschen, und freut sich, wenn er diese übervorteilen oder gar ausbeuten kann. Insofern erweist er sich als gesellschaftsfähiger als der Mensch bei Hobbes: Ausbeuten ist doch zweifellos freundlicher als Ermorden.
Daher bleibt sein letztes Motiv zwar egoistisch, sich wirklich auf einen Staat einzulassen. Durch die Möglichkeit, sich durch Arbeit Eigentum anzueignen

und dadurch dass man es auch vermehren kann, wird es immer schwieriger, es zu schützen. Der Mensch beginnt folglich den Staat primär zum Schutz des Eigentums und natürlich auch seines Lebens zu brauchen – ein für Locke allgemeines Bedürfnis, das alle Menschen haben, selbst wenn sie über wenig Eigentum verfügen, wiewohl es evident ist, dass er mit diesem Konzept zum Theoretiker der kapitalistischen Ökonomie und des bürgerlichen Staates avanciert. Trotzdem, es läuft doch verhältnismäßig harmonisch und hübsch in eine Entwicklung aus, an der die Mehrheit der Menschen einen Vorteil hat und sich daher beteiligen wird. Man verschafft sich also gegenseitig gewisse Vorteile.

Insofern erweist sich Locke als Vordenker eines Modells vom Menschen als *homo oeconomicus*, der sich auf den Staat einlässt, weil dieser ihm seine ökonomischen Interessen sichert, womit Locke den absolutistischen Staat seiner Zeit natürlich kritisiert, der ständig dazu neigt, in das bürgerliche Eigentum einzugreifen, indem er die Steuern erhöht. Das darf der Staat indes nur mit Zustimmung seiner Bürger, die ihre Vertreter in das Parlament wählen, das als Legislative die Exekutive, die damals in England ein Monarch ausübt, kontrolliert und in ihrer Macht beschränkt. Locke entwickelt als erster eine Theorie der Gewaltenteilung, um die staatliche Macht nicht ausufern zu lassen. Trotzdem läuft die politische Entwicklung heute darauf hinaus, dass der Staat immer mehr Lebensbereiche regelt und kontrolliert. Der moderne demokratische Staat entfaltet eine viel größere Macht als der Absolutismus Ludwig XIV. Wie lautet doch der hübsche Spruch: Das Parlament kann alles beschließen, nur nicht dass die Männer die Kinder kriegen. Doch selbst das könnte sich demnächst ändern und dann wird staatlich festgelegt, dass in einer Ehe die PartnerInnen zu gleichen Teilen die Kinder austragen müssen. Wehrt sich der Mann bei der zweiten Schwangerschaft seiner Frau, wird ihm der Embryo zwangsweise eingepflanzt und harte Strafen drohen, wenn er den in seinem Bauch werdenden Staatsbürger und zukünftigen Pflegeversicherungsbeitragszahler durch Tabak und Alkohol gefährdet.

Dass der Mensch böse ist, das bestreitet neben Aristoteles und Locke auch Jean-Jacques Rousseau. Doch die Begründung provozierte seine Zeitgenossen, als er mitten im aufgeklärten 18. Jahrhundert die Kulturentwicklung als einen Sittenverfall beschreibt, um derart nicht nur zu einem der ersten modernen Kulturpessimisten zu werden. Vielmehr proklamiert er auch eine der ersten Konzeptionen des Werteverfalls, wie sie seither von konservativer und traditionalistischer Seite ständig wiederholt werden, ob in der FAZ, in Teheran, an der Humboldt-Universität oder bei den Taliban, vom Bibel-Gürtel in den

USA ganz zu schweigen. Man darf Rousseau als den wichtigsten Wegbereiter des Ernstes, des Jammerns und Klagens bezeichnen, des großen Lamentos über den Niedergang der Kultur und den Wertezerfall sowie über die sozial erworbene Bosheit der Mitmenschen, was sich in allen politischen Lagern schier seuchenartig ausgebreitet hat. Hat der sich paranoisch ständig verfolgt fühlende Rousseau je gelacht?

Dabei entwickelt Rousseau eine in sich höchst widersprüchliche Theorie. Seine Anthropologie geht nämlich ähnlich wie diejenigen von Hobbes und Locke von einem individualisierten Menschen aus, der nicht wie noch bei Aristoteles oder in der katholischen Konzeption in eine Gemeinschaft von Natur aus eingebunden und untergeordnet ist. Vielmehr lebt der Mensch vergleichsweise einsam und streicht friedlich durch die Wälder und Savannen. Er freut sich, wenn er einem anderen Menschen begegnet – mehr aber auch nicht. Er kennt noch gar kein moralisches Gut und Böse, weil er seinen verstreuten Mitmenschen gar nichts Böses antun kann. Die Konflikte zwischen den Menschen entstehen erst, als die Menschen anfangen, sich das Land anzueignen, also privates Eigentum an Grund und Boden zu beanspruchen. Der Staat, der daraufhin im Sinne von Locke zum Schutze des Eigentums gegründet wird, dient den Interessen weniger, nicht dem Allgemeinwohl.

Daher kritisiert Rousseau denn auch Hobbes. Der Mensch ist von Natur aus friedliebend und keineswegs dem anderen ein Wolf, wozu ihn erst der Staat und eine Kulturentwicklung machen, der es nicht um eine Steigerung der gemeinsamen Kräfte, sondern einzig um ein ständig bequemer werdendes Leben für einige wenige geht. Will man dieser Entwicklung widerstreiten, muss man den Menschen naturnah erziehen. Das bedeutet kein Zurück zur Natur, das Rousseau explizit bestreitet. Aber seine Konzeption der Pädagogik fordert, dass man Erziehungseinrichtungen für die Kinder auf dem Land fernab der Städte und fernab der zu Wölfen depravierten Menschen gründet und die Kinder weitgehend nach ihren eigenen Bedürfnissen – also quasi natürlich – sich entwickeln lässt. Solche Erziehung erzeugt dann altruistische Menschen, die kein egoistisches bzw. individuelles Eigeninteresse entwickeln, sondern sich in Einklang mit dem Allgemeinwohl betrachten, das sie als das ihre übernehmen. Derart möchte Rousseau die große Aporie der Neuzeit wie der Moderne auflösen, den Gegensatz von Individuum und Staat bzw. Gemeinschaft. Mit dieser Konzeption wird er vor allem zum Wegbereiter kommunistischer und anarchistischer Gesellschaftskonzeptionen und der damit verbundenen Idee eines neuen, gemeinwohlorientierten Menschen, der aber dem alten natürlichen ähnelt. Das klingt einerseits hübsch harmonisch.

Andererseits finden sich in Rousseaus *Abhandlung über die Politische Ökonomie* aus dem Jahr 1755 folgende Sätze: »Auf welch unbegreifliche Art und Weise hat man das Mittel gefunden, die Menschen zu unterjochen, um sie frei zu machen? Um im Dienste des Staates die Güter, die Hände, das Leben selbst aller ihrer Mitglieder einzufordern, ohne sie zu zwingen und ohne sie zu befragen? Ihren Willen an ihre eigene Zustimmung zu ketten? Ihre Einwilligung gegen ihre Verweigerung durchzusetzen und sie zu zwingen, sich selbst zu bestrafen, wenn sie tun, was sie nicht tun sollten? Wie kommt es, dass sie gehorchen und niemand befiehlt, dass sie dienen und doch keinen Herren haben? Und umso freier sind unter einer scheinbaren Unterwerfung, als jeder nur das von seiner Freiheit verliert, was der Freiheit eines anderen schaden kann? Dieses Wunder ist das Werk der Gesetze.«[55] Jeder arbeitet freiwillig für das Allgemeinwohl.

Das ist Nestwärme, Leben in der Gemeinschaft, auf dem Oktoberfest, im Fußballstadion, an Weihnachten, im Ferienlager, auf der Demo, in der Partei, beim Straßenfest bzw. dem Fest der Unità. Jedenfalls ist der Mensch ein Glied in einem organischen Körper, der ihn nach Gusto gebraucht, erhält und abstößt, nämlich in den Schützengraben. Der Mensch ist kein Zweck an sich selbst, sondern die Gemeinschaft. Dienst ist angesagt und dafür gibt es dann die Mindestrente und das Leben hat ein tiefen ernsten Sinn: Das Überleben des Vaterlandes, des Proletariats oder der Gattung. Dergleichen umschreibt Ernst Jünger: »Was stirbt, was abfällt, ist das Individuum als der Vertreter geschwächter und zum Untergang bestimmter Ordnungen. Durch diesen Tod muss der einzelne hindurch, gleichviel ob seine dem Auge sichtbare Laufbahn durch ihn beendet wird oder nicht, und es ist ein guter Anblick, wenn er ihm nicht auszuweichen, sondern ihn im Angriff aufzusuchen strebt.«[56] Was soll dabei rauskommen? Verdun und Stalingrad! Ist ein solches Leben der Mühen wert? Nein, das darf man jetzt nicht mehr fragen!

Dergleichen klingt nach Immanuel Kant zu optimistisch. »Aus so krummem Holze, als woraus der Mensch gemacht ist, kann nichts ganz Gerades gezimmert werden«[57] bemerkt er 1884. Die Widersprüche im Menschen selbst zwischen seiner Vernunft und seinen Begierden, aber auch diejenigen zwischen Natur und Kultur erweisen sich für Kant als zu groß, als dass man mit einer kontinuierlich harmonischen Entwicklung rechnen kann. Der Mensch ist zwar nicht unbedingt dem anderen Menschen ein Wolf. Doch genauso wenig kann man mit Sicherheit von einem friedfertigen Wesen sprechen. Das Eigeninteresse an seinem Eigentum führt keineswegs mit Gewissheit in eine wohlgeordnete bürgerliche Gesellschaft, wie es John Locke unterstellt.

Vielmehr erkennt Kant, dass die historische Entwicklung von Staat, Gesellschaft und Kultur nicht nur von Gegensätzen gekennzeichnet ist, sondern von diesen überhaupt angetrieben wird. Weil die Menschen sich gegenseitig bekriegen und bedrohen, zudem weil sie ständig von einer gefährlichen Natur bedroht werden, sehen sie sich gezwungen die technologische, soziale, politische und kulturelle Entwicklung voranzutreiben.
Damit ebnet Kant den Weg in ein Denken, das Gegensätze welcher Art auch immer als förderlich für die Entwicklung begreift. Beispielsweise erwarten sich nicht zuletzt die Romantiker vom Krieg die Beförderung des Fortschritts: Wenn man Widerstände des Fortschritt mit Gewalt schnell beseitigt und sich nicht lange mit Überzeugungsarbeit aufhält, dann kommt man historisch schneller voran. Wohin? Wenn man das so genau wüsste!
Karl Marx weiß es noch, ebnet für ihn der Bürgerkrieg letztlich den Weg in die kommunistische Gesellschaft, beendet die proletarische Revolution die von Krise zu Krise taumelnde kapitalistische Wirtschaft und lenkt die Kulturentwicklung in den ruhigen Gang des Sozialismus. Wie sagte doch Erich Honecker unmittelbar vor seinem Sturz noch den kleinen Vers auf: »Den Sozialismus in seinem Lauf/hält weder Ochs noch Esel auf.« Kant hofft dabei indes, dass der kapitalistische Handel den Frieden befördert, und dass sich die Staaten wenigstens tendenziell auf eine internationale Kooperation einlassen werden. Er erkennt noch nicht, dass die gegenseitige militärische Bedrohung in immer gefährlichere Waffenentwicklungen und Waffenpotentiale führt.
Marx jedenfalls schließt an dieses Denken der Gegensätze und Widersprüche an. In seinen frühen Schriften von 1844 entwickelt er eine Konzeption des Menschen als arbeitendem Wesen, das sich mit Natur und Umwelt auseinandersetzen muss, um diese zu bewältigen und zu beherrschen. So entstehen Technik und Kultur aus einer Notwendigkeit, aber auch aus einem Grundbedürfnis heraus. Denn der Mensch muss seine Umwelt beherrschen, nicht nur weil er nur so überleben kann, sondern weil er darin seine eigene Erfüllung findet. Arbeit heißt nicht nur Überlebenssicherung, sondern Verwirklichung des menschlichen Triebes nach Ausbreitung seiner selbst in der Welt.
Da die Arbeitsteilung dabei die Effizienz erhöht und die Chancen erweitert und da der Mensch seiner Natur nach ein soziales Wesen ist – hier setzt Marx die anthropologische Konzeption des Aristoteles fort –, bereitet ihm diese arbeitsteilige Kooperation auch keinerlei Schwierigkeiten. Er muss längst nicht alles können, um sich selber zu verwirklichen. Während man normalerweise davon ausgeht, dass der Mensch arbeitet, um leben zu können, dreht Marx

die Perspektive um und bereitet natürlich gegen seine Intention dem Workaholic den Weg, wenn er unterstellt, dass der Mensch lebt, um zu arbeiten. Nur im Sozialismus hat sich der Workaholic nicht so planmäßig entwickelt.

Marx denkt dabei natürlich nicht an den Manager, den Programmierer, den Boutique-Besitzer, den Wissenschaftler oder den Künstler, auch noch nicht an die Frauen, die sich nicht nur solche Berufe erobern, sondern vor allem dadurch ihrer Hausfrauenrolle entgehen. Marx denkt an die Arbeiter in den Fabriken mit katastrophalen Arbeitsbedingungen, Armut und elenden Wohnverhältnissen ihrer Familien. Doch selbst wenn sich das alles etwas geändert hat, Menschen, die unselbständig als Rädchen im Getriebe und womöglich durchaus noch körperlich anstrengend arbeiten, werden dies wohl kaum als Erfüllung begreifen, sondern werden ausschließlich ob des Lohnes arbeiten.

Dass sich der Arbeiter irgendwann von seiner Arbeit erfüllt fühlt, ist eine Utopie, die noch dazu ein hohes Maß an Anpassung und Sublimierung impliziert. Aber einbilden kann man sich dergleichen schon. Vielleicht lebt man besser, wenn man sich ein wenig selbst betrügt. Und weiß man, wer man wirklich ist? Nein! Dann betrügt man sich nicht mal. Dann ist man wirklich der, für den man sich hält. Wer sollte man sonst auch sein?

Nun, Marx wusste noch, wer er selbst und was ein Proletarier ist. Die Revolution wird das proletarische Wesen als Wesen des Menschen verwirklichen. Dass dabei die Menschen regelmäßig bestenfalls verrohen, wird erst das 20. Jahrhundert bereit sein zu lernen. Aber den Revolutionären oder den Nationalisten kommt solcherart Verrohung zupass, können sie dadurch nach dem einen Weltkrieg gleich den nächsten anzetteln oder für die vermeintliche Revolutionsguerilla jahrzehntelang Kombattanten finden. Die Dschihaddisten machen es nach. Das 19. Jahrhundert entwirft fleißig kriegerische und gewalttätige Anthropologien, die ironischerweise immer von einem Menschen als sozialem Wesen ausgehen. Aber sie sollen sich ja auch zusammen totschießen lassen.

36. Der mit der Lüge prüfende Gott

Der damals wie heute größte Skandal der modernen Wissenschaften geht für die Zeitgenossen jedoch von Charles Darwin, einem wenig romantischen Engländer aus, der sein Dorf in der Nähe Londons vierzig Jahre lang nur selten verließ, der sich familiär abgesichert jede Menge Kinder leisten konnte, ein großes Landhaus mit Butler und Gesinde, der sich nur gelegentlich durch seine Publikationen etwas dazu verdiente und als Privatier biologischen Forschungen nachging. Im 19. Jahrhundert reichte das aus, um einflussreiches Mitglied in den wichtigsten wissenschaftlichen Vereinigungen zu werden. Der Skandal geht von einem kränklichen Menschen aus, der sich ständig übergeben muss und sich beinahe ein ganzes Jahrzehnt allein damit beschäftigt, Rankenfüßler, eine winzige Krebsart, unter dem Mikroskop zu sezieren und einzuordnen.

Das Medizinstudium, das er als junger Mann anfängt, ist ihm zu blutig. So wechselt er zur Theologie, um dann mit 22 Jahren auf einem Forschungsschiff, der HMS Beagle, anzuheuern, die aufbricht. um die Küsten Südamerikas und Ozeaniens zu vermessen, eine Reise, die sich in die Länge von fünf Jahren zieht. Er erhält dabei die Aufgabe, Naturstudien zu betreiben. Besonders auf den Galapagos-Inseln fällt ihm die Artenvielfalt auf. So reift in ihm langsam der Gedanke der Evolution, der zu seiner Zeit keineswegs neu, aber kaum überzeugend begründet war. Er wird Jahre brauchen, bis er zu einem schlüssigen Konzept gelangt, das er nur ansatzweise engsten Freunden eröffnet, das er umfänglich begründen wird. So schiebt sich eine Veröffentlichung Jahr um Jahr hinaus, bis er zwanzig Jahre nach den ersten Entwürfen von einem ähnlichen Konzept eines jungen Kollegen erfährt. Jetzt muss er sich sputen und schreibt in einem guten Jahr einen vergleichsweise schwungvollen Essay *Über die Entstehung der Arten durch natürliche Zuchtwahl*, der ihn 1859 wirklich berühmt und zugleich berüchtigt macht.

Warum zaudert Darwin so lange? Nimmt Darwin auf seine tief religiöse Frau Rücksicht? Oder meidet er die Nähe revolutionärer Umtriebe, die sich damals gerne auch auf evolutionäre Gedanken stützen? Darwin jedenfalls weiß, dass ein Sturm der Entrüstung losbrechen wird, wenn er auch nur indirekt die Abstammung des Menschen vom Affen andeuten könnte. Ja, Darwin geht soweit, das Leben auf einen einzigen Entwicklungsstrang zurückzuführen. Der Mensch stammt nicht nur vom Affen ab, sondern auch von der Amöbe. Wie peinlich! Ein solcher Prozess lässt zudem praktisch keine Eingriffsmöglichkeiten eines göttlichen Schöpfers zu, der dadurch auf den Urknall reduziert wird – eine etwas tumbe Form der Schöpfung dadurch, dass da einer einfach alles in den Raum sprengte und das daraufhin Milliarden von Jahren immer nur rumdüst: eine unendliche Explosion wie in einem Computerspiel für Dreizehnjährige, die demnächst Amok laufen und Flugzeuge mit Tempo 700 Km/h urknallmäßig gegen die Bergwand steuern. Die Schlusssequenz von Michelangelo Antonionis *Zabriski Point*, wenn sich die Explosion einer Villa im Zeitlupentempo wiederholt. Ein intelligentes Muster sollte doch etwas anders aussehen. Oder entspricht der Urknall der Intelligenz eines Copiloten? Deswegen wehren sich ja auch die Kreationisten und die Vertreter des Intelligent Design so heftig gegen Darwins Theorien. Für die gemäßigten Kreationisten griff Gott gezielt zu bestimmten Zeitpunkten ein und erzeugte neue Arten, vor allem den Menschen, was mit der Evolutionslehre Darwins in Widerspruch steht. Nach Darwin hat die Erde ein sehr hohes Alter, was ja alle Forschungen bestätigen. Dagegen gesteht jener Kreationismus, der sich auf die biblische Genesis beruft, der Erde nur 6000 Jahre zu. Genesiskreationisten müssen dazu behaupten, Gott habe die Erde so eingerichtet, dass sie manchen Menschen älter als 6000 Jahre erscheint. Warum er die Menschen hinters Licht führt, dafür gibt es durchaus plausible Gründe: man muss es eben glauben, gewährt der Glaube Einblick in die Welt, wie sie wirklich göttlich geschöpft ist, während sich die dummen Ungläubigen vom schieren Schein vermeintlichen Alters täuschen lassen und Urknalltraumata ausbilden. Dann wäre Darwins Evolutionstheorie Produkt seiner ungläubigen Uneinsichtigkeit, die fixe Idee eines Gottlosen. Aber soll man sich nicht lieber mit Darwin täuschen, als mit Gott Recht haben!

Die Einwände, die derart gegen Darwin erhoben werden, greifen zwar die eine oder andere Schwäche seiner Theorie auf – nicht alle Schritte sind vollständig empirisch belegt – doch sie übersehen geflissentlich, wie gut belegt die Theorie insgesamt ist, wie sie auch von der späteren Forschung an den entscheidenden Stellen bekräftigt oder verbessert wurde. Aber lassen wir die Wahrheit ruhig den Göttern. Zudem entwickelt Darwin eine Idee, die ihn nicht nur bei gläubigen, sondern auch bei sozial eingestellten oder gemeinschaftsorientierten Menschen unpopulär machen wird: Nicht nur erweist sich die »natürliche Auslese« als ein planloser, zufälliger Prozess, in dem diejenigen überleben, die sich ihren Lebensumständen am besten anpassen und sich entsprechend vermehren. Dem widerspricht vor allem ein kreationistischer Antiselektionismus, der anstelle der Blindheit dieser Selektion intelligente Eingriffe behauptet, die zu Entwicklungssprüngen führten, der also der Evolution doch ein *intelligent Design* unterlegt. Begeistert aber greifen Rassisten daher Darwin auf. Der Imperialismus der europäischen Mächte im 19. Jahrhundert braucht eine Legitimation: der weiße Mann – nicht die Frau – ist das bessere Produkt der Evolution als die sogenannten farbigen Rassen.

Doch da haben Rassisten Darwin gründlich missverstanden. Nach Darwin wird nämlich der evolutionäre Prozess allein von den Einzellebewesen

getragen, die dabei selber gar keine Arten entwickeln. Denn es geht dem Einzellebewesen gar nicht darum, eine Art überleben zu lassen, sondern höchstens ihren Kindern weiterzuhelfen. Für Darwin ordnen jedenfalls erst Betrachter die Einzellebewesen einzelnen Arten zu, wobei sich Wissenschaftler dabei durchaus uneins sein können: Wo beginnen die Arier und wo hören sie auf? Selbstverständlich darf man sich selbst in den Dienst einer erfundenen Art stellen, in den der Arier beispielsweise. Nur eben kann man nicht viel mehr als etwas für seine Enkel tun, wenn denn die Kinder das genauso sehen sollten. Jeder soll nach seiner Facon selig werden, auch der selbstgebastelte Arier. Nur andere damit zu behelligen, das ist nicht sehr höflich, kennt man aber von fast allen Gemeinschaften, die sich am Ende ja doch nur selbst halluzinieren.
Mit einer willkürlichen Definition grenzten denn auch nicht allein die Nazis Millionen anderer aus, um sie vernichten zu können. Doch höchstens Menschen züchten bestimmte Tiere und entwickeln daraus eine Art. Dabei handelt es sich jedoch um ein Kunstprodukt, was den Nazis sicherlich egal gewesen wäre, hätte man sie nur lange genug Arier züchten lassen. Vielleicht wären diese irgendwann rausgekommen, wenn man längere Zeit die blauäugige Blonde zur Empfängnis vom blauäugigen Blonden zu zwingen vermag. Gerade jene Theorien, die wie die von Joseph Gobineau, der mit seinem *Essai sur L'inégalité des race humaines* einen Vorrang der arischen Rasse zu begründen versuchte, haben wie die Nazis die Pointen Darwins schlicht nicht verstanden: Individuen tragen die Evolution, nicht die Arten. Was ist der Mensch? Ein chaotischer Haufen von Einzellebewesen, zu denen unter anderem Kant zählt, nebenbei gesagt, auch der langjährige Nazi-Kanzler, die sich alle zusammen der Amöbe verdanken? Das kann man doch nicht für wahr halten! Da muss man doch etwas dagegen suchen! Es muss doch einen harten Kern geben! Der Gen-Begriff bürgerte sich zwischen 1906 und 1909 ein. Man suchte nach einer Einheit, die im Wandel der Arten die Stabilität vererbter individueller Merkmale gewährleistet. In einem harten Kern sollte auch der Steuerungsmechanismus des Lebens siedeln. Sonst würde ja alles auseinanderfallen, die Arier plötzlich keine Arier mehr sein, und nicht bloß deswegen, weil sie sich zu häufig mit Semitinnen paarten, sondern weil sich jedes Einzellebewesen gegenüber dem vorhergehenden verändert. Doch man war sich über die Rolle der Gene keineswegs sicher, wusste man nicht so recht, was dieser Kern denn darstelle.
Diese Vorstellung löste sich auch prompt in Bewegung auf, als James Watson 1950 die DNA-Struktur entdeckte. Seither gelten die Gene als Teile dieser

DNA-Struktur. Doch sie stellt gerade keinen harten Kern dar, sondern einen Kopiermechanismus, der sich ständig bewegt und dabei auch laufend Fehler produziert. Doch just dadurch ermöglicht er die Abwandlungen von Einzellebewesen zu Einzellebewesen und damit die genetische Voraussetzung für die Evolution. Zudem erlebte der Gen-Begriff innerhalb der Mikrobiologie seit seiner Einführung viele Veränderungen.

Das *Human Genom Project* hat erst vor Jahren unter großer öffentlicher Aufmerksamkeit eine Landkarte der menschlichen Gene, ca. 30000, präsentiert. Doch damit wurden nur Einteilungen vorgenommen. Wie die Gene eigentlich wirken oder welche Rolle sie überhaupt spielen, das weiß man nur in wenigen einzelnen Fällen und auch nur ungefähr. Nicht mal sicher ist, ob sich beispielsweise die Entnahme eines Gens auf einen Organismus überhaupt auswirkt. Experimentell gibt es Fälle, wo dessen Rolle offenbar von anderen Genen übernommen wurde. Es dürfte also noch ein sehr weiter Weg dorthin sein, wo der Mensch wirklich präzise in das menschliche Erbgut eingreifen kann, um lauter blauäugige blonde Nazi-Kanzler zu züchten und nicht mehr so dunkelhaarige. So verwundert es wenig, dass es um das Human Genom Projekt seither still geworden ist, hat es die Erwartungen, die mit ihm erzeugt wurden, schlicht nicht erfüllt.

So stellt der Gen-Begriff im 20. Jahrhundert zwar eine Erfolgsgeschichte dar. Doch am Beginn des 21. plädieren führende Mikrobiologen dafür, diesen Begriff aufzugeben. Denn – anders als es sich viele in der Öffentlichkeit vorstellen – gibt es *das* Gen nicht. Die Genforschung ist trotzdem heute spektakulär. Das Wissen um die genetische Aktivität hat auch gewaltig zugenommen. Es gibt indes eine Vielzahl unterschiedlicher Definitionen des Gen-Begriffs und keine trifft mit Gewissheit seinen Gegenstand, zeugt diese Debatte eher davon, dass sich der Mensch nun mal Bilder oder Begriffe von der Welt macht, die bestimmte Sachverhalte in den Blick nehmen oder auf den Begriff bringen und dadurch ihre Gegenstände selber nachhaltig prägen, wenn nicht sogar weitgehend konstruieren. So schreibt Evelyn Fox Keller vom MIT 2001: »Gene haben im 20. Jahrhundert eine glänzende Erfolgsserie erlebt und haben unser Verständnis lebender Systeme in nie zuvor gekannter und geradezu erstaunlicher Weise vorangebracht. Doch diese Fortschritte werden die Einführung anderer Konzepte, anderer Termini und Denkweisen über die biologische Organisation notwendig machen und dadurch die Macht der Gene über die Vorstellungskraft der Biowissenschaftler zwangsläufig brechen.«[58]

37. PHILOSOPHIE, DIE WEIß, WAS SIE WILL

Eine andere Konsequenz aus der Evolutionstheorie zieht Arnold Gehlen: Der Mensch sei ein Mängelwesen! Diese von Konrad Lorenz heftig kritisierte These – denn wie kann ein Mängelwesen die Evolution überhaupt überstehen – durchzieht Gehlens philosophische Anthropologie. Denn sie unterstellt, dass der Mensch seiner natürlichen Umwelt verhältnismäßig schutzlos ausgeliefert sei. Er besitzt weder an die Umwelt besonders angepasste Organe, noch entsprechend ausgeprägte Instinkte, die sein Verhalten automatisch steuern, um sein Überleben zu sichern. Der Mensch muss somit seine Umwelt entsprechend gestalten.

Aufgrund seiner Mängel steht der Mensch unter einem enormen Handlungsdruck, von dem er sich zu entlasten sucht: Erstens durch den technischen Eingriff in die Welt; zweitens durch die Bildung von Gemeinschaften und entsprechenden Institutionen; drittens durch die Ausprägung einer bestimmten dazu passenden psychischen Struktur. Um also aufgrund seiner Mängel die Welt beherrschen zu können, muss der Mensch nicht nur handeln, er muss sich selbst entsprechend entwickeln. Dass der Mensch dazu in der Lage ist, dass er entsprechend lernfähig sei, das glaubt Gehlen offenbar nicht, hält er den Menschen für ständig überfordert und offenbar für etwas faul. Ergo muss der Mensch entsprechend gezüchtet werden: Gehlens Anthropobiologie, deren Anfänge in die NS-Zeit zurückreichen, spricht vom Menschen als Zuchtwesen. – Die Natur kennt keine Arier. Diese musste man erst erfinden. Und dann hätte man sie noch züchten müssen.

Gehlens Anthropobiologie verbindet mit dem Menschen als Zuchtwesen Philosophie und Biologie in kulturpessimistischer Perspektive, beklagt er sich implizit denn auch ständig über einen Mangel an Ordnung. Alle kulturellen Errungenschaften – Staat, Technik und Kunst – dienten bisher dazu, den Menschen von den vielfältigen Herausforderungen und Verunsicherungen durch die Umwelt zu entlasten. Die moderne Kultur leistet das jedoch immer weniger: diese Kritik formuliert Gehlen in seiner Schrift *Die Seele im technischen Zeitalter*. Die moderne Kultur befreit den Menschen nicht mehr wie die frühere von der Vielzahl der Eindrücke, mit der auch bereits die natürliche Umwelt über ihn herfiel. Anstatt seine Wahrnehmung einzuschränken, sie zu verstetigen, was ihn beruhigen würde, vervielfältigt die Moderne die Wahrnehmungsmöglichkeiten – man denke an das Lamento über die mediale Bilderflut, die wahrscheinlich doch nur Leute wie mich überflutet, die mit diesen technischen Geräten nicht umgehen können. Der

Mensch heute – so Gehlen – fühle sich jedenfalls bedrängt, überfordert und reagiert andauernd gereizt. Denn die moderne Kultur reißt ihn zudem aus seinen Gewohnheiten heraus, ohne ihm neue zu liefern, die ihm ein Gefühl der Sicherheit geben würden. Selbst die großen Gestalten der deutschen Literatur wie Thomas Mann oder Robert Musil entwickeln keine Genialität, die sich andere Menschen zum Vorbild nehmen können.

Das Mängelwesen Mensch braucht aber Gewohnheiten, Institutionen, feste Vorstellungen – also letztlich einen metaphysischen Komfort und sei dieser von Literaten wie Goethe geborgt. Daraus folgert Gehlen einen Kultur- und Technikbegriff, der den menschlichen Charakter stabilisieren und prägen soll. »Eine stetige ruhige Vernunft,« bemerkt Gehlen, »welche die Zusammenhänge respektiert, gehört zu den ganz seltenen und vielleicht überhaupt nicht mehr lebbaren Tugenden.«[59] Gehlen fordert daher eine Zucht, die sich an der Natur, der Tradition und absoluten ethischen Werten orientiert. Das kann er nur aus der Vergangenheit nehmen und entspricht weitgehend noch der Kriegergesellschaft des 19. Jahrhundert.

Aber könnte es nicht sein, dass die Vernunft eher die Komplexität und Brüche respektieren sollte, wenn es keine harten Kerne, sondern nur Prozesse gibt? So bleibt der Rückgriff auf Tradition und Natur eine willkürliche Angelegenheit. Nicht alles an der Natur ist schützenswert. In der Tat erweist sich die Kultur als eine ständige Überwindung von Natur. Daher gibt die Natur keine Perspektiven vor, muss sich der Mensch seine Ziele selber setzen. Ergo – als ehemaliges Mitglied des NS-Dozentenbundes – hatte er wohl nichts dagegen, dass der sogenannte Führer die Werte und Normen so vorgibt, dass niemand es wagen darf diese oder jene Gestalt zu bezweifeln. Denn ob es sich um einen gescheiterten Kunstmaler handelt, eine verklemmte Prinzessin oder einen, die Justiz fürchtenden Medienhändler, alle fallen doch per Zufall vom Himmel in die Politik und erfinden Werte nach der entsprechenden Facon und verkaufen ihre Schwierigkeiten als gesamtgesellschaftliche Krisen.

38. VERANTWORTUNGSLOSE PHILOSOPHIE

Kulturkritisch in umgekehrter Perspektive entsteht parallel dazu der Strukturalismus, dessen Hauptvertreter Claude Lévi Strauss eine strukturale Anthropologie entwickelt. Während des 19. Jahrhunderts und bis tief ins 20. dominiert das historische Denken die Geistes- und Sozialwissenschaften.

Marx leitet gar aus der Geschichte einen Blick in die politische Zukunft ab. Die Sprache erklärte man sich etymologisch: Die Bedeutung von Ausdrücken ergeben sich aus der Sprachentwicklung.
Dagegen begründet Ferdinand de Saussure mit seinem 1916 posthum erschienenen *Cours de linguistique générale* die strukturale Linguistik, wenn er den Zustand einer Sprache zu einem bestimmten Zeitpunkt unabhängig von dessen historischen Entwicklungen betrachtet. Saussure fragt allein nach den Relationen zwischen den sprachlichen Elementen, also nach den Strukturen. Doch erst um 1950 herum setzt sich das strukturalistische Denken durch, nicht nur in der Sprachwissenschaft, sondern in der Psychoanalyse Jacques Lacans, in der Literaturwissenschaft von Roland Barthes und vor allem in der Ethnologie.
Lévi-Strauss hält den zeitgenössischen ethnologischen Reiseberichten zu kulturell entfernten Völkern den berühmt gewordenen Satz entgegen: »Sie geben uns die Illusion von etwas, das nicht mehr existiert, das aber noch existieren müsste, damit wir der drückenden Gewissheit entrinnen, dass zwanzigtausend Jahre Geschichte verspielt sind.«[60] Wie entstand die Kultur? Durch die universale Norm des Inzesttabus, auf das die Frauentausch- und Heiratsregeln in unterschiedlichsten Kulturen abzielen! So diagnostiziert Claude Lévi-Strauss ähnliche Strukturverhältnisse in den Verwandtschaftsbeziehungen überall auf der Welt. Damit revolutioniert er die Ethnologie und begründet den Strukturalismus, erntet dafür aber auch viel Kritik, die in den Poststrukturalismus mündet, der wie Michel Foucault die Geschichte wieder einholt und auf einheitliche Grundstrukturen verzichtet.
1962 kulminieren Strukturalismus und anthropologische Kulturkritik in seiner programmatischen Schrift *Das wilde Denken*, das das rationale Denken mit dem sogenannten primitiven, dem mythischen Denken gleichsetzt. Die Menschen jenseits der Hochkulturen folgen genauso wenig wie die Europäer bloß ihren Bedürfnissen und Gefühlen, sondern setzen sich überlegt mit ihrer Umwelt auseinander, doch weniger abstrakt als vielmehr vermittelt durch konkrete Gegenstände. Dann hat auch Züchtung kaum noch einen nachhaltigen Sinn.
Lévi-Strauss verschärft indirekt seine Kritik an der Hybris des logischen Denkens, wenn er zeigt, dass Menschen nicht mit Mythen die Welt bewältigen, sondern dass die Mythen deren Denken so vorprägen, dass am Ende die Mythen sich selber denken. Umgekehrt beherrscht das rationale Denken die Menschen genauso wie das mythologische Denken und entwickelt sich aus seiner eigenen Dynamik heraus. Dann ist der moderne Mensch trotz

Technik und Wissenschaft nicht Herr der Welt, nicht mehr mächtiges Subjekt, fährt das Fahrrad mit dem Menschen spazieren. Ergo gelangt der Mensch, wie man ihn sich bisher einbildete, womöglich an ein Ende – eine These, die auch Foucault poststrukturalistisch vertritt – also mit einem stärkeren Blick wiederum auf die Geschichte –, die aber in der rationalistischen angelsächsischen und deutschen Philosophie immer noch Empörung hervorruft. Mangelt es den Menschen etwa an Vernunft? Ergo, wie bringt man sie ihm bei, nicht wie redet man sie ihm auch noch aus? Vielleicht muss man züchtend etwas nachhelfen, könnte das Gehlen und Habermas verbinden und Krisen lösen – wenn die Vernunft mal wieder nicht vernünftig genug war und ein wenig nachgerüstet werden muss.

Dass dem Menschen dagegen überhaupt kein Wesen, auch kein Mängelwesen, höchstens ein Mangel an Wesen eignet, allemal kein Wesen, wie es die humanistischen Positionen seit der Renaissance über die Aufklärung bis hin zur Sozialbewegung des 19. Jahrhundert unterstellen, das formuliert auch Jean-Paul Sartre. Alle solche Bestimmungen sind nachträgliche Interpretationen. Sie können ihre Richtigkeit nicht beweisen, sondern bestenfalls von selbstgesetzten Voraussetzungen ableiten. Kein vorgegebenes Wesen definiert selbstverständliche Orientierungen. Insofern folgt der existentialistische Sartre der vierziger Jahre, bevor er sich stärker dem Marxismus zuwendet, eben keinem Humanismus, der ein bestimmtes Menschenbild bzw. ein eindeutiges Wesen des Menschen annimmt.

Aber Sartre beschränkt sich mit dieser Einsicht nicht wie bei Gehlen auf die seit langem gängige Klage der Orientierungslosigkeit des modernen Menschen. Seine berühmte Feststellung lautet vielmehr: die Existenz geht der Essenz voraus. Kein vorgegebenes Wesen findet sich göttlich, natürlich oder sozial angelegt, das dann der Mensch nur noch individuell ausfüllt. Vielmehr existiert der Mensch in der Welt, ohne dass er wüsste, was für ein Wesen er besitzt, ob er soziale oder individuelle, religiöse oder natürliche Anlagen hat. Daher haben Religion, Naturwissenschaft oder sonstige Weltbilder auch ihre Überzeugungskraft längst eingebüßt und taumeln von Krise zu Krise, die indes nur die jeweils daran Gläubigen angehen.

Der Mensch existiert und muss sich seine Orientierungen selber suchen und zusammenstellen. Er hat sich alleine zu gestalten, d.h. seine Substanz erst aufzubauen. Das erlaubt natürlich auch Eingriffe des Staates im Sinne einer Zucht, gibt aber den Menschen auch die Möglichkeit des Widerstandes dagegen, was ihn letztlich auf sich selbst zurückwirft, er sich selber erfinden muss, also auch sein Wesen selber konstruieren, ohne dass er sich auf die

Tradition einzulassen hätte. Sartre schreibt 1945: »Es gibt aber einen anderen Sinn von Humanismus, der im Grund folgendes meint: der Mensch ist ständig außerhalb seiner selbst; indem er sich entwirft und verliert außerhalb seiner selbst, bringt er den Menschen zur Existenz, und andererseits kann er existieren, indem er transzendente Ziele verfolgt; [...]. Es gibt kein anderes Universum als ein menschliches, das Universum der menschlichen Subjektivität.«[61] – Was für manchen unerfreulich mühsam sein mag und andere dazu verleitet, einer Illusion nachzujagen. Sartre gilt nicht umsonst als *enfant terrible* der Philosophie und ein viertel Jahrhundert als Bürgerschreck, über den sich manche noch heute aufregen: Eine Rezension meiner kleinen Geschichte der Ethik im 20. Jahrhundert als Wegbereitung für das Konzept eines Weltethos empörte sich darüber, dass ich zu den Wegbereitern Sartre zählte.[62] – Der hilft bestimmt nicht gegen die Krisen! – Nein, das soll er auch nicht. Aber wenn man ihn nur ein wenig ernst nimmt, muss man vielleicht die Krisen nicht mehr so ernst nehmen. – Gerade das ist ja verantwortungslos!

39. MIT KRISEN SPIELEN

Was ist der Mensch? Ein wesenloses Lebewesen? Dem man daher erst recht sagen muss, wo es lang geht! Das man daher züchten muss! Unabhängig von solcher Aufregung wirft das die bis heute lange und intensiv diskutierte Frage nach der Freiheit auf, genauer der *Freiheit des Willens*. Immer wieder erheben Wissenschaftler die Stimme, die den Menschen ausschließlich eingebunden in einen umweltlichen Zusammenhang begreifen und vehement jede Freiheit des Willens dementieren. Hannah Arendt antwortet darauf mit einem Einwand, der von Augustin stammt, nämlich der Gebürtlichkeit des Menschen, die für jene Gegner der Willensfreiheit diese Eingebundenheit in den biologischen Prozess par excellence verkörpert. Doch mit jedem neuen Menschen entsteht ein neuer genetischer Fingerabdruck. Entsteht damit nicht wirklich etwas Neues?

Weniger ein solches naturwissenschaftliches Argument steckt für Arendt hinter der Gebürtlichkeit als vielmehr der Konflikt der Generationen, wenn in die prekär geratene, zerbrechliche Welt ständig neue Generationen drängen. Gebürtlichkeit heißt für Arendt, dass durch die Geburt eines jeden Menschen etwas Neues anfängt: nicht nur als biologische Gen-Kombination, sondern als unbeschriebenes Blatt, das sich entfaltet, um die Welt auf bisher unbegangenen Wegen zu verstehen, somit auch zu verändern.

Arendt schließt an Augustins *Gottesstaat* an, für den der Zweck des Menschen ob seiner Gebürtlichkeit schlechthin das Neue ist. Arendt schreibt: »Es ist uns aus der Philosophie vertraut, den Menschen als ein sterbliches Wesen zu verstehen. Merkwürdigerweise hat aber noch keine Philosophie, auch keine politische Philosophie, sich dazu vermocht, den Menschen auf seine ›Gebürtlichkeit‹ hin anzusprechen, nämlich darauf hin, dass mit jedem von uns ein Anfang in die Welt kam und dass Handeln im Sinne des Einen-Anfang-Setzens nur die Gabe eines Wesens sein kann, das selbst ein Anfang ist.«[63] Das Anfangenkönnen eröffnet für Arendt die Freiheit, ein Anfangenkönnen, das sich im Wollen verwirklicht. Der Mensch wird geboren, wodurch etwas Neues beginnt, er nämlich etwas Neues will, d.h. dass er neue Impulse in die Welt strahlt.

Der Mensch ist der Gebürtliche und nicht der Sterbliche. Das zeichnet ihn anthropologisch aus. Doch der Mensch besitzt für Arendt wie für Sartre kein vorbestimmtes Wesen, das ihn determinierte, sondern er muss dieses Wesen überhaupt erst hervorbringen, eben durch seine Handlungen seine Existenz gestalten. Nur wenn den Menschen ein von Natur oder Gott vorgeprägtes Wesen erfüllte, bestimmte ihn ein solches Programm, wie immer er es ausführte. Doch der Mensch kann auf vielfältige Weise aus biologischen Ketten heraustreten, ist diesen keineswegs ausgeliefert.

Bindet die Notwendigkeit der Abläufe von Natur und Gesellschaft den Willen nicht trotzdem in Kausalketten ein? Arendt weiß, dass man die Willensfreiheit nicht beweisen kann. Nur unter der Bedingung, dass die Welt nicht vollständig determiniert ist, dass sich in ihr vielmehr Lücken der *Kontingenz* öffnen, dass sich doch nicht mit Gewissheit voraussagen lässt, wie Menschen im nächsten Augenblick reagieren werden, nur unter solchen Bedingungen können wir von der Willensfreiheit sprechen. Daher muss man die Kontingenz auch ohne letzten Beweis annehmen. Derart schließt sie an Johannes Duns Scotus an, wenn er schreibt: »Ohne [Kontingenz] wäre eine Orientierung an Tugenden ebenso unnötig wie an Geboten, an Verdiensten, an Belohnungen, an Strafen, an Ehrungen, und in kurzer Zeit würden jegliche politische Ordnung und jedes menschliche Miteinander zerstört werden. Den Leugnern von Kontingenz aber müsste man mit Folterwerkzeugen, mit Feuer und dergleichen zu Leibe rücken und sie so sehr traktieren, bis sie zugeben, dass es möglich ist, sie nicht zu quälen. Damit würden sie eingestehen, dass sie kontingenter Weise und nicht notwendig gequält würden.«[64] Nur unter Bedingungen der Kontingenz eröffnet sich die Chance, etwas Neues zu beginnen, das man auch sein lassen könnte, das also keineswegs absolut notwendig in der

Wirklichkeit auftauchen muss. Nur unter Bedingungen der Kontingenz besteht die Willensfreiheit, letztlich auch die politische Freiheit des Individuums. Insofern widersprechen der Freiheit die berühmten Libet-Experimente nicht, nach denen die Bewegung des Arms dem Signal im Gehirn vorausgeht. Innerhalb einer kausal betrachteten Welt gibt es immer Ursachen für welche Erscheinungen auch immer, die keiner Beliebigkeit zur Verfügung stehen. Dann wäre auch das Universum vollständig determiniert. Aber dabei handelt es sich nur um eine naturwissenschaftliche Perspektive, eine nachträgliche Interpretation. Solange man die Lottozahlen nicht voraussagen kann, solange man die Zukunft nicht zu berechnen vermag, bleibt der Zufall die Option für etwas Neues, das sich ein Mensch ausgedacht hat, auch wenn hinterher alle sagen, diesen Einfall verdanke er nur seiner Sozialisation oder seinen ökonomischen Interessen. Das kann ja nur in Chaos und Krise führen, denken viele von Links bis Rechts und machen aus dem Menschen lieber einen Sterblichen, der sich ständig mit dem Tod bedroht sieht und den man auf diese Weise lenken kann. Für den Gebürtlichen wäre denn auch die Krise nur ein Spiel.

40. AM LIEBSTEN IM BODEN VERSINKEN

Was ist also der Mensch? Offenbar weiß man es nicht so genau. Hat es noch Sinn im Zeitalter, wenn Welt- und Menschenbilder an Strahlkraft verlieren, diese Frage überhaupt zu stellen? Aber vielleicht sollte man die Ansprüche solcher Menschenbilder tiefer hängen, weniger nach dem Wesen, als nach den Erscheinungen fragen, letztlich nach dem, was am Menschen schlicht am meisten auffällt bzw. jegliches Wesen darauf reduzieren, nicht mehr zu sein als eine Momentaufnahme: Ein unveränderliches Wesen, wie es Leo Strauss oder Eric Voegelin unterstellen: Derart starke Behauptungen lassen sich schlicht nicht belegen. Daher könnte ein beiläufiges Ereignis den Menschen zum Menschen machen! Was sonst! Also wie erscheint der Mensch? Hans Blumenberg bemüht sich in seinem Werk *Beschreibung des Menschen* nach Evidenterem zu fragen als nach dem, was man ansonsten traditionell so als Wesen des Menschen versteht – man denke an das *animal rationale*. Was ist augenscheinlicher am Menschen als seine Vernunft? Der Mensch ist der einzige Primat, der ausschließlich aufrecht geht und steht. Was folgt daraus? Er sieht nicht nur ausgezeichnet. Er wird auch gesehen, also die Visibilität des Menschen, die nachhaltig sein Leben und sein Bewusstsein prägt. Blumenberg schreibt: »Denn dies bedeutet nicht nur primär zu wissen, *wie* man selbst aussieht, sondern urtümlicher noch, sich dessen bewusst zu sein, *dass* man aussieht. Visibilität ist nicht nur der einfache Sachverhalt, dass der Mensch ein körperliches und damit physisch ›sichtbares‹ [...] Wesen ist. Es bedeutet mehr, vor allem, dass er vom Sehenkönnen der anderen ständig durchdrungen und bestimmt ist, sie als Sehende im Dauerkalkül seiner Lebensformen und Lebensverrichtungen hat.«[65]

Diese Visibilität bleibt indes nicht ohne Folgen: Wie erscheint der Mensch? Er ist zwar sichtbar aber kaum durchschaubar: Blumenberg schreibt: »Fremdkörper und Fremdleiber sind primär undurchsichtig für die Aufmerksamkeit, und von ihnen her wird auch der Eigenleib als primär undurchsichtig oder in den Stand der Undurchsichtigkeit versetzbar eingeschätzt.« (ebd., 659) Als umso wichtiger erweist sich, dass er gesehen werden kann, eine Erfahrung, die dem urzeitlichen Menschen, als er aus dem ihn verbergenden Urwald hinaus in die Savanne wechselte, als Chance, aber auch als Risiko bewusst wurde. Davon erzählt noch die biblische Geschichte, als sich Adam vergeblich vor Gott zu verstecken trachtete, nachdem er vom Apfel genascht hatte. Blumenberg schreibt: »Der mythische Augenblick, in dem der Stammvater der Menschen mit dem Versuch sich zu verbergen scheitert, reflektiert den Schock der vorzeitlichen Erfahrung des aus dem bergenden Urwald auf die freie Wildbahn hinausgedrängten Vormenschen, der sich in einer bis dahin ungekannten Weise der Sichtbarkeit ausgesetzt fand. Der Schock der Visibilität steckt aus seiner Geschichte im Menschen als das Bewusstsein, ein Lebewesen mit ›viel Rücken‹ zu sein.« (Ebd., 785) »Manchmal möchte man im Boden versinken.« Noch dieses Sprichwort zeugt davon, dass man ob seiner Sichtbarkeit nicht nur gejagt, sondern beschuldigt werden kann; wenn einen die Blicke der anderen anstarren. Der Täter möchte nicht gesehen werden, bzw. möchte dort gesehen worden sein, wo er nicht war: das Alibi.

Der Mensch lebt also in einer risikoreichen Situation. Diese Sachlage prägt seine Existenz. Weil er weiß, dass er gesehen wird, benimmt er sich dementsprechend und versteckt sich. Oder er hält sich eine Maske vors Gesicht, d.h. er setzt sich in Szene, um damit beispielsweise zu täuschen. Wenn man sich exponiert, wenn sich die Frau verhüllend enthüllt, dann muss sie sich noch lange nicht zum Opfer der Männer machen. Nein, sie kommuniziert mit Sexyness. Blumenberg schreibt: »Aber zu sagen ist, dass der Kult des entblößten Körpers nicht in der Abdrift der Barbarei liegt. Es ist darin ein unverkennbares Moment der Wiederentdeckung des Instrumentellen in der

Verhüllung. Nur wenn man dies im Blick behält, wird der anthropologische Komplex der Visibilität erfassbar, der Gesehenwerdenkönnen, Sichsehenlassen und Sichdarstellen umschließt.« (Ebd., 779)

Die Maskerade bietet unverkennbar Chancen: Die Frau, die sich schön macht, hat regelmäßig mehr Erfolg bei Männern, auch wenn das alle Essentialistinnen bedauern und stattdessen die innere Schönheit propagieren. Man kann diese bloß leider nicht sehen und heute lebt man umso mehr in einer Welt der Bilder. Hannah Arendt hält denn Schönheit auch für eine Macht: »In einer Frau schafft Schönheit die Distanz, aus der her sie urteilen und wählen kann. Keine Klugheit und keine Erfahrungen können den Mangel solch natürlich gegebenen Raumes für die Urteilskraft aufholen.«[66] Über die Literatin Karen (Tania) Blixen, die unter dem Namen Isak Dinesen publizierte, bemerkt Arendt ohne mürrischen Unterton, sie sei sich darüber klar gewesen, ihren wenig familienbegeisterten Liebhaber, den Abenteurer Denys Finch Hatton nur durch ihre Schönheit halten zu können, nicht aber etwa durch Häuslichkeit. Doch diese Bilder und die Maskerade wirken zurück auf die Innerlichkeit, vielleicht ja sogar auf die innere Schönheit, die man höchstens hören kann und die insofern auch wieder sinnlich wahrgenommen werden muss. Ob äußerlich oder vermeintlich innerlich, in jeder Hinsicht bleibt gar nichts anderes als zu überlegen, wie man auf andere wirkt. So bezieht man aus solchen Mutmaßungen sein eigenes Selbstverständnis. Sichtbarkeit und Hörbarkeit führt somit zur Reflexivität der menschlichen Existenz, gerade weil der Mensch nicht zu durchschauen ist und das Gesagte immer doppeldeutig – das Trübe der innerlichen Schönheit: Sowenig wie man durch ihn hindurchschauen kann, sowenig lässt er in sich hineinhören. Da hilft auch kein CT. Wiederum eine weitere Möglichkeit, die Maskerade anzuwenden oder sich schön zu machen oder sich schön zu reden.

Ach, wenn diese Schönheit doch nicht so vergänglich wäre! Besonders die innerliche, die sich ständig aushaucht. Aber wenn das anders wäre, dann wäre sie nichts wert. Wie bemerkt doch der traditionalistische Kulturkritiker Norbert Bolz: »Keine Political Correctness kann etwas daran ändern, dass wir nur die Jungen schön und sexy finden [...] Der evolutionäre Sinn des sexuellen Begehrens liegt in der Fortpflanzung der Gattung. Und umgekehrt macht es keinen evolutionären Sinn, sexuelle Attraktivität gegenüber Partnern zu entwickeln, die ihre fruchtbaren Jahre schon hinter sich haben.«[67] Abgesehen davon, dass Bolz Darwin missverstanden hat – einen evolutionären Sinn der Gattung kann es gar nicht geben – könnte er vielleicht Recht haben, wenn es denn die Maske nicht gäbe. Wie viele Junge sind überhaupt nicht

sexy und haben rechte Mühen Partner zur Bolzschen Vermehrung zu finden, während die Schönheitsoperation zumindest jedem Alter, nicht jedem Geldbeutel offen steht, was wiederum ein Vorteil für die Armen sein könnte und Schönheitschirurgen vor der Überarbeitung schützt. Und dass der einzelne den Sinn seines sexuellen Begehrens in der Fortpflanzung sieht, das erscheint nicht gerade ausgemacht.[68]
Jedenfalls lässt sich aus solcher Komplexität anthropologisch keine berechenbare Evolution ableiten, der just der umfassende Sinn fehlen würde, die ihr schon Darwin raubte. Das impliziert vielmehr eine Entwicklung, die sich einer Unmenge von Zufällen schuldet. Insofern setzt Blumenbergs Anthropologie die Tendenz seiner Geschichtsphilosophie fort, nicht in einen notwendigen Prozess des Auf- oder Niedergangs einzuschwenken. Vielmehr betrachtet er den Menschen, wie er sich zeigt, wie er sich benimmt, wie er reagiert. Wie lautet doch der Leitspruch von Blumenbergs Lehrer Edmund Husserl, dem Begründer der modernen Phänomenologie: »Zu den Sachen selbst!« Da sieht man nur die Zeitgenossen in ihrer Vielfalt mit gewissen Gemeinsamkeiten, aber keiner bestimmten Natur.
Wie erscheint der Mensch? Als viele verschiedene Einzellebewesen! Was ist ihnen gemeinsam? Nun ja, dies und das! Eine unendliche Geschichte. Jedenfalls kein Wesen, auf das man eine Moral oder gar eine Politik stützen könnte, die der Krise widerstreitet. Sie dürfen beruhigt sein, liebe Leserin, Sie müssen von fremden Leuten kein Menschenbild übernehmen, weil es das richtige ist, und dann dementsprechend leben.
Was sagt das über die ständigen Krisen? Nun, sie entspringen bestimmten Menschenbildern. Wenn man diesen nicht folgt, dann gibt es sie nicht.

41. PS: DER MENSCH ALS GELD

Was ist der Mensch? Man könnte diese Frage denn doch noch mal stellen; denn sie lässt sich mit dem Buch von Christoph Türcke *Mehr – Philosophie des Geldes* so beantworten, dass der Mensch nicht bloß erscheint, sondern über die Jahrtausende hinweg etwas bestimmtes *ist*, nämlich Geld. Das mag überraschen, sollte im Zeitalter des Neoliberalismus aber nicht so fern liegen. Spontan möchte man zumindest soweit zustimmen, dass der Liberalismus den Menschen als *Homo oeconomicus* versteht, der sich durch Arbeit Gegenstände aneignet und sein Leben sichert. Edelmetall erlaubt nach Locke die Schatzbildung, somit die Vermehrung des Eigentums, was wiederum den Staat nötig macht, ohne den es zu mühsam zu sichern ist. Wenn der Staat bei Locke vom Menschen sein Leben verlangen kann, keinesfalls aber sein Eigentum, weil dieses schließlich über den Tod hinaus in der Familie bleibt, dann ließe sich der Mensch als Geld verstehen. Doch das wäre Türcke viel zu kurz gegriffen.

Der junge Marx definiert den Menschen als arbeitendes Wesen. Vor allem aber wird er ihn später in seiner Arbeitswertlehre als den einzigen bezeichnen, der Wert, also Tauschwert und somit Geld schöpft, nämlich durch seine Arbeitskraft, während er Maschinen, Grund, Gebäude etc. als Fixkosten begreift, die den Tauschwert nicht erhöhen. Wenn alleine die Arbeitskraft Wert schöpft, der Mensch ein arbeitender ist, dann ist der Mensch gar das pure Geld. Nur Marx möchte das ja abschaffen bzw. geht davon aus, dass dergleichen mit dem Kapitalismus sich selbst abschafft, so dass sich der Mensch im Verlauf der weiteren Entwicklung aus der Existenz als bloßem Geld verabschiedet.

Doch auch so hat es Türcke nicht gemeint, wenn ich ihn derart interpretiere, dass die Grundaussage seines Buches lautet: Der Mensch ist Geld. Denn für Türcke hat sich Marx getäuscht, als er behauptete, alleine die Arbeitskraft würde wertschöpfen. 2012 kaufte Facebook die Fa. Instagram für eine Milliarde Dollar, eine Fa. mit zwölf Mitarbeitern, zwei Jahre später für 20 Milliarden Whatsapp mit ca. 60. Mitarbeitern. Offensichtlich findet Wertschöpfung nicht alleine durch menschliche Arbeitskraft statt. Marx legt seiner Arbeitswertlehre indes das Modell der mittelalterlichen Leibeigenschaft zugrunde. Der hörige Bauer arbeitet eine Weile für den Feudalherren und dann eine Weile für sich, von dem er lebt, soll ja nach Marx der Preis der Arbeitskraft in ihren Gestehungskosten liegen. Das was der Bauer abtritt, entspricht dann dem Mehrwert, die der moderne Kapitalist nur viel geschickter und verschleiert sich aneignet.

Das Geld lässt sich auch nicht auf die Münze zurückführen, wie man häufig meint. Denn die Münze erweist sich für Türcke keinesfalls als Urform des Geldes, sondern als die Spätform des Geldes. Das Wort Geld leitet sich auch nicht vom Gold ab, sondern vom angelsächsischen Wort *gilt*, das, was man schuldet, was man zahlen muss. Dementsprechend ist die Gilde auch ursprünglich eine Schuldengemeinschaft und nicht bloß eine Vereinigung von Handwerkern oder Kaufleuten, eine Zunft.

Die Münze entsteht in der griechischen Tyrannis, als es das Geld in seiner ursprünglichen Bedeutung längst gibt. Denn die ersten Münzen verdanken sich dem Interesse von antiken Tyrannen, ihre Söldner zu bezahlen bzw.

an der Kriegsbeute teilhaben zu lassen. Dass die Händler und Bauern den Soldaten gegen kleine Metallscheiben Waren ausgeben, erfolgt nur durch den doppelten Druck angesichts der Macht der Tyrannen selbst als auch durch die Soldaten. Sie erzwingen den Eintausch auch durch die Drohung, dass sie sich im Falle der Verweigerung, die Münzen anzunehmen, die Waren mit Gewalt holen. Genauso setzt nach Türcke die berühmte liberale Forderung nach *Laisser-faire* voraus, dass die Fürsten ihren Kaufleuten überhaupt erst Freiräume schafften, innerhalb derer sie ihren Geschäften nachgehen können. Dass der Markt von einer unsichtbaren Hand hintergründig gelenkt würde, diese These von Adam Smith, dem Begründer des ökonomischen Liberalismus, ist für Christoph Türcke eine große Illusion.

Die Münze tritt an die Stelle von Opferspießen, die die Soldaten zunächst berechtigten, sich Fleisch von den Bauern zu holen. Denn bei den Opferfesten nahmen die Soldaten, speziell die Leibgarde an der Tafel des Fürsten teil. Einerseits weil das zahlenmäßig problematisch wurde, andererseits weil der Fürst nicht unbedingt immer seine Soldaten um sich herum duldete, gab er ihnen besagte Spieße.

Das Geld entstammt also den Opferfesten, mit denen ein Kollektiv glaubte, seine gemeinsamen Schulden gegenüber den Göttern zu tilgen. Noch heute sammelt man bei den Gottesdiensten entsprechendes Geld ein. Mit dem mittelalterlichen Ablass konnte man seine Sünden entschuldigen. Noch heute gibt es in den Religionen Riten, bei denen Tiere geschlachtet, also geopfert werden, um die Götter gnädig zu stimmen. Die Menschen der Altsteinzeit glaubten, höheren Mächten Opfer bringen zu müssen, damit diese sie vor den Gefahren der Natur schützten. Noch heute sind es eher kleinere Tiere wie Schafe. Damals waren es Großtiere, die für einen Stamm eine überlebenswichtige Bedeutung hatten, die zu opfern also durch aus schmerzlich war. Das Geld, so Türcke, kommt von der Schuld und wird durch das Opfer beglichen. Dieses ist ein Tausch: Tier gegen Schutz.

Warum sollte dann der Mensch Geld sein? Nun, die wertvollen Tiere opferte man nicht leichten Herzens. Sie waren selbst bereits ein Ersatz für das ursprüngliche Opfer, nämlich den Stammesgenossen: Am Anfang war das Menschenopfer, mit dem eine Gruppe ihre Schuld gegenüber den höheren Mächten beglich, ein Opfer, das natürlich nicht leicht fiel. Daher mussten auch alle Stammesgenossen an dieser Opferung teilnehmen, damit die Schuld gleichzeitig gemeinsam auf sich nehmen, wie diese Schuld gemeinsam begleichen. Es wurde also mit einer allgemeinen Währung, nämlich mit Menschen gezahlt, waren die Menschen Geld.

Das Menschenopfer belegt noch das Alte Testament, ist der Stammvater Abraham bereit, seinen Sohn Isaac seinem Gott zu opfern. Dem Schrecken, den man durch die Naturgewalten erlebt, setzt man den Schrecken entgegen, den man bei der Opferung des Stammesgenossen erleidet. Man will dem Schrecken durch Wiederholung begegnen, ihn durch Wiederholung abbauen, was seit den Anfängen bis heute zu einer Zwangshandlung wird. Sie bezeichnet Sigmund Freud als Wiederholungszwang, auf den Christoph Türcke zurückgreift: »Über Opfer wundert man sich viel zu wenig. Sind sie nicht absurd? Damit die Natur aufhört, schrecklich zu sein, begehen bestimmte Naturwesen selbst etwas Schreckliches. Sie schlachten andere – in der Hoffnung, dadurch selbst verschont zu bleiben. Aus Spaß tun sie das nicht. Was treibt sie dazu? Offenbar physiologische Notwehr. Deren Funktionsweise ist lange nicht begriffen worden. So recht auf die Schliche kam ihr erst Freud.«[69]
Damit möchte er nachweisen, dass sogar das System des Geldes eine religiöse Herkunft besitzt, die sich einerseits noch im Glauben an die durch Gold abgesicherte Währung manifestiert. Andererseits schwingt sie umso mehr noch dort mit, wo man diese heute hinter sich gelassen glaubt, wo man davon ausgeht, dass jetzt nur noch rationale Kalküle über die Geldpolitik von Zentralbanken und Regierungen entscheiden, dabei erfinden sie Geld, wie Gott es eins Licht werden ließ.
Jenseits von Türcke scheint der Mensch im Geld an vielen Stellen als Opfer immer wieder aufzutauchen. Nicht nur in der Begründung des Eigentums durch Arbeit bei Locke oder der Arbeitswertlehre von Marx. Vielmehr real, wenn der heutige Arbeiter den Kapitalinteressen geopfert wird. Speziell wenn man Menschen als Illegale ausgrenzt, um sie dadurch zu zwingen, zu den schlechtesten Bedingungen zu arbeiten, also für minimalen Lohn, bei schmutziger und gefährlicher Arbeit ohne Schutz gegen Krankheit und Alter. Man zwingt sie also, sich zu opfern. Sie sind nichts anderes als wenig Geld. Eine fröhliche Philosophie wird dieser tristen Einsicht trotzdem nicht ihre gute Laune opfern. Einerseits stellt sich die Frage, wie man damit so geschickt umgeht, dass das Leben selbst als Geld noch ein Spiel bleibt. Vielleicht wird es dadurch erst ein Spiel. Andererseits, will man dagegen etwas tun, dann sollte man sich darüber doch nicht so sehr bekümmern, dass man verhärtet und alles nur noch viel schlimmer macht, indem man sich der RAF oder dem IS anschließt. Der Einsatz für eine humanere Welt hat nur eine Aussicht auf Erfolg, wenn er diese in einem fröhlichen Tun bereits antizipiert.

ANMERKUNGEN

1. Umberto Eco, Der Name der Rose, Roman (1980), 22. Aufl. München, Wien 1983, 624

2. Theodor W. Adorno, Kulturkritik und Gesellschaft (1949), Gesammelte Schriften Bd. 10.1, Frankfurt/M. 1977, 30

3. Ders., Minima Moralia (1951), GS Bd. 4, Frankfurt/M. 1997, 43

4. Hannah Arendt, Menschen in finsteren Zeiten (1968), 2. Aufl. München 1989, 283

5. Vgl. Hans-Martin Schönherr-Mann, Protest, Solidarität und Utopie – Perspektiven einer partizipatorischen Demokratie, edition fatal, München 2013

6. Max Weber, Wissenschaft als Beruf (1919), Aufsätze zur Wissenschaftslehre, 4. Aufl. Tübingen 1973, 605

7. Niccolò Machiavelli, Der Fürst (1532), Wiesbaden 1980, 70

8. Vgl. Hans-Martin Schönherr-Mann, Verführung mit Aids – Eine philosophische Satire in sechs Monologen, Edition Passagen Nr. 31, Wien 1989

9. André Glucksmann, Hass – Die Rückkehr einer elementaren Gewalt. München, Wien 2005, 276

10. Friedrich Nietzsche, Die fröhliche Wissenschaft (1881-82), Kritische Studienausgabe (KSA) Bd. 3, München, Berlin, New York 1999, 364

11. Vgl. Hans-Martin Schönherr-Mann, Untergangsprophet und Lebenskünstlerin – Über die Ökologisierung der Welt, Matthes & Seitz, Berlin 2015

12. Hans Jonas, Das Prinzip Verantwortung (1979), Frankfurt/M 1984, 70

13. Friedrich Nietzsche, Nachlass, KSA Bd. 12, 217

14. Sören Kierkegaard, Entweder/Oder, Erster Teil (1843), GW 1. Abteilung, Düsseldorf, Köln 1956, 28

15. Max Horkheimer, Theodor W. Adorno, Dialektik der Aufklärung (1947), Frankfurt/Main 1971

16. René Descartes, Discours de la Méthode (1637), Hamburg 1960, 53

17. Max Weber, Die protestantische Ethik I (1904/1920), 5. Aufl. Gütersloh 1979, 324

18. Zit bei Alfred Jules Ayer, Bertrand Russel (1972), München 1973, 24

19. Ludwig Wittgenstein, Tractatus-logico-philosophicus (1921), 10. Aufl. Frankfurt/M. 1971, 7

20. Ludwig Wittgenstein, Philosophische Untersuchungen (1953), Frankfurt/M. 1971, 26

21. John Langshaw Austin, Zur Theorie der Sprechakte (1962), Stuttgart 1972, 27

22. Willard van Orman Quine, Wort und Gegenstand, 1960, 330

23. Willard van Orman Quine, Von einem logischen Standpunkt, 1953, 47

24. Willard van Orman Quine, Unterwegs zur Wahrheit 1990, 7, 325

25. Willard van Orman Quine, Theorien und Dinge (1981), Frankfurt/M. 1991, 233

26. Wilhelm Kamlah, Paul Lorenzen, Logische Propädeutik, Mannheim, Wien, Zürich 1967, 27

27. Paul Feyerabend, Wider den Methodenzwang – Skizze einer anarchistischen Erkenntnistheorie (1975), Frankfurt/M. 1976, 53

28. G. W. F. Hegel, Vorlesungen über die Philosophie der Geschichte (1822-31), Werke Bd. 12, Frankfurt/M. 1970, 48

29. Franz Josef Degenhardt, Deutscher Sonntag; in: Spiel nicht mit den Schmuddelkindern – Balladen, Chansons, Grotesken, Lieder, Reinbek 1969, 51f

30. Zit. bei Bernd Mattheus, Cioran – Portrait eines radikalen Skeptikers. Berlin 2007, 41

31. Vgl. Hans-Martin Schönherr-Mann, Der Übermensch als Lebenskünstlerin – Nietzsche, Foucault und die Ethik, Matthes & Seitz, Berlin 2009

32. Platon, Kriton, Werke Bd. 1, Hamburg 1957, 46; 54b

33. Zit. in: Sigrid Weigel (Hrsg.), Märtyrer-Portraits – Von Opfertod, Blutzeugen und heiligen Kriegern, München 2007, 20

34. Leo Strauss, Progress or Return? (1952), in: ders., Jewish Philosophy and the Crisis of Modernity – Albany 1997, 105 (eigene Übersetzung)

35. Thomas Hobbes, Leviathan (1651), Frankfurt/M. 1984, 99

36. Immanuel Kant, Kritik der praktischen Vernunft (1788), Akademie Textausgabe Bd. V. Berlin 1968, 30

37. Max Scheler, Der Formalismus in der Ethik und die materiale Wertethik – Neuer Versuch der Grundlegung eines ethischen Personalismus (1913f), Gesammelte Werke Bd. 2, 6, Aufl. Bern, München 1980, 522

38. Max Weber, Politik als Beruf (1919), Gesammelte politische Schriften, 3. Aufl. Tübingen 1971, 550

39. Immanuel Kant, Beantwortung der Frage: Was ist Aufklärung? (1784), Akademie Textausgabe Bd. VIII, Berlin 1968, 35

40. Karl Marx, Zur Kritik der Hegelschen Rechtsphilosophie – Einleitung (1844), Marx Engels Werke (MEW) Bd. 1, Berlin 1972, 385

41. Vgl. Hans-Martin Schönherr-Mann, Die Macht der Verantwortung, Alber Spektrum, Freiburg, München 2010

42. Friedrich Nietzsche, Also sprach Zarathustra (1882-84), KSA Bd. 4, 262

43. Simone de Beauvoir, Die Mandarins von Paris (1954), Reinbek 1965, 52

44. Hans Magnus Enzensberger, Landessprache – Gedichte (1960), Frankfurt/M. 1969, 7

45. Adalbert Stifter, Der Nachsommer – Eine Erzählung (1857), München o.J., 5

46. Bertolt Brecht, Hauspostille (1927), Reinbek 1969, 63

47. Ernst Bloch, Tübinger Einleitung in die Philosophie (1961/62), 6. Aufl. Frankfurt/M. 1968, 11

48. Vgl. Hans-Martin Schönherr-Mann, Albert Camus als politischer Philosoph, Innsbruck University Press 2015

49. Gabriel Marcel, Gegenwart und Unsterblichkeit (1959), Frankfurt/M. 1961, 291

50. Hölderlin, Der Rhein – An Isaac von Sinclair, Werke und Briefe Bd. 1, Frankfurt/M. 1969, 152

51. Friedrich Kittler, Unsterbliche, München 2004, 55

52. Ernst Bloch, Das Prinzip Hoffnung (1938-1947), Frankfurt/M. 1959, 1628

53. Umberto Eco, Laudatio auf Thomas von Aquin; in: ders., Über Gott und die Welt, München 1985, 285

54. Vgl. Hans-Martin Schönherr-Mann, Vom Nutzen der Philosophie – Pragmatismus als Lebenskunst, S. Hirzel Verlag, Stuttgart 2012

55. Jean-Jacques Rousseau, Abhandlung über die Politische Ökonomie (1755), Politische Schriften Bd. 1, Paderborn 1977, 19

56. Ernst Jünger, Der Arbeiter Herrschaft und Gestalt (1932), Stuttgart 1982, 117

57. Immanuel Kant, Idee zu einer allgemeinen Geschichte in weltbürgerlicher Absicht (1884), Akademie Ausgabe Bd. 8, Berlin 1968, 23

58. Evelyn Fox Keller, Das Jahrhundert des Gens, Frankfurt/M., New York 2001, 188

59. Arnold Gehlen, Über die gegenwärtigen Kulturverhältnisse (1956), Gesamtausgabe Bd. 6 – Die Seele im technischen Zeitalter, Frankfurt/M. 2004, 290

60. Claude Lévi-Strauss, Traurige Tropen (1955), Frankfurt/M. 2008, 10

61. Jean-Paul Sartre, Der Existentialismus ist ein Humanismus (1945), Gesammelte Werke Philosophische Schriften I, Bd. 4, Reinbek 1994, 141

62. Hans-Martin Schönherr-Mann, Miteinander leben lernen – die Philosophie und der Kampf der Kulturen, mit einem Vor- und Nachwort von Hans Küng, Piper, München 2008

63. Hannah Arendt, Über die Revolution, München 1963, 276

64. Johannes Duns Scotus, Pariser Vorlesungen über Wissen und Kontingenz (um 1300), Freiburg i. Br. 2005, 81

65. Hans Blumenberg, Beschreibung des Menschen, Frankfurt/M. 2006, 778

66. Hannah Arendt, Rahel Varnhagen – Lebensgeschichte einer deutschen Jüdin aus der Romantik (1958), 12. Aufl. München 2003, 19

67. Norbert Bolz, Die Helden der Familie, München 2006, 82

68. Hans-Martin Schönherr-Mann, Philosophie der Liebe – Ein Essay wider den Gemeinspruch »Die Lust ist kurz, die Reu' ist lang«, Matthes & Seitz Berlin 2012

69. Christoph Türcke, Mehr – Philosophie des Geldes, München 2015, 26